法華經講義

——第四輯

——平實導師　述

ISBN 978-986-5655-61-7

執著離念靈知心爲實相心而不肯捨棄者，即是畏懼解脫境界者，即是畏懼無我境界者，即是凡夫之人。謂離念靈知心正是意識心故，若離**俱有依**（意根、法塵、五色根），即不能現起故；若離**因緣**（如來藏所執持之覺知心種子），即不能現起故；復於眠熟位、滅盡定位、無想定位（含無想天中）、正死位、悶絕位等五位中，必定斷滅故。夜夜眠熟斷滅已，必須依於**因**緣、**俱有依**緣等法，方能再於次晨重新現起故；夜夜斷滅後，已無離念靈知心存在，成爲無法，無法則不能再自己現起故；由是故言**離念靈知心是緣起法**、**是生滅法**。不能現觀離念靈知心是緣起法者，即是未斷我見之凡夫；不願斷除**離念靈知心常住不壞之見解**者，即是恐懼解脫無我境界者，當知即是凡夫。

——平實導師——

一切誤計**意識心為常**者，皆是佛門中之常見外道，皆是凡夫之屬。意識心境界，依層次高低，可略分爲十：一、處於欲界中，常與五欲相觸之離念靈知；二、未到初禪地之未到地定中，暗無覺知而不與欲界五塵相觸之離念靈知，常處於不明白一切境界之暗昧狀態中之離念靈知；三、住於初禪等至定境中，不與香塵、味塵相觸之離念靈知；四、住於二禪等至定境中，不與五塵相觸之離念靈知；五、住於三禪等至定境中，不與五塵相觸之離念靈知；六、住於四禪等至定境中，不與五塵相觸之離念靈知；七、住於空無邊處等至定境中，不與五塵相觸之離念靈知；八、住於識無邊處等至定境中，不與五塵相觸之離念靈知；九、住於無所有處等至定境中，不與五塵相觸之離念靈知；十、住於非想非非想處等至定境中，不與五塵相觸之離念靈知。如是十種境界相中之覺知心，皆是意識心，計此爲常者，皆屬常見外道所知所見，名爲佛門中之常見外道，不因出家、在家而有不同。

——平實導師——

如聖教所言，成佛之道以親證阿賴耶識心體（如來藏）爲因，《華嚴經》亦說**證得阿賴耶識者獲得本覺智**，則可證實：證得阿賴耶識者方是大乘宗門之開悟者，方是大乘佛菩提之眞見道者。經中、論中又說：證得阿賴耶識而轉依**識上所顯真實性**、**如如性**，能安忍而不退失者即是**證真如**、即是大乘賢聖，在二乘法解脫道中至少爲初果聖人。由此聖教，當知親證阿賴耶識而確認不疑時即是開悟眞見道也；除此以外，別無大乘宗門之眞見道。若別以他法作爲大乘見道者，或堅執**離念靈知**亦是實相心者（堅持意識覺知心離念時亦可作爲明心見道者），則成爲實相般若之見道內涵有多種，則成爲實相有多種，則違實相絕待之聖教也！故知宗門之悟唯有一種：親證第八識如來藏而轉依如來藏所顯眞如性，除此別無悟處。此理正眞，放諸往世、後世亦皆準，無人能否定之，則堅持離念靈知意識心是眞心者，其言誠屬妄語也。

——**平實導師**——

目次

第九輯：

第十輯：

第十一輯：

第十二輯：

第十八輯：

第十九輯：

第二十輯：

第二十一輯：

自序

大乘佛法勝妙極勝妙，深奧極深奧，廣大極廣大，富麗極富麗，謂此唯一佛乘妙法，意識思惟研究之所不解，非意識境界故，佛說為不可思議之大乘解脫境界，名為大乘菩提一切種智，函蓋大圓鏡智、成所作智、妙觀察智、平等性智；然而此等極勝妙乃至極富麗之佛果境界，要從因地之大乘真見道始證，次第進修方得。然大乘見道依序有三個層次：真見道、相見道、通達位。真見道者位在第七住；相見道位始從第七住位之住心開始，終於第十迴向位滿心；通達位則是圓滿相見道位智慧與福德後，進修大乘慧解脫果，再依十無盡願的增上意樂而圓滿，名為初地入地心菩薩。眾生對佛、法、僧等三寶修習信心，十信位滿心後進入初住位中，始修菩薩六度萬行，皆屬外門六度之行；逮至開悟明心證真如時，方入真見道位中；次第進修相見道位諸法以後，直到通達而得入地時，歷時一大阿僧祇劫，故說大乘見道之難，難可思議。

大乘真見道之實證，即是證得第八識如來藏，能現觀其真實而如如之自性，名爲證眞如；此際始生根本無分別智，同時證得本來自性清淨涅槃。乃至證悟般若不退而繼續進修之第七住位始住菩薩，轉入相見道位中，歷經第一大阿僧祇劫中三十分之二十有四的長劫修行，同時觀行三界萬法悉由此如來藏之妙眞如性所生所顯，證實《華嚴經》所說「三界唯心、萬法唯識」正理；如是進修眞如後得無分別智，終能具足現觀非安立諦三品心而至十迴向位滿心，方始具足眞如後得無分別智，相見道位功德至此圓滿，然猶未入地。

此時思求入地而欲進階於大乘見道之通達位中，仍必須進修大乘四聖諦，現觀四諦十六品心及九品心後，要有本已修得之初禪或二禪定力作支持，方得相應於慧解脫果；或於此安立諦具足觀行之後發起初禪爲驗，證實已經成就慧解脫果；此時已能取證有餘、無餘涅槃，方得與初地心相應，而猶未名初地。而後再依十大願起惑潤生，發起繼續受生於人間自度度他之無盡願，不畏後世長劫生死眾苦，於此十大無盡願生起增上意樂而得入地，方得名爲大乘見道之通達位，眞入初地之入地心中，完成大乘見道位所應有之一切修證。此時已通達大乘見道位應證之眞如全部內涵，圓滿大乘見道通達位應有之無生法忍智慧，及慧解脫果與增上意樂，方證通達位之無生法忍果，方得名爲始入初地心之菩薩。

然而觀乎如是大乘見道之初證眞如，發起眞如根本無分別智，得入第七住位，成爲眞見道菩薩摩訶薩；隨後轉入相見道位中繼續現觀眞如，實證非安立諦三品心而歷經十住、十行、十迴向位之長劫修行，具足眞如後得無分別智，生起初地無生法忍之初分，配合解脫果、廣大福德、增上意樂，名爲通達見道位眞如而得入地。如是諸多位階所證眞如，莫非第八識如來藏之眞實與如如二種自性，同屬證眞如者。依如是正理，故說未證眞如者，皆非大乘見道之人；證眞如者謂現觀如來藏運行中所顯示之眞實與如如自性故，實相般若智慧依如來藏之眞如法性建立故，萬法悉依如來藏之妙眞如性而生而顯故，本來自性清淨涅槃亦依如來藏之眞如法性建立故。

如是證眞如事，於眞藏傳佛教覺囊巴被達賴五世藉政治勢力消滅以後，由於時局紛亂不宜弘法故，善知識不得出世弘法，三百年間已經不行於人世。及至時局昇平人民安樂之現代，方又重新出現人間，得以繼續利樂有緣學人。然而，縱使末法時世受學此法而有實證之人，欲求入地實亦匪易，蓋因眞見道之證眞如已經極難親證，後再論及相見道位非安立諦三品心之久劫修行，而能一一教授弟子四眾者，更無其類；何況入地前所作加行之教授，而得具足實證大乘四聖諦等安立諦十六品心、九品心者？眞可謂：「善知識者出興世難，至其所難，得值遇難，得見知難，得親近難，得共住難，得其意難，得隨順難。」如是八難，具載於《華嚴經》中；徵之於末法時世之現代佛教，可謂誠言，眞實不虛。

縱使親值如是善知識已，長時一心受學之後，是否即得圓滿非安立諦三品心及安立諦十六品心、九品心而得入地？觀乎平實二十餘年度人所見，誠屬難事；殆因大乘見道實相智慧極難實證，何況通達？復因大乘慧解脫果並非隱居深山自修而可得者，如是證明初始見道證眞如已屬極難，更何況入地進修之後，所應親證之初地滿心猶如鏡像現觀，解脫於三界六塵之繫縛；二地滿心猶如光影之現觀，能依己意自定時程及範圍而轉變自己之內相分，令習氣種子隨於自己施設之進程而分分斷除；三地滿心前之無生法忍智慧，能轉變他人之內相分；以及滿心位之猶如谷響現觀，能觀見自己之意生身分處他方世界廣度眾生，而使無生法忍及福德更快速增長。至於四地心後之諸種現觀境界，更難令三賢位菩薩了知，何況末證謂證、末悟言悟之假名善知識，連第七住菩薩眞見道所證眞如都只能想像者？

雖然如此，縱使已得入地，而欲了知佛地究竟解脫、究竟智慧境界，亦仍無法望其項背，實因初地菩薩於諸如來不可思議解脫及智慧仍無能力臆測故。縱使已至第三大阿僧祇劫之修行——已得八地初心者，亦無法全部了知諸佛的境界，則無法了知佛法之全貌，如是而欲了知十方三世諸佛世界之關聯者，即無無其分。以是緣故，世尊欲令佛子四眾如實了知三世佛教之亙古久遠、未來無盡，以及十方虛空諸佛世界等佛教之廣袤無垠；亦欲令弟子眾了知世間萬法、出世間法及實相般若、一切種智無生法忍等智慧，悉皆歸於第八識如來藏妙眞如性者，則必於最後演述《妙法蓮華經》而圓滿一代時教；是故 世尊最後演述《法華經》時，一仍舊貫而如《金剛經》稱此第八識心爲「**此經**」，冀諸佛子醒悟此理而捨世間心、聲聞心，願意求證眞如之理，久後終能確實進入絕妙難思之大乘法中。斯則 世尊顧念吾人之大慈大悲所行，非諸凡愚之所能知。

然而法末之世，竟有身披大乘法衣之凡夫亦兼愚人，隨諸日本歐美專作學問之學者謬言，提倡六識論之邪見，以雷同常見、斷見外道之邪見主張，公開否定大乘諸經，謂非佛說，公然反佛聖教而宣稱「**大乘非佛說**」。甚且公然否定最原始結集之四大部阿含諸經中之聖教，妄判爲六識論之解脫道經典，公然貶抑四阿含諸經中之八識論正教，令同於常見外道之六識論邪見；全違 世尊依八識論而解說聲聞解脫道之本意，亦令聲聞解脫道同於斷見、常見外道所說之解脫，則無餘涅槃之境界即成爲斷滅空而無人能知、無人能證。如是住如來家，著如來衣，食如來食，藉其弘揚如來法之表相，極力推廣相似像法而取代聲聞解脫道正法，最後終究不免推翻如來正法；如斯之輩至今依然寄身佛門破壞佛法，而佛教界諸方大師仍多心存鄉愿，不願面對如是破壞佛教正法之嚴重事實，仍多託詞高唱和諧，而欲繼續與諸多破壞佛教正法者**和平共存**，以互相標榜而**維護名聞利養**。吾人若繼續坐令如是現象存在，則中國佛教復興，以及中國佛教文化之推廣，勢必阻力重重，難以達成；眼見如是怪象，平實不得不詳解《法華經》之眞實義，冀能藉此而挽狂瀾於萬一。

如今承蒙會中多位同修共同努力整理，已得成書，總有二十五輯，詳述《法華經》中 世尊宣示之眞實義，因名《法華經講義》，梓行於世，冀求廣大佛門四眾捐棄邪見，回歸大乘絕妙而廣大無垠之正法妙理，努力求證，共爲復興中國佛教文化、抵禦外國宗教文化之侵略而努力，則佛門四眾今世、後世幸甚，中國夢在文化層面即得實現。乃至繼續推廣弘傳數十年後，終能使中國成爲全球最高階層文化人士的歸依聖地、精神祖國；流風所及，百年之後遍於歐美社會各層面中廣爲弘傳，則中國不唯民富國強，更是全球唯一的文化大國。如是復興中國佛教文化之舉，盼能獲得廣大佛弟子四眾之普遍認同，乃至廣有眾人付諸實證終得廣爲弘傳，廣利人天，其樂何如。今以分輯梓行流通在即，因述如斯感慨及眞實義如上，即以爲序。

佛子　平實　謹序

公元二〇一五年初春　謹誌於竹桂山居

第四輯：

《妙法蓮華經》

〈方便品〉第二（上承第三輯〈方便品〉未完內容）

經文：【舍利弗當知：諸佛法如是，以萬億方便，隨宜而說法，其不習學者，不能曉了此。汝等既已知，諸佛世之師，隨宜方便事，無復諸疑惑；心生大歡喜，自知當作佛。】

語譯：【這一段重頌中世尊這麼說：舍利弗啊！你們應當要了知：諸佛的法就像是我所說的這樣，都是以萬億之數的方便權巧，隨順著眾生的根器而觀察他們適合在何時何處聽聞這樣的說法，隨順眾生的機宜而為眾生說法；其餘還沒有熏習及修學佛菩提的人，都不能夠知曉和了知這裡面的道理。

你們既然已經知道，諸佛是一切世間的導師，所以諸佛隨順於眾生的根器而觀察適宜的時節與法門，施設種種方便善巧的事情，那麼你們心中就已經不復存在種種的疑惑了；這時心中應該已經生起了很大的歡喜心，自己也知道繼續熏習修學下去以後，應當一樣會在未來世作佛。」

講義：這就是說，在爲舍利弗等大眾說明：「並不是只有我釋迦如來才這樣演說一乘道，而是諸佛如來在弘揚佛法的時候，都同樣是像我釋迦如來這樣，都是以無量無數的方便善巧，並且一一觀察一切聞法者的根器和他們的機緣來說法。」假使在不應該聽聞勝妙法的人面前，就不爲他演說勝妙法；都是要先經過觀察，認爲這個人適合聽聞勝妙法了，才會爲他演說勝妙法；不但是以佛地的勝妙神通來作觀察，而且還要在說法之中在實際上加以觀察，才會爲對方演說適合他的法。

不但是大乘經中如此說，在四阿含諸經中就已經如此說了。四阿含中常常看見記載說外道來見 佛，然後 佛就爲他說人乘、天乘之法，也就是「施論、戒論、生天之論」。當這個外道聽聞這些法而且都信受了，佛陀看他心地質直了，「譬如清淨白疊，易爲染色」，所以接著就告訴他「欲爲不淨，上漏爲患」，這就是勸他修學聲聞法了。然後才演說四聖諦、八正道等法，外道繼續聽下去，不起於座，得法眼淨，就是斷我見了。然後 世尊接著才爲他說有漏、無明漏。那外道聽聞以後請求出家，出家以後在樹下山洞思惟，那個晚上就斷了有漏、無明漏，於是他成爲阿羅漢。第二天或者那一天晚上來向 佛陀報告：「我成爲阿羅漢了，梵行已立、所作已辦、我生已盡，自知不受後有。」眞的成爲阿羅漢了。

所以諸佛都是隨宜說法，絕對沒有像我剛出來弘法時那樣魯莽，一開始就幫所有人明心了，接著就見性了，眞是亂搞一通，結果那些人的法身慧命全都死光光。所以我應當要受處罰，導致前三次的禪三期間都是很痛苦；可是第四次禪三以後我就沒有痛苦了，因爲不再是統統有獎了。後來只有一次，我踏倒了一個女眾，強逼她承擔下來；結果禪三結束時我就跌了一跤，因爲她不該悟，我踏了也沒用；而我因此腳痛了兩個多月，結果她也沒悟入，我眞是白踏了那一腳，也白痛了兩個月。這意思就是說，諸佛弘法時都是隨宜說法，絕對不是魯莽而不觀根器隨興而講。若是沒有眞正在修學佛菩提道的人，是無法曉了於這個道理的。

《妙法蓮華經》上週講到二十九頁倒數第三行，今天要從倒數第二行開始。上週講的最後四句是說諸佛的法，從來都只是演說一乘道，但是往往會以無量無數的方便法門，隨著各個不同的時間處所以及眾生的根器，而作各種權宜的施設，來爲大眾演說一乘法。雖然這個一乘法的演說，都是隨著不同的時間處所和眾生根器，而作種種不同的方便說法；但是這一些方便說法，到最後全部都要匯歸於唯一佛乘。這意思就是說，不論是如何說法，不論以什麼樣的方便，作出什麼樣的次第說法，全部都是只有佛菩提道，而不是以別的其他法門的實證爲目的來演說。

像這樣了知一法含攝無量義所說的唯一佛乘的妙法，沒有深入來學習的人是沒有辦法了知這其中的因緣的；所以不懂的人就會處處執著，單把無量法之中的片段或者局部加以擷取，認爲那就是全部的佛法；他們的所知所見都是只有看見局部而不知道全部的內涵，就如同一般人說的「見樹不見林」是一樣的道理。那就是說，不能具足佛法的全面理解而落入其中的局部，看不見整體佛法的內涵，所以往往誤將其中的局部認定是所有的佛法。那麼，也有人因此乾脆就說：**「佛法浩如煙海，我何能知？」**然後就永遠存著一個念頭：「佛法我是不可能懂的。」他們就在佛門中混混日子，再也不想探求佛法的眞意了。在叢林中就說這樣的人叫作粥飯僧，每天只管早上喫粥、中午、晚上喫飯，但是對於佛法沒有企圖想要深入理解；他們想的是不造惡業，讓佛教表相維持著不中斷就好了。

可是自以爲知的人—也就是前者—總是不少，所以常常聽到有許多人初學佛一、二年之後，當你與他談到佛法時，他會說：「佛法啊？我都知道啦！」你問他說：「那佛法是什麼？」他說：「佛法就是四聖諦、八正道、十二因緣，其他就沒了。」「那佛法的證果到底是什麼？」「那就是初果到阿羅漢，最多加個辟支佛。」可是你如果問他說：「阿羅漢就是佛嗎？」他就遲疑了一會兒：「好像有問題哦！阿羅漢好像不是佛欸！」因爲他知道 釋迦如來滅度之後沒有阿羅漢繼承爲佛，所以他也不敢講。

這就是百年來中國佛教裡的現象，所以不論哪個道場，如果談到開悟，那就是初果到四果。直到正覺同修會開始弘法，各大道場也想：「你這個蕭平實、正覺同修會，大概也是個新興宗教，十幾年後你也就會消滅了。」因爲新興宗教的特色就是只能存在十幾年，不超過二十年，然後就消失了。但是沒想到我們提出來的法義是佛菩提道，不是他們講的解脫道；而我們說的是菩薩的五十二個階位，最後成就佛地境界。他們對此完全不知。這百年來的大乘佛教地區，有誰在說開悟了以後，在五十二個階位裡面是在哪個位階呢？都沒有，都說是初果啦、阿羅漢啦，就是這樣。這就是只看見佛菩提中的一個很小部分，就把它當作是成佛之道，然而那完全不是成佛之道。

所以必須要如實理解，成佛之道也就是佛菩提道；並且將成佛之道的內涵與次第如實理解了，才有辦法知道三乘菩提是方便說，否則沒有辦法理解爲什麼有時說解脫，有時又說不可思議解脫？爲什麼有時說證果是得阿羅漢，有時又說證果是成就佛道？這就是說，諸佛在三界中受生來示現，講的就是佛菩提，不可能吝法而不教授佛菩提，只把二乘菩提等小法傳給眾生。因此，佛菩提既然如是難知、難信、難解、難證，又是更難以具足完成，當然不是簡單的法義就可以圓滿演述完畢，當然得要施設各種的方便來演說。然而佛菩提的入門有許多的方便善巧，但是弘法者必須具足了知，才能適應各種不同根性的眾生，也才能夠有許多的方便法來幫助眾生同樣進入佛菩提道中；所以這樣的佛菩提道唯一佛乘究竟妙法，沒有具足深入修習的人，都不可能明白通曉這個唯一佛乘的道理。

然後　世尊就吩咐說：「你們既然已經知道諸佛是世間的導師，也知道諸佛隨於不同的狀況而方便弘法的各種事相，所以你們心中不再有種種的疑惑了；這時應該是心中已經生起了大歡喜，自己也能夠知道未來一定會成佛。」這樣就是把佛菩提的方便施設，作了一個最後的總結。也就是說，諸佛在三界中示現，唯一的目的就是要度眾生成佛，本意不在度眾生成阿羅漢或辟支佛；因爲諸佛無我無私，不可能只教眾生能夠成爲阿羅漢、辟支佛的二乘小法，卻留著最勝妙佛法而不教授給眾生；所以諸佛一定是弘揚唯一佛乘的妙道，就是要使大家修學親證之後得以進入佛菩提道中，最後畢竟成佛。

《妙法蓮華經》

〈譬喻品〉第三

經文：【爾時舍利弗踊躍歡喜，即起合掌，瞻仰尊顏而白佛言：「今從世尊聞此法音，心懷踊躍，得未曾有。所以者何？我昔從佛聞如是法，見諸菩薩受記作佛，而我等不預斯事，甚自感傷，失於如來無量知見。世尊！我嘗獨處山林樹下若坐若行，每作是念：『我等同入法性，云何如來以小乘法而見濟度？是我等咎，非世尊也。所以者何？若我等，待說所因成就阿耨多羅三藐三菩提者，必以大乘而得度脫，然我等不解方便隨宜所說；初聞佛法，遇便信受、思惟、取證。』世尊！我從昔來，終日竟夜每自剋責，而今從佛聞所未聞未曾有法，斷諸疑悔，身意泰然，快得安隱。今日乃知眞是佛子，從佛口生，從法化生，得佛法分。」】

現在是《妙法蓮華經》第二卷〈譬喻品〉第三。

語譯：【當釋迦如來開示完了以後，這時舍利弗心中確定了自己的想法是正確的，所以非常踴躍而歡喜，就從座位上站起來，雙手合掌，瞻仰世尊面容而稟白佛陀說：「今天親從世尊聽聞到這樣的佛法妙音，心中懷著踴躍之心，可以說這是從來所不曾聽聞到的法，而我今天聽到了。爲何這麼說呢？我舍利弗往昔隨從佛陀聽聞這樣的佛菩提妙法時，曾經看見諸菩薩被世尊授記將來作佛，而我們這一些大阿羅漢們不曾參預於這一些被授記的事情之中，所以自己覺得非常的感懷與悲傷，失掉了修學如來妙法時應該有的無量所知與所見。世尊！我曾經自己一個人獨處於山林的樹下，或者靜坐或者經行時，往往這樣想：『我們這些大阿羅漢們同樣證得無漏法，我們也同樣明心證悟了，爲什麼如來竟以小乘法來濟度我們，而不是以大乘的果位來印證我們？這應該都是我們這些大阿羅漢們自己的過失，不是世尊有什麼過失。爲什麼這樣呢？如果我們這些大阿羅漢們，要等待如來說明以什麼樣的因緣而將來可以成就無上正等正覺的話，如來必定是以大乘的成佛之道而讓我們可以得度，而脫離眾生數，然而我們這些大阿羅漢們依舊不能理解如來方便隨宜所說的種種法；但我們才剛聽聞佛法的時候，一遇見了佛法便相信而受持，也隨即加以思惟，並且也確實取證了。』世尊！我從往昔進入佛法以來，每天從早到晚往往都自己深刻地責備自己，而如今親從佛陀聽聞所未曾聽聞的未曾有法，今天斷除了種種的懷疑和懊悔，身中以及心裡都很舒泰，覺得非常暢快而且很安心。今天我才知道我們這一千二百大阿羅漢們眞正是佛的兒子，是從佛陀口中化生的，也是從佛陀所說的法中變化而出生的，今天終於算是眞正在佛法之中已得自己應得的法分了。」】

講義：這一品既然是〈譬喻品〉，當然 佛陀會有一些譬喻。那麼回到經文，舍利弗聽聞 世尊說「你們已經知道諸佛的法就是這樣，將來自知當作佛」，所以心中生起大歡喜，自己已經確定未來世會成佛的。因爲被確定了將來是會成佛的，這表示未來成佛的道路與次第必定會一步一步去完成，所以這時候就從座位上起立，雙手合掌，瞻仰 世尊紫磨金色的面容，就向 佛陀稟白說：「我今天親自隨從世尊而聽聞到這樣微妙佛法的音聲，心中所懷的是踴躍之情。」爲什麼是踴躍之情呢？因爲隨從 世尊聽聞般若諸經那麼久了，世尊都沒有爲他們授記說：你們這些阿羅漢們何時會成佛。如今已經確定自己眞的會成佛，就表示說，世尊平常爲身邊的菩薩們授記誰將來會如何成佛等等，今天可能將會爲這些大阿羅漢們同樣作授記。所以舍利弗知道即將被授記了，心中當然很踴躍歡喜。

諸位，你們被授記了沒有？還沒有。你如果知道今晚將會被授記，心情將會如何？那你試想一下，設身處地想一想，你就知道舍利弗尊者當時心中的踴躍了。如果今天你將會被授記說，往後多少劫以後成佛，是在什麼地方，有多少聲聞弟子、菩薩弟子等等；當你即將被授記時，就會一心等待著，當然心中是很踴躍啊！那麼這樣諸位就曉得舍利弗尊者當時的心情，所以叫作「**心懷踴躍，得未曾有。**」從他跟隨世尊修學解脫道與佛菩提道以來，他心中不曾有過這麼歡喜的時候，因爲這表示自己至少第一大阿僧祇劫已經過完了。第一大阿僧祇劫過完的時候，諸佛如來就會爲你授記了。所以他就解說自己爲什麼今天會這麼踴躍、這麼歡喜，說明自己心中從來沒有過的歡喜事情是怎麼來的。

他就說明：「**我以往親從佛陀聽聞到這樣的法，**」這就是說，《法華經》是在 佛陀說完《無量義經》之後講的，而《無量義經》是在 佛陀說法四十幾年之後才講的。那麼，現在經過這麼長的時間，這些大阿羅漢們都已經迴小向大，也都明心了，當然其中也有人是已經眼見佛性的，然後跟著 世尊聞熏《大般若經》等等，然後又聞熏了方廣唯識諸經之後，在這麼長的過程裡面，不是只有一千二百位菩薩種姓的大阿羅漢跟隨在 世尊身邊，因爲 世尊身邊的菩薩都比大阿羅漢們還要多，而且很多都是大菩薩，都是過去很多劫以前就入地了。這些菩薩們，假使是還沒有滿足三地心之前，有時候會忘記往世曾被授記了，就想：「到底我什麼時候可以成佛？」就跟在 世尊身邊看看有沒有機會請示。如果 世尊沒有在說法的時候，就會向 世尊請示一下：「請問如來，我什麼時候會成佛？」這是 如來身邊的菩薩弟子們，在平常就一定會問的事。

當然三地滿心以上就不用問了，因爲他們自己可以知道過去哪一劫中的哪一世，某某如來已經爲他授過記了。那麼因此，這一些未滿三地心的菩薩們當然會請問，世尊就會在大眾中說：「這某甲菩薩，過去世有什麼因緣，所以未來再供養奉事多少佛以後，將會在某某世界成佛，佛號叫作某某，十號具足，那時會有多少聲聞弟子，多少菩薩弟子，正法住世多久，像法、末法各有多久。然後入滅的時候，你將會授記某某人成佛。」這個菩薩問過，也許過一段時間又有某個菩薩來問了，佛陀又會為他說明：「你什麼時候就已經被什麼佛授過記了，所以你未來將會如何。」

那麼這一千二百位大阿羅漢跟在世尊身邊，聽了許多的授記，卻不曾聽過 如來授記說哪一位大阿羅漢將來會成佛，這就是「見諸菩薩受記作佛，而我等不預斯事」。他說：「我們這些大阿羅漢們，從來都不曾參預在這種受記成佛的事情之中，所以我們心裡面非常的感傷；因為沒有被授記成佛，所以對於將來要如何成就如來的所知與所見的很多事情也都失去了。」

那麼，把這樣的情形稟告過了以後，舍利弗當然要表白：「我心中並不是對世尊有所怨懟，因為我是自責的，所以我曾經……」這個「嘗」字就是曾經的意思，但是帶有經歷過幾次的意思，而不是單單只有一次，這叫作「嘗」。「我嘗獨處山林樹下，有時候是靜坐，有時候是經行，在那個時候我總是這樣想：『我們這些大阿羅漢們同樣證得解脫道的無漏法，我們追隨著如來迴心大乘以後，也同樣追隨如來進入於法性之中，』」也就是證得實相法界而進入諸法法性之中，「『我們同樣開悟明心了，同樣修學般若、實證般若了，也同樣修學種智了，爲什麼如來只用小乘法來救濟、來度化我們呢？』」因爲 如來最多只印證他們證到大阿羅漢位，還沒有印證說他們在菩薩道之中是證得什麼果位，這就是「以小乘法而見濟度」。

舍利弗又說：「當時我這樣想：『這應該是我們這些大阿羅漢們的過失，不是世尊的過失。如果我們這些大阿羅漢們要等到如來爲我們說明過去所造的因、所修學的因，然後再說我們將來可以成就無上正等正覺的話，必定會以大乘的法義和位階而說我們已經得到濟度和解脫，可是我們這些人不能瞭解如來權宜方便隨順眾生的機宜所說的種種法門。而我們三十年前剛聽聞到佛菩提的妙法時，才一遇到佛菩提道，剛一聽進心中去時，就相信而且願意受持，隨後就跟著思惟並且實際上親證了。』」

舍利弗尊者把這樣的道理解說出來，當然還要說明這樣想過以後自己心中是如何自處的。所以說：「世尊！我從往昔聽聞世尊演說大乘法，並且也曾聽聞世尊爲諸菩薩授記的種種事情以來，總是從早到晚經常自己深刻地責備自己，一定是自己有什麼過失，所以如來還不能爲自己授記成佛。而今天親從佛陀口中聽聞以前所未曾聽聞的未曾有法，對於過去的疑惑以及對自己的悔恨都已經消失了，所以身中非常舒暢而心裡也覺得很舒泰。這時候我覺得非常暢快、覺得很安心而不再被擾動了。」

這意思在告訴我們什麼呢？這表示釋迦如來在世，身邊總是有許多菩薩圍繞著；但菩薩不會緊緊擠在 佛陀身邊，總是有事才會走過來請問。可是大阿羅漢們都緊緊擠在 佛陀身邊：「近如來座」。大菩薩總是坐遠一點，靠近 如來的地方就讓給那些大阿羅漢們坐。諸位知道是什麼道理嗎？說輕鬆一點，就是說菩薩跟 如來是心心相應，大阿羅漢跟 如來還沒有完全心心相應。因爲菩薩們三地滿心以後，進入四地、五地乃至等覺、妙覺；這些菩薩們個個都知道：「我過去世某一劫的時候，某一如來爲我授記，後來又有哪一尊如來同樣爲我授記，授記內容全都相同。」後來遇到 釋迦如來不是正在說法的時節，世尊也會私底下爲他們授記，所以大家都心知肚明。既然心知肚明，就不必緊緊拉著 如來的衣服，當然坐遠一點也沒關係，靠近 如來的地方就留給大阿羅漢們坐。因爲大家心知肚明，這叫心心相應；可是大阿羅漢們都還沒有被授記，深怕自己無法成佛，也不確定自己距離未來成佛的時間還有多久，當然要緊緊跟在 如來身邊。

所以，若不是那一次遇到了旱災，糧食不夠，如來要求大家往四面八方散去弘法，大阿羅漢們都不肯離開 如來身邊。可是菩薩們經常是來來去去，心卻始終在 如來身邊，因此 如來附近的座位，當然得要讓給那些心中還不得自在的、迴心大乘而尚未被授記的大阿羅漢們坐。這些大阿羅漢們今天突然聽到 如來公開說：「你們大家都知道自己將來一定會作佛。」心中知道說：「**如來終於要為我們授記了。**」當然非常踴躍，疑惑與悔恨也都消失了，所以「**身意泰然，快得安隱**」。

到這個時節終於心中很篤定地知道：「**我們一千二百大阿羅漢們，眞的也是佛陀的兒子，是從佛陀口中出生的，**」當然就是從 佛陀所說的法裡面化生出來的，「**將來於佛法的果證上個個都有分。**」所以叫作「**得佛法分**」。那麼，由這一段經文來印證我以前講過的：這些大阿羅漢們是 世尊來人間特地要度的人，而菩薩們是跟著 世尊來度這一些大阿羅漢們。我的說法，這時不就印證清楚了嗎？將來 世尊示現到別的世界去，大菩薩們又跟著去了；而這些大阿羅漢們，這時眞正的成為菩薩了，有一些人也就會跟著去，但有一些人得要留下來。這一段經文不就印證我的說法了嗎？

這意思就是說，私心妄想希望一步登天、一世成佛的人，那叫作「不自量力」。不能讀作不自「亮」力，要讀作不自「涼」力。不能自己測量看有多少力量就覺得自己很行，然後坐到一念不生就說自己成佛了，這就是密宗。成佛沒那麼容易啊！且不說三大阿僧祇劫，單說聲聞道斷我見就夠了，自從有佛教史以來，不曾看見密宗誰是斷了我見的人；覺囊派除外。宗喀巴《菩提道次第廣論》講的三士道，既然說是三士道，無非是在三乘菩提的範圍之中，從人天道乃至佛菩提道都要完成。他主張三士道修完了才可以修密法，也就是他在《菩提道次第廣論》後半部的止觀，其實就是雙身法。

然而問題來了，依照他自己的說法，得要三乘菩提都親證了才有資格修學雙身法。可是宗喀巴的三乘菩提，佛菩提就不談它，緣覺菩提也不談它，單說聲聞菩提就好，而且只問他聲聞菩提中最低的果證初果，他有沒有證？答案是沒有。因為他在《廣論》中還公開主張意識是不生滅的，又定義說意識是三世因果輪迴的主體，認為意識能出生五陰，所以他說意識是「結生相續識」。但意識不是五陰中的識陰所含攝的嗎？那麼意識又怎麼能夠出生五陰？所以他的腦袋是像糨糊一樣，因此我們有位老師曾說「宗喀巴只是個文抄公」，還眞說對了。他就是懂得把密宗祖師說的法義組織起來，拼拼湊湊按順序把它排列起來，最後放上雙身法的止觀，說要顯教三乘菩提三士道都學完了，才可以修學密宗的止觀雙身法。但現在證明他連聲聞菩提都沒有入門：不要說具足親證，連入門都沒有；那麼請問：宗喀巴有沒有資格學密？有沒有人點頭？沒有，大家都搖頭。連他自己都沒有資格學密了，達賴喇嘛憑什麼資格學密、教密？這是他們自己講的話，不是我編派的。

這就是說，要眞正理解整個佛菩提的內涵以後，才能夠懂得這一些事情。有誰講過說 如來率領菩薩們來到娑婆示現受生，目的是爲了度這些人成爲阿羅漢的呢？沒有人講過。但這個「沒有人講過」，是因爲沒有文字記載而說沒有人講過，實際上過去世早就有人講過了，因爲這是事實，而親從佛陀聞法的人都知道這個事實。正要如此，才有辦法攝受整個娑婆三千大千世界的眾生，否則娑婆世界二千億個太陽系，其中十億個有人住的小世界，有無數的人要靠 釋迦如來度化，那祂要如何一一度化？所以，如果以人壽百歲的世界來講，二千五百年前到現在，這樣示現百歲人壽的 如來應身都已經可以示現幾次了？那已經度了多少人了？可想而知啊！何況 釋迦如來不是只有住持娑婆一個世界而已，這在阿含部的《央掘魔羅經》裡面也已經講過了。所以，如來示現在人間時，當然不會沒有菩薩跟隨，一定有諸地菩薩跟隨著前來示現受生。

而 如來到某一個世界示現的時候，就是由許多大菩薩們擁護著，繼續度化許多人證阿羅漢果，然後轉入佛菩提中成爲三賢位的菩薩。這些三賢位的菩薩悟後就會繼續度化眾生，然後次第成就佛道，將來他們一旦入地了，就會被某一尊佛陀授記。所以 如來說法之後，在平常安住時，如果有菩薩跟在身邊，一定會有三地以下的菩薩請問自己往昔被授記的事，想要再聽一遍 釋迦如來爲他授記，這就是 如來在世時不可能避免的事相。所以這裡舍利弗尊者說：「見諸菩薩受記作佛，而我等不預斯事。」在沒有被授記之前，當然「甚自感傷」。但是諸位設身處地想一想，假使你是如來，這些大阿羅漢們這一世才成爲大阿羅漢，然後迴心大乘又才證悟，漸漸修學而終於發起初分的道種智了，你什麼時候會爲他們授記？當然會選擇一個大家都在的時候一起授記，讓這個授記的事情可以被結集流傳下去，這樣來把佛菩提唯一佛乘作一個最後的顯揚。換了你也是會這樣作。可是舍利弗尊者等人當時不瞭解這個狀況，所以這時聽到說自己將來也一定可以成佛，即將會被授記了，當然心中非常踴躍。

那麼，這個事相的瞭解，有助於諸位未來世親值諸佛的時候，卻又還沒有滿足三地心以前，自己可以了知 如來在最後一定會爲咱們授記，就不必像舍利弗這樣感傷了。所以，舍利弗等於是把當時的情況講了出來，被菩薩們結集下來之後，我們今天可以從這裡面去瞭解當時的情況是什麼。那麼舍利弗這樣子講完之後，接著如何以重頌來重宣此義呢？

經文：【爾時舍利弗欲重宣此義，而說偈言：

我聞是法音，得所未曾有；心懷大歡喜，疑網皆已除。
昔來蒙佛教，不失於大乘；佛音甚希有，能除眾生惱；
我已得漏盡，聞亦除憂惱。
我處於山谷，或在林樹下，若坐若經行，常思惟是事；
嗚呼深自責，云何而自欺？
我等亦佛子，同入無漏法；不能於未來，演說無上道。

金色三十二，十力諸解脫，同共一法中，而不得此事。
八十種妙好，十八不共法；如是等功德，而我皆已失。
我獨經行時，見佛在大眾；名聞滿十方，廣饒益眾生；
自惟失此利，我爲自欺誑。

語譯：【這時舍利弗尊者想要重新把這個道理說詳細一點，就以重頌這樣誦出來：

我聽聞到世尊今天所說的妙法音聲，演說這種佛法成佛的道理，今天聽到了卻是以前所不曾聽到的；所以懷著很大的歡喜心，心中疑惑的羅網已經全部滅除了。

自從往昔以來承蒙佛陀的教誨，使我們不曾迷失於大乘法之外；而佛陀的音聲非常的希有難遇，能夠滅除眾生心中的無量煩惱；我舍利弗等人如今已經獲得漏盡的果證，聽聞了世尊這些未曾有法，也同樣斷除了憂愁與煩惱。

我曾經處於山谷之中，或者處於林樹之下，有時靜坐有時經行，常常思惟這一些事情；思惟的時候總是感嘆而深刻地自己責備說：爲什麼我們還留在小乘法的果位之中而自己欺瞞自己呢？

我想，我們一樣也是佛陀的兒子，同樣也都進入世尊的無漏法中，後來也親證法性了；卻還沒有能力於未來無量劫中，爲眾生演說無上正等正覺之道。

如來示現了紫磨金色的三十二種大人相，也具有十力和種種不可思議的解脫，而我們這些大阿羅漢和諸菩薩們，同樣共住於唯一佛乘的妙法之中，竟然還無法獲得如來這樣的證境。

如來所擁有的八十種隨身而有的微妙好相，以及十八種不共聲聞與緣覺們的獨特妙法；像這一些殊勝的功德，而我舍利弗等人全都已經失去了。

我有時候獨自一個人在經行時，看見佛陀處於大眾之中；也由菩薩聖眾口中聽聞到佛陀聖名遍滿於十方世界，也一直在十方世界中廣泛地饒益眾生；我自己思惟說，我們竟然失掉了這樣的大利益，所以我們都是自己在欺誑自己。】

講義：這就是說，佛陀演說《法華經》時，顯示這個法是這樣的微妙殊勝，猶如蓮華一般在五濁惡世之中顯現出來，猶如蓮華出淤泥而不染一樣，這真是未曾有法。也就是說，以人身來修行，在人間這種不清淨的世界中，努力修學佛菩提道之後是可以成佛的，這樣的法眞的叫作「妙法蓮華」；而這樣的妙法音聲是以前所不曾聽聞過的，所以心中懷著大歡喜，種種疑惑的羅網已經都斷除了。又說：「自從二轉法輪、三轉法輪以來，承蒙佛陀的教誨，使我舍利弗等人不曾迷失於大乘法之外。」這就是說，佛陀不是單單只演說二乘菩提，一定要演說二轉、三轉法輪的佛菩提之後才算圓滿化緣，否則度化眾生的因緣就是還沒有圓滿的，那就不應該示現入涅槃了，也不應該捨離咱們這些人。但明明 釋迦如來已經示現入滅度了，就表示化度我們這一個太陽系裡面的有情的因緣已經圓滿了，才能夠示現入滅度。

如果依「大乘非佛說」的主張來說，堅持說四阿含諸經就是成佛之道。問題來了，四阿含中說的只有二乘菩提，其中有牽涉到大乘法的實際上親證內容部分時，就只有如來藏的總相而已。可是縱使眞的明心了，就能算是成佛了嗎？顯然不是。因爲明心時還沒有一切種智，大圓鏡智乃至成所作智也都尚未現起，只有極少分的妙觀察智、平等性智，都還沒有通達實相般若的見地，就別說是修道位的道種智了，那當然不能說是成佛了。而這些是聲聞阿羅漢們所不懂的，當大阿羅漢們迴小向大以後親證了，也還得繼續修學般若的別相智——後得無分別智，然後才能入地，可是終究還未成佛；而這些般若中的後得無分別智，在四阿含諸經可都尚未說過，世尊便已示現滅度而表示化緣已經圓滿了。

那麼這樣看來，顯然 世尊一定會有二轉法輪與三轉法輪來演說般若中道實相，以及一切種智勝妙之法。那舍利弗尊者等一千二百大阿羅漢親隨 佛陀聞法，當然一定也會跟著迴心大乘修學佛菩提，所以才說：「**昔來蒙佛教，不失於大乘。**」這就是我們所主張的：如來演說大乘法教時，大阿羅漢們必定隨從聽聞。當大阿羅漢們隨從聽聞的時候，那些不迴心的大阿羅漢們總不會離開吧？一定也會隨從聽聞的。並且他們也常常遭遇常見外道、斷見外道，在常見外道來攀緣的時候，他們一定要說明：「我們佛法所證的解脫果與你們常見外道不同，你們是主張意識常住，我們卻說意識都是因緣所生法。」那麼，隨即會遭遇斷見外道來攀緣說：「你們阿羅漢的證境跟我們斷見外道一樣，蘊處界都滅盡就是斷滅空，我們也是一樣主張死後斷滅，你們的證量也是死後斷滅，那你們跟我們一樣。」那時候聲聞阿羅漢們怎麼辦？要如何區隔？從表面上看來是一樣的，因爲斷見外道主張人們死後一切皆空，五陰都只有一世而已。阿羅漢說的入無餘涅槃也是蘊處界滅盡了，死後滅盡以後也是一切皆空，那有什麼不同？有！因爲無餘涅槃之中還有本際，是常住不變，是眞實、清涼、寂滅；不是斷滅空，而是常住不變，又叫作眞實。這樣一來，那些定性聲聞的阿羅漢們，當他們結集法藏時，要不要把所聽聞的大乘法中所說的第八識法義也結集進來？當然要啊！否則他們所證的涅槃就會同於斷見外道了，所以他們不得不把《央掘魔羅經》結集進來。

但《央掘魔羅經》是講什麼？專講第八識如來藏，而他們也不得不結集啊！這就是說，決定性的不迴心阿羅漢們，雖然無法實證如來藏，但也得要承認如來藏的存在，否則他們就是與斷見外道合流，那他們所證的涅槃本質就是斷見法；可是落入斷見法中的時候，不但不能入無餘涅槃，其實是連我見都斷不了的。所以，只有不懂佛法的人，才會像他們六識論者一樣主張大乘非佛說，才會像釋印順說大乘佛教是「被外道梵化」演變出來的。因此，當我們把眞正的實際情形說明了出來以後，那一些六識論者——主張大乘非佛說的人，把四阿含諸經翻遍了也無法推翻我們的說法，因爲我們說的是當年佛教的實際情況。而他們所接受的四阿含諸經，也有很多的蛛絲馬跡，證明我們的說法是正確的。所以這一千二百五十位大阿羅漢們，除了其中五十位定性聲聞以外，全都「不失於大乘」。接著說：

「佛音甚希有，能除眾生惱；」佛陀說法的聲音爲什麼非常希有呢？因爲是和雅音、柔軟音、頻伽音，所說的法都是清淨法，所以又叫作「妙音」。這個妙音，說的是無窮無盡、永不終止，所以又叫作「海潮音」；那你說，這樣的「佛音」是不是「甚希有」呢？「能除眾生惱」，佛所說的聲音確實是可以除掉眾生的煩惱，眾生煩惱著想要保住人身卻沒有把握，佛陀就爲他說五戒之法。眾生又煩惱著不能離開人間出生到欲界天去，佛陀就爲他解說十善之法。眾生若煩惱著無法離開欲界生到色界去，佛陀就爲他解說四禪的實修原理與方法。乃至有人想要生去無色界，想要擺脫色陰的苦惱，佛陀就爲他解說往生無色界的法，這便是「除眾生惱」。

那麼眾生想：「在三界中還是輪迴生死，我想要離開生死。」好，世尊就爲他說聲聞法、緣覺法。這也是「除眾生惱」，叫作斷除我見煩惱、思惑煩惱，或者說斷除愚癡的煩惱。那眾生想：「這樣還是沒有辦法成佛，還是無法了知實相法界。」好，佛陀就爲眾生演說唯一佛乘的佛菩提道，這就是幫助眾生先打破無始無明煩惱，再幫眾生除掉了塵沙無明煩惱；所以說「佛音甚希有，能除眾生惱」。這不是拍馬屁，這是眞實的讚歎、如實的讚歎。有的人剛學佛時心中不太服氣：「天下好話你說盡，全都用來讚歎佛陀，佛陀有那麼偉大嗎？」因爲他完全不瞭解佛的境界啊！佛陀眞的就是這麼偉大！不說世間人，就說世間所有宗教的教主們，哪一個教主能跟 佛陀比？不行欸！不單單是不能與 佛陀比，單是想要跟大阿羅漢座下的初果弟子們相比，也都還比不上。可是所有大阿羅漢都還不敢跟菩薩比，而菩薩卻不敢跟 佛陀相比，那到底 佛陀夠不夠偉大？由此可知啊！這是如實的讚歎。

那麼，舍利弗說到這裡，就說：「我等眾人已經同樣得到漏盡了，」因爲他們已經斷除了分段生死，可以不再於三界中受生，都有這個智慧了，所以說自己已得漏盡而「同入無漏法」；可是如今聽到 佛陀演說這個無分別法妙法蓮華，聽聞了以後對於佛菩提道是否能夠如實成就的疑惑也除掉了，因此心中就不再懷憂，也不再有這個煩惱。現在話說回來，以前還沒有聽聞《妙法蓮華經》這個無分別法之前，他心中愁憂與煩惱，那個煩惱叫作上煩惱，也叫作無始無明煩惱所攝的上煩惱；因爲他已經開悟般若了，所以這樣的煩惱當然是上煩惱。還沒有悟得般若以前，就是還有無始無明煩惱沒有打破，所以悟後同樣也是「除憂惱」。

從這裡，你們來印證以前聽我講過的《勝鬘經》，經中說的有沒有道理？有啊！因爲已經明心了，而且已經眼見佛性之後，爲什麼還有煩惱？舍利弗是大阿羅漢迴心，不該說他還有煩惱啊！可是爲什麼大阿羅漢迴心成爲菩薩證悟以後竟然還有煩惱？因爲還沒有成佛，所以還有很多的「上煩惱」。這不是「起煩惱」，因爲都跟三界生死無關，卻跟成佛之道尚未成就有關，所以叫作「上煩惱」。而這個上煩惱超過恆河沙數無法計算，猶如恆河沙那麼多而且還超過了恆河沙。那恆河沙是很細的，不像白沙灣的沙粒那麼粗，你摸起來多數就像粉塵一樣，所以這個「上煩惱」「過恆河沙數」，數不盡，就稱爲塵沙惑，這塵沙惑就是菩薩應該要斷盡而尚未斷盡的煩惱。那麼，這樣從《法華經》中這一些經句，來比對你所聽過的《勝鬘經》，或者你所讀過的《勝鬘經講記》的演繹，沒有絲毫的衝突。假使大乘經典是後代的菩薩們編造出來的，怎麼可能那麼多大乘經典中竟然完全沒有矛盾？所以說，有矛盾想的人，就表示他根本沒有開悟，他一定是個尚未斷我見的凡夫。如果你通達了，你就現前看見前後三轉法輪諸經，完全互相契合沒有絲毫矛盾。

接著，舍利弗尊者敘述說：自己曾經處於山谷中或者在林樹之下，每次或坐或經行時，常常都在思惟這一些事情；有時候思惟到悲切，不免失聲痛哭起來，總是自己深深地責備說：「我為什麼還認定自己是阿羅漢而不是菩薩？竟然是以阿羅漢的身分在修學佛菩提，這不是自欺嗎？」諸位想一想，如果你進了正覺同修會，證了初果又明心了，結果還認為自己是個外道，這不是自欺嗎？你進了正覺打過禪三以後，你已經斷了我見；甚至於有人已經到了二果，然後又明心開悟了，已進入佛菩提道中的賢聖，結果竟然還認定自己說：「我依舊是天主教徒，不是佛教徒。」基督教的天主都還是凡夫呢！那他這樣是不是自欺？一定是自欺嘛！

如果證果又明心以後依舊認定自己是外道，這叫作自我欺騙。那麼能不能欺佛？能不能欺菩薩？都不行！因為菩薩很清楚知道，佛也很清楚知道：你既然是證悟了，就是菩薩，不可能還是個外道。因為你一定會了知自己確實已經親入佛門、進入佛法殿堂之中，自己一定很確定的。也是因為你如果確定明心了，將會去檢查一下《舊約》、《新約》、《古蘭經》說：「我以前所歸依的教主有沒有明心？」從第一頁找到最後一頁，都看不出來。不信邪，從最後一頁再往前找，找到第一頁去，也還是證明他們都沒有明心，都不是證悟般若的聖者。

然後心裡想：「眞的嗎？他們眞的比我差嗎？」這時候懷疑說：「耶和華的證量比我差，阿拉也比我差；穆罕默德也比我差，基督一樣比我差。這可能嗎？或許吧？」然後呢，「不然我降低一點標準來查查看吧！看他們有沒有證得阿羅漢果？」從這個方向又開始找了，從第一頁每一行每一句每一字都去檢查了，檢查到最後說：「原來他們也不是阿羅漢。那不然，我再降低一點標準好了，他們是不是須陀洹？因爲他們都是『全知全能者』，怎麼可能沒有斷我見證初果？」於是再開始找，讀了三天三夜以後，還是證明他們都沒有斷我見：「原來他們都只是個凡夫。」這時知道他們既沒有開悟明心，也沒有證阿羅漢果，連初果都沒有證得，因爲我見具在。這個時候，你不可能再承認自己是阿拉、耶和華的信徒了；因爲你已經證得聖果了，你怎麼可能再歸依一個凡夫？不可能嘛！可是你卻偏偏宣稱說：「我還是耶和華所牧養的羔羊。」這當然就是自欺嘛！

舍利弗這個時候因爲還沒有被 佛陀授記說：「你是眞實的菩薩。」所以他覺得煩惱啊！「因爲我既成爲阿羅漢，我也明心了，悟後又修學二轉法輪的實相般若別相智慧，也修學了三轉法輪的增上慧學一切種智，我就這樣修上來了，可是我卻還沒有被世尊定義爲眞實義的菩薩，我還是只能以阿羅漢的身分來修學佛菩提，而我也自認爲是聲聞種姓，這豈不是自欺嗎？」確定是自欺啊！所以「嗚呼深自責」。嗚呼，以前你們在初中吧？應該初級中學就讀過了！有一篇祭文最後不就是「嗚呼哀哉！尚饗」？嗚呼就是痛哭流涕的意思，是不知不覺之間就痛哭失聲。

你們看，舍利弗尊者自責有多麼深，所以叫作「深自責」，是深深地責備自己：「爲什麼我如今還在自己欺騙自己呢？」然後說：「我們也同樣都是佛所生的兒子，」因爲都是從 佛所說的法中出生法身慧命的，當然就是 佛的兒子。並且說句老實話，這個關係，當 佛的兒子，遠比色身是父母所生的兒子身分，來得更深切而長遠，因爲這個關係不是只有一世、二世，是要生生世世一直延續下去的；而世間父子的關係就這麼一世，大不了有過十世、百世好了，因爲無量劫以來往往會互相成爲父子，但畢竟跟法上的父子關係是不一樣的，所以比起來顯得很疏遠。因爲法子的這個關係會延長到無量世去，一直到你所追隨的這位師父成佛那一世示現入滅爲止；然後你還會繼續追隨祂去別的世界，將來也會有別的佛讓你繼續追隨直到你成佛，所以這追隨，就是從往世追溯過來的。

關於從往世追溯過來的關係，諸位不要把它想得太複雜，其實也是現在你們在同修會裡面互相之間的關係。譬如說，現在正覺同修會裡面我當法主，可是你們都是從禪淨班就開始跟我修學了嗎？不是！因爲正覺同修會成立以後，我只開過一班禪淨班，就是台中那一班，我帶了三年。所以你們多數人，在名義上是跟我學、是我的學生，實際上你們在禪淨班時是各人跟隨自己的親教師，乃至轉入進階班時也是一樣。在這樣的關係之下，未來無量劫以後可能我先成佛，我成佛以後你們大家會跟著我一起來人間；可是將來我入滅之後，還有別的佛，就是這一些親教師們隨後成佛，那時你們又要繼續跟隨著，有時也會跟隨我。這是互相一世又一世延續下去，一直到走在前面的人都成佛了爲止，接著是換你成佛。在成佛之前，這個關係是永遠維持著。人間的父母子女的關係，卻不是像這樣每一世都連結在一起哦！

那你想想，舍利弗尊者說的「我等亦佛子」，這個關係是不是比他跟生身父母的關係來得深厚？當然深厚。因爲這不是只有一世的關係而已，而是接著無量世都要繼續維持下去的。而在這一世遇見 釋迦如來之前，已經有很多劫跟著 釋迦如來受學了，因爲跟著過去諸佛受學之時同時也曾跟著 釋迦如來，那時祂叫作 釋迦菩薩，也同時跟著前面的佛受學。所以說，佛子的關係是很深厚的，是要一世又一世不斷延續下去的。

「我等亦佛子，同入無漏法；不能於未來，演說無上道。」舍利弗說：「我們這些阿羅漢們也是佛子，同樣也證得無漏法，後來也同樣證得大乘法中所說的法性了，可是我們現在發覺自己還無法在未來世中隨即爲眾生演說無上正等的佛菩提道。」這表示還沒有完全實證，依舊覺得自己力有未逮；而這個正是剛剛入地的菩薩們共通的心境，雖然名爲「通達」了，可是還是有許多自己所不知不證的。老實說，證量越高的人越覺得自己不知的更多，證量越低的人越覺得自己知道的很多，完全沒有證量的就說自己完全知道佛法了。這是佛菩提道中很常見的現象。所以有時候在外面素食館吃飯的時候，旁邊如果有人說：「啊！佛法我都知道了。」我就知道他完全不知道，我看都不看他一眼，因爲這絕對是個凡夫。證量越高，會越發覺自己所不知的太多了，舍利弗尊者他們這個時候就是這樣，所以他說：

「金色三十二，十力諸解脫，同共一法中，而不得此事。」因爲看見如來紫磨金色三十二大人相，具有十力而且有種種不可思議解脫的功德，而我舍利弗等一千二百大阿羅漢們，已經跟隨著 如來進入「法性」之中，卻沒有辦法同樣得到這樣的事情。那你說，是不是眞的要感嘆呢？

「八十種妙好，十八不共法；如是等功德，而我皆已失。我獨經行時，見佛在大眾；名聞滿十方，廣饒益眾生；自惟失此利，我爲自欺誑。」又看見 如來有八十種的隨形好，這些隨形好爲什麼叫作「妙好」呢？因爲這八十種隨形好，各個都有無量好相。佛陀並且還有十八種不共二乘聖人的勝妙法，而這些功德，菩薩們分證了，但聲聞阿羅漢們都不曾獲得，所以舍利弗尊者自己就說：「我獨自在經行的時候，看見佛陀在菩薩大眾之中；由菩薩大眾們口中說出來的，都說佛陀的聖名遍滿十方無不同聞，又說佛陀在十方世界廣泛地在饒益眾生；而我們不能具足知道，我們也沒有像這樣度眾的功德，所以如果這樣子就算是實證了佛菩提，自認爲已經圓滿的話，那我們其實是自己在欺誑。」

這些話說得夠白了，對照那一些悟錯的人都自稱成佛，而且還要辱罵證悟的人。其實他們是在罵我，就說：「誰只要講應該悟後起修，他就是沒有開悟。」我曾經被這樣指責過。他們認爲說：「悟了就是成佛了，你竟然說悟後還要修行，那就表示你悟錯了。」如今大家且看看舍利弗尊者，他們成爲大阿羅漢以後，而且又開悟明心了，也追隨 佛陀次第修學二轉法輪、三轉法輪諸經，已經學完了都還覺得自己眞的很差，無法像 佛陀一樣爲人演說一切法，所以他說：「自惟失此利，我爲自欺誑。」因爲眼前看見 佛陀紫磨金色的好相，又有三十二種大人相，更有八十種隨形好，而且一一好有無量好，又有十力、十八不共法等等，而且「名聞滿十方」，正在廣泛饒益眾生。而我們這些大阿羅漢們，雖然也轉到大乘法中開悟了，卻都還沒有 如來的這些功德，「如果我們認爲這樣的自己就是成佛的話，那眞的就是自我欺誑。」

請問諸位，當代佛教界有沒有人不自我欺誑的？顯然都是自我欺誑嘛！所以你們應該慶幸：「我們終於進入一個沒有自我欺誑的道場中，就是正覺同修會。」我們都說開悟明心時，只有在三賢位的第七住位中，這樣不誇大的老實安住，還要被自我欺誑的人責罵。他們都認爲說：「開悟了就是成佛。」而我們說：我們認定開悟明心只有第七住位，眼見佛性也才只是第十住位，然後要繼續修學而通達了，才算入地。我們重新提出這樣的明確說明時，他們卻反過來說我在貶抑禪宗：「禪宗開悟了怎麼可以只有七住位，一悟即入佛地欸！」他們是這樣的欺誑自己，然後我把明心的證量定爲第七住位，那是非常低的；在佛菩提道中，這還是在三賢位的十住位之內，三賢位的進程都還沒有修完三分之一。他們嫌我這樣的判果太低，卻反過來罵我狂，我就不知道我狂在哪裡。因爲我判定開悟明心才只有第七住位，又不是他們自己說的一悟就成佛了，怎麼會狂呢？

所以我說他們眞的前言不對後語，只能說他們是氣極了亂說一氣，只好說他們是一派胡言，以外要怎麼說他們呢？原因是，既然我判果是判這麼低，怎麼會是狂呢？這是很謙虛、很客氣、很如實的判教，怎麼會狂呢？但他們罵我狂的時候，卻是悟錯了還個個自稱一悟就成佛了，竟然自稱不狂。唉呀！這個邏輯是怎麼講得通呢？所以說，是不是「自欺誑」，自己要很分明確定下來才行。我們總是覺得自己很不行，可是那一些沒有證量的人、錯會的人，卻都覺得自己很行。他們如果不是覺得自己很行，怎麼會弄出一、二百億元，三、五百億元的幾個大道場呢！山林一片就是一、二百公頃，然後蓋起佛殿來，就像皇帝住的金鑾寶殿一樣。我們可不敢，我們就是很平凡實在地弄出個洗石子的祖師堂就好，也不要貼金，什麼寶貴物品都不要，因為我們自己知道沒有住金鑾寶殿的格。像那樣富麗堂皇的，只能用來供養應身佛，咱們住不起。

這就是說，是不是自我欺誑，一定要很清楚；一定要老老實實安分守己，而且按部就班一步一步親自履踐佛菩提道五十二個位階，絕對不能誇大，這樣才是眞正在學佛。如果老是打高空說「佛地是如何、如何、如何……」，結果自己全都作不到，卻自稱成佛了，那就是「自欺誑」。舍利弗尊者很清楚地告訴我們說：自己是完全沒有欺誑的。因為他現見 世尊的證量功德是如此，而自己完全沒有。雖然說入地了，有那麼好的智慧了，可是仰望於佛地，距離是如此遙遠。

所以眞正親證阿羅漢果的人，也轉入大乘法中證悟成為菩薩以後，絕對不會「自欺誑」，因爲很清楚知道自己距離佛地是那麼遙遠，怎麼可能自我欺誑呢！所以該作的事就作了，但是心中沒有慢心。可是眾生不能理解菩薩的心境，就會說：「你好狂呵！你好慢呵！公然說天下人都不對，只有你對。」這就是咱們正覺今天被責備的一個理由。然而不幸的是，事實上已經證明，就是天下人都不對，只有我們正覺對，而我們心中不狂又沒有慢。可是眾生不能理解這樣的心境，就說：「唉呀！正覺的人最慢了。」但你們在網路上破邪顯正的時候，或是寫出論文破邪顯正時，你們很清楚知道自己心中並沒有慢，因爲很清楚知道自己的定位。

從菩薩五十二個階位來看一看，原來自己現在才只有站在第十七個階位中，後面還有那麼多階位，而且越往後面越難爬。你們自己很清楚知道這一點，這時候怎麼可能有慢？不可能嘛！可是破斥那一些獅子身中蟲的時候，你們卻又是勇往直前氣概無量，不知內情而住在凡夫位的會外學佛人看起來就說：「唉喲！你眞的叫作力拔山河。」私心之中就以爲你一定很狂、很傲慢。可是實際上你很清楚知道自己沒有慢心，因爲現在才不過爬到第十七個樓梯；也知道總共要爬到第五十三個樓梯，因爲佛地是第五十三級欸！自己現在才爬到十七級，看著就知道說：「哎喲！爬到這裡腿都快要軟了，後面還有那麼多級階位。」狂不起來了，哪還能生起慢心呢！

往往想一想說：「唉呀！我得要休息一下了。」對不對？所以有的同修眞的這樣啊！覺得說：「唉呀！好累！如今終於開悟了，累死了！」所以接著她就告長假：「我要請長假三年，休息、休息。」因爲她心中是覺得很累，所以告長假。往往有人三年後、五年後，有人是十年後才又回來會中銷假。那時都不必作什麼事情，就只要向教學組遞個條子：「我申請回來增上班。」簽個名遞上來，就可以隨時回來，就這樣子。因爲眞的懈怠累了。（大眾笑…）你們沒有覺得累嗎？眞的累啊！所以想一想，拚到明心的時候覺得累，那你想到後面還有那麼多級階梯要爬，還能慢得起來嗎？不會嘛！所以眞悟的人了知自己的位階以後，知道自己距離佛地是那麼遙遠，當然不會有慢心；心中不慢就不會「自欺誑」騙自己成佛了。這就是眞正佛法實證者所有的心境。

舍利弗他們當時就是這樣的心境，因爲好不容易證得阿羅漢果，明心了、見性了，接著次第修學，看看《大般若經》那樣宣演的過程有二十幾年，自己追隨如來修學了這些般若系列的大乘經典之後，名爲通達了、入地了，可是這時仰望佛地的那一些證量功德，自己有沒有？都沒有！這才知道說：「原來我們距離佛地是那麼遙遠。」那時候當然是很感嘆。因爲到此爲止都還沒有被 佛陀承認說：「你們都是眞實義的菩薩。」當然不免「嗚呼深自責」說：「云何而自欺？」

經文：【我嘗於日夜，每思惟是事；欲以問世尊，爲失爲不失？
我常見世尊，稱讚諸菩薩；以是於日夜，籌量如此事。
今聞佛音聲，隨宜而說法；無漏難思議，令眾至道場。
我本著邪見，爲諸梵志師；世尊知我心，拔邪說涅槃。
我悉除邪見，於空法得證；爾時心自謂，得至於滅度；
而今乃自覺，非是實滅度。若得作佛時，具三十二相；
天人夜叉眾，龍神等恭敬；是時乃可謂，永盡滅無餘。】

語譯：【這一段是舍利弗尊者敘述說，自己在世尊三轉法輪很久以後，仍然沒有被指認是菩薩的過程。這一段偈頌是說：

我舍利弗曾經在白天與黑夜中，總是在思惟這一件事情；我想要請問世尊，我們應該修學的佛菩提道，究竟是喪失了或是還沒有喪失？

我舍利弗也常常看見世尊，稱讚許多的菩薩們；由於這樣的緣故，所以我常常在白天與晚上，思量籌劃著這一件事情：到底是應該在什麼時候來向世尊請示。

如今聽聞到佛陀以迦陵頻伽音，以這樣勝妙的音聲，隨著諸眾生的種種根性而方便權宜說法；所說的法義都使人可以到達無漏的地步而令人難可思議，因此使得聞法的大眾可以到達眞正的道場。

我舍利弗本來是執著邪見的人，以前是外道中那一些在家修行者的師父；世尊知道我的心中所思所想是求證無上道，所以拔除了我心中的邪見而爲我解說涅槃的眞實義。

我舍利弗聽聞了世尊的說法以後，已經把所有邪見全部滅除掉了，然後在了義空法之中已經獲得實證；那個時候心中自己認爲，我舍利弗已經到達究竟滅度的境界了；然而今天才終於自己覺悟到，仍然不是眞正的滅度。

如果將來我可以作佛的時候，具足了三十二種大人相；有了這樣的無邊福德而使天人夜叉大眾，乃至天龍與鬼神等等全都前來恭敬的時候；那時才

可以說，一切有漏法等煩惱已經永遠滅盡而不再有所遺餘了。】

講義：這樣語譯的依文解義，就是一般的說法。但是我若來作科判，也未免會使人覺得枯燥無味，所以我們還是應該略加說明。

「我嘗於日夜，每思惟是事；欲以問世尊，爲失爲不失？」舍利弗尊者說：「我曾經在白天與黑夜，常常在思惟這一件事情；」當然他所說思惟的事情就是前一段所講的，自己成爲阿羅漢，也迴小向大了，而且已在佛菩提道中實證了如來藏了，同樣是進入眞實無漏法之中，可是終究還無法如同 世尊一樣具有三十二大人相，這顯示福德還相差很大，而自己也不能像 佛有其他無量無邊的功德。舍利弗說自己每天夜裡，乃至醒來到了白天都在思惟這一件事情，所以他請問 世尊說：「我舍利弗對於所應修學的佛菩提道，究竟已經失去了？或者還沒有失去？是仍然還在佛菩提道中精進修學嗎？」他爲什麼要問這一件事情？因爲他已經證悟般若了，不單單是聲聞法中的大阿羅漢；既然已證悟明心了，三轉法輪諸經他也聽了、學了、實修了，爲什麼仍然不是菩薩？這問題出在何處？並且，自己顯然還不曾成佛。

凡是眞實證悟的人都會探討這一點，菩薩們在未滿三地心之前，還有胎昧之時，當他重新受生而在下一世重新悟入以後，一樣會探討這個問題。在我這一世捨棄別人教導的錯誤內容而自己參究時，明心與見性是一次解決的，我就在那半個鐘頭裡面把這二關解決掉。可是我當然發覺好像不是那麼一回事，因爲既然說明心就是開悟了，又說見性成佛，問題是我有沒有佛所擁有的那些功德呢？結果是大部分沒有。那麼我心中就有所懷疑，後來我深入經教裡面去印證，證明這個開悟是正確的，但眞的不是《六祖壇經》講的「一悟即至佛地」，所以後來我就判了：「明心只是三賢位的第七住，眼見佛性只是三賢位的第十住。」

那時有一部分同修就不服氣了，他們私底下懷疑說：「開悟了，應該果位很高，爲何只有這麼低？那我們這個開悟到底對或不對呢？」於是他們私底下開始追求更勝妙的法，心裡面想：「我福氣很好，遇到蕭老師明心了，或者見性了，我應該還可以再遇到更好的法，蕭老師只是我的一個踏腳石。」於是他們就開始把一些亂說佛法的書籍互相傳來傳去，我都懵然不覺，因爲我直心，從來不會去想到別人心裡面是那樣彎彎曲曲的。

然後，他們就開始在探求月溪法師書中說的法，認爲那個才是最妙的，認爲是遠勝於我們所證如來藏的妙法。本來，我開始弘法時，不管誰來問：「某某法師的法好不好？」我都說：「好。」「另一位某某大師的法好不好？」「好。」不論來問誰，我都是說好，統統答「好」。可是我爲了與人爲善，統統答好，也會出問題，因爲後來人家說：「你都說人家大師們的法很好，都正確，但你的法卻跟大師們不一樣，所以你的開悟就是錯了。」與人爲善，結果是變成與己爲難，眞冤枉！後來我把他們所說的那一些所謂的大師，包括月溪法師的書都拿來讀過；原來他們都沒有斷我見，那要談到明心就更甭提了。

那時候最早期的學員之中有某些人，他們是用月溪法師的法來推翻我這個法，說我的法不對，於是隨著月溪法師落入離念靈知去了，然後他們自己也發明了一些新的說法；我們說：「我們所悟的如來藏是無所依的，這才是最究竟心。」他們又新發明說：「你悟得這個眞如心如來藏，這個心如果沒有所依，那到底死後要怎麼辦？」他們希望如來藏還有另一個所依，眞是迷糊蛋。所以，我就開始整理他們說的那一些月溪法師的錯誤法義，一一寫了綱要，有了一些綱要以後我就開始爲大眾分析。講完了以後，其中有人就打電話到我家去，我同修接聽的；他說：「請老師不要再破斥月溪法師了，我每次上課時聽著，都是心如刀割。」他在電話中一面講著一面哭，我不曉得月溪法師是他老媽、還是老爹，爲什麼他要哭到這麼嚴重？我同修說：「老師也不想這樣啊！但你們用月溪法師的東西否定了如來藏，逼得老師不得不破啊！不然怎麼顯示正法跟邪法的差異呢？」所以他就跟著一批人退轉了，這是第一批退轉的人。

這意思是在說明什麼？說明你悟了以後，一定會探討這個事情，而他們就是信了月溪死前說的偈：「遍滿虛空大自在。」就被誤導了。所以在他還沒有離開之前（我有一次因爲搭他的車，那時候他會去接我，一起去中央信託局在中信佛學社上課，那時候我們還沒有成立正覺同修會），在車上，走重慶北路來到了錦西街口停下車，在等另一位同修時，我就爲他談到這個問題；我說：「你們不要以爲悟了就是成佛了，你們是被我引導才有辦法今天得到這樣的智慧，不是自己悟出來的；但是我很清楚知道，我自己悟了絕對不是成佛了，所以你們不要以爲自己悟了就是佛。」

我就告訴他們：「當年我剛證悟不久，因為沒有人可以為我印證，所以我自己深入經教一一去研讀，然後作了（明心與果位等）教判。」關於這果位以及所證的法，在佛教之中應該判定是哪一個部類、是哪一個階位，我就自己作了教判。我說：「確實是如此，你們絕對不要認為證悟了就是成佛。」我就告訴他說：「我剛悟了不久，就產生了這個疑惑，因此我必須要去加以確定；如今我已確定了，你們要相信。」可是他們終究還是不信，因為他們覺得：「唉呀！明心不過是第七住，見性不過是第十住，位階太低了！人家開悟了是什麼境界，我們都不能猜測。」後來我知道他們為什麼崇拜月溪，因為月溪死前講了一首四句偈，其中有一句話：「遍滿虛空大自在。」他們都被這一句話唬住了。

假使如來藏是遍滿虛空——所悟的眞心是遍滿虛空，那我們跟諸佛是不是你儂我儂？豈不是像密宗觀想的要與諸佛合併為一了？對不對？你儂我儂，還不需要把兩個打碎再和了水來揉起來，就已經是你儂我儂了。那應該我們悟後，如來藏中的種子跟 如來的無垢識中的種子可以互相通流了，那我們如果想要說法時，把 如來所有的種子接過來就行了，就可以像 佛那樣為人說法了，邏輯上應該如此啊！因為大家都遍滿虛空而混合在一起了嘛！應該就像水乳交融一樣，那才能叫作「遍滿虛空大自在」。可是月溪那句話有許多的過失，但他們都被唬住了（編案：詳見《正法眼藏——護法集》）。

然後，他們還有一點被月溪唬住，就是聽說月溪法師有個肉身舍利在香港。他們想：「人家有這樣的證量，你蕭老師怎麼可以說人家不對？」好了，我只好開始收集月溪的書籍，收集了十幾本以後，看見有一張月溪死後坐缸，經過幾年後開缸的相片印在書裡面，是台北大乘精舍印製的，那一張相片是剛開缸的時候，是還沒有整修時拍攝的。你們知道他那時長什麼模樣嗎？他叫作「沒鼻仔」（台語），聽懂嗎？就是整個鼻子都凹陷了，沒有鼻梁了，只剩下骨頭；然後嘴巴是張開的，看來他是很驚訝的樣子；而且嘴是兩邊高低不一，歪斜得很厲害。這能叫作肉身舍利嗎？那是乾屍哪！後來當然是把乾屍整理以後再貼上金箔，就供奉上去給人家禮拜了。

乾屍是可以製造的，如果我願意當乾屍的話，也可以預先籌劃一下；該怎麼作、怎麼作，我可以預先把製作過程內容都寫好，以後我若是死了，你們照著作就好，把我的遺體弄成乾屍。變成乾屍以後，整理好了再上金箔，就成爲肉身舍利了。月溪法師那樣的遺體，也叫作肉身舍利哦？就是這樣啊！諸佛不會留下肉身舍利，爲什麼呢？因爲那是屍體啊！舍利就是屍體的意思，直接音譯過來便叫作舍利。好像很崇高的樣子，其實本意就叫屍體。必須是火化以後，諸佛遇到有緣人供奉碎身舍利時，示現不可思議的現象而使舍利產生令人對佛法生信的功德，這樣留下舍利才有意義。

這意思就是說，你悟了以後一定會去探討究竟自己是不是成佛了？然後你會發覺自己與諸佛的距離仍然非常遙遠；越往上修，進步越快，就會覺得距離越大。舍利弗尊者他們也是一樣，那時候迴小向大了，二轉法輪的時期佛陀有許多的機鋒幫忙，所以他們也悟得如來藏，當然其中也有一些眼見佛性了。可是同樣是開悟，釋迦如來的示現是一悟就成佛，咱們大家悟了還是離 佛那麼遠；佛陀的功德，很多是我們都還沒有的，那麼當然要弄清楚：到底我們迴小向大來修學佛菩提道，而 佛陀至今都還沒有說我們就是菩薩，那麼我們的佛菩提道是否失去了？或者我們仍然是在佛菩提道中？那麼一樣是悟，爲什麼距離佛地還那麼遙遠？而且當 佛陀不曾說過「你舍利弗已經是菩薩」，這時就有很大的疑惑存在。

「我常見世尊，稱讚諸菩薩；以是於日夜，籌量如此事。」舍利弗平常又看見世尊身邊的菩薩們，有時世尊會讚歎菩薩，有時甚至授記說：「某某菩薩！你未來再經歷多少劫以後，奉事過多少佛了，然後你會成佛，佛名是什麼，佛世界是什麼等等。」都作了授記，對某一些菩薩卻說：「你在過去世某某佛已經為你授記了，你已經忘了，所以你未來將如何成佛等等。」可是舍利弗尊者他們一千二百位大阿羅漢，還沒有一個人被　佛陀授記，所以都不敢自認是菩薩。因此，舍利弗白天黑夜都在想著這個事情，一直在思索著「什麼時節是最適合向佛陀提出請問的時候」。

也許諸位想：「既是跟在佛陀身邊，可以隨時提出來問，為什麼他不問？」一定有人這樣想。但是這有背景，就像我們這個週日親教師會議時，有的老師說：「我聽了這《法華經》以後，覺得好震撼，因為這麼多大阿羅漢們迴小向大又證悟了，竟然沒有人敢問，那是什麼原因？」我說：「其實原因並不複雜，因為佛陀的威嚴非常厚重。」佛的威嚴並不是像密宗那樣去觀想，然後裝得一臉橫肉那樣子來嚇人，說那個樣子叫作佛慢，那只能叫作妄想。佛陀始終是很慈祥的，但是在慈祥之中自然會散發出很厚重的威嚴。這個威嚴要從兩個層面來說，第一個層面，是三大阿僧祇劫行菩薩道，乃至最後百劫之中，無一時非捨命時、無一處非捨身處，內財、外財取得的目的就是爲了要布施，去累積更大的福德，這樣三大阿僧祇劫修集下來的極廣大不可思議福德，使得祂的威嚴非常厚重；另外的原因是無上正等正覺，有了一切種智，一切智圓滿具足，所以產生極爲厚重的威德。佛的威德是這樣來的，不是裝出來的，也不是起作意要顯現威德裝模作樣嚇人，而是本然如是。

大阿羅漢們迴小向大之後也證悟佛菩提了，但是沒有人敢請問；因爲心中也會有另一個想法：「佛陀如果認爲大家授記的時間到了，自然就會授記。如果時間還沒有到，我們強求也不可得。」所以舍利弗尊者等人，沒有人敢請問，只能在腦袋裡想：「爲什麼到現在還沒有爲我們授記說我們是菩薩，爲什麼還沒有像對諸菩薩一樣授記說我們什麼時候會成佛等等。」心中有疑，可是沒有人敢問，這是事實。假使有一天 佛陀召見，你們親見了，就會知道那個威嚴之厚重。其實威嚴的厚重也不必等到 佛陀的地位，像 克勤大師的威嚴就非常厚重。他這個人天不怕地不怕，連皇帝也怕他。我的威嚴就差他很多，所以才會被貶到江南去，否則不會啊！

可是遇到　克勤大師，像秦檜、宋高宗他們，敢得罪他嗎？不敢，他們都怕。他天生就是這樣，但他從來不曾故意裝得一臉橫肉、講話大聲，都不是啊！那我自己知道說，原來我距離　克勤大師還是那麼遠，那你想，距離　克勤大師都那麼遠了，若是距離佛地，那可不是算公里、華里，那不曉得要用多少光年來計算了。因爲後面到達佛地之前，還有那麼長遠的時間與過程，還應該要增修那麼多的法，怎能思議佛地境界呢？怎敢說悟了就是成佛了？所以你沒有遇見　佛陀的時候，不會知道祂的威嚴有多厚重。

因此，大家要瞭解，我這樣講才是眞實的景況。如果隨隨便便就敢提出來問　佛，那不是當時與　佛共住的景況。所以這個事情是無可懷疑的，只有不瞭解詳情的人，心中才會懷疑說：「**唉呀！這部《法華經》講得太誇大了吧？跟隨在佛陀身邊那麼久，爲什麼都不問？**」因爲沒有人敢問。且不說這一些迴小向大證悟般若的大阿羅漢們，就說諸地菩薩，甚至於　文殊、普賢也不敢隨便發問的，都是因爲　佛陀授意，突然間給了一個念頭說：「**你應該要問某某事。**」然後菩薩才會問。所以，舍利弗這裡所講的話都是眞實語，如實了知內情的人才會知道應該完全信受。

「今聞佛音聲，隨宜而說法；無漏難思議，令眾至道場。」舍利弗尊者接著說：「我如今聽聞到佛陀的音聲，」佛陀的音聲在《楞伽經》裡面說迦陵頻伽音，也就是柔軟音、和雅音，猶如迦陵頻伽一樣，說法無礙、口才便給。舍利弗說：「我如今聽聞到佛陀說法的音聲以後，也看見佛陀總是隨宜而說法；所說的這些法義都是無漏而難可思議的勝妙法，」為什麼是無漏而難可思議呢？因爲所說的不是有漏有爲法，並且又兼攝了法界實相的難可思議法，所以說：「這樣的法義可以使眾生到達道場。」

「道場」，一般人的觀念中都認爲就是寺院、講堂，說那叫作道場。但是大眾已經來到寺院在聽聞了，明明已經是「至道場」了，爲什麼說還要聽法以後實證了才叫作「至道場」。顯然這「道場」兩個字講的不是這一座寺院或一所講堂，而是說「到達了自心道場」。道場就是修道的場所，請問修道是到寺院中才修道嗎？那麼請問在寺院中修道，以及在山野樹林中或者在自己家中修道，是不是在自心中修道？是嘛！一定是在自心中修道，不可能說，身體來到了寺院中，心在外面修道，所以一定是在心中修道，唯有一心而修才能成就佛道。而這個「道場」的如實定義，就是自心如來藏。

那麼，舍利弗的意思是說，世尊說的法都是無漏法，而且是難可思議的無漏法，令大眾聽聞之後可以親至道場，也就是明心開悟、親證佛菩提而證悟了。這樣的說法，在　佛陀出現於人間之前不曾有過，因為　佛陀出現於人間之前，不論哪個外道所說的法都不能使人「至道場」。直到　佛陀出現以後才有真正的阿羅漢，也才有真正的菩薩。從那個時候開始，所有自稱阿羅漢的外道們都不再是阿羅漢了，自稱實證如來的人也不再是證得如來的人。所以阿羅漢這個名號果位，以及如來這個名號果位，是佛教出現之前，古天竺就已經存在的。佛陀出現在人間之前，有外道修行人自稱是阿羅漢或者自稱是如來，特別是有許多人自稱是阿羅漢；可是當　佛陀出現以後，那些人全部都被推翻了。這樣殘酷不殘酷呢？很殘酷呵！因為本來有很多外道都自稱是阿羅漢，而世間人也相信他們是阿羅漢，所以他們個個都是聖人；可是佛陀出現之後，一一證實他們都不是阿羅漢，這真的很殘酷！然而這樣的殘酷才是真正的慈悲，因為避免他們坐實了大妄語業。

所以　佛陀出現在人間開始弘法以後，應該說是什麼界？那時還沒有佛教界，就說是「修行界」好了。說古天竺那時的修行界起了大震撼、大漩渦，就好像正覺同修會出現之前，佛教界一片昇平，大家都是開悟的聖者或者是阿羅漢；後來正覺同修會出現以後，那些開悟者的聖者身分都失掉了，原來自稱阿羅漢的，後來也不敢再自稱阿羅漢；以前自稱開悟聖者的人，也不敢再自稱是開悟的聖者了，所以就有人罵了：「你們正覺同修會把佛教界搞得烏煙瘴氣！」問題是，我們放出來的氣都是光明的、清淨的，我們沒有放過烏煙，也沒有放過會毒人的瘴氣啊！怎麼指責我們弄得佛教界烏煙瘴氣呢？這話眞是奇怪！這就是說，只有 佛陀所說的法音才可以使人「至道場」，以外一切外道無所能爲。

「我本著邪見，爲諸梵志師；世尊知我心，拔邪說涅槃。」接著舍利弗就說：「我本來是執著於邪見的人，我以前是諸梵志的老師。」意思就是說，舍利弗跟目犍連兩個人是非常要好的朋友，他們以前雖然也曾自稱是阿羅漢，可是因爲懂得自省，所以覺得好像有一點不對，心中不太有把握，所以兩個人互相約定：「假使誰遇到了大善知識，不許獨自去得法，一定要來找另一方，兩個人同時去見，不許藏私。」他們兩個人就這樣約定，這表示他們沒有慢心。有慢心的人是：誰都不服，我最厲害。因爲他們沒有慢心，所以這樣約定。後來是舍利弗遇見了哪一位阿羅漢？馬勝比丘——馬勝阿羅漢；因爲看他下山托鉢時的行路，威儀庠序，知道不是一般修行人，就趕上去請問：「請問你師父是誰？」就這樣子知道已經有 如來出現在人間，而馬勝比丘爲他演說了聲聞法，他知道這才是眞正的解脫之道；於是就去找目犍連，兩個人就去面見 世尊，然後都成爲阿羅漢。所以舍利弗本來就是梵志之師，當然所有的知見全都是邪見。

但是，世尊一見他們就知道他們的來歷，所以爲他們拔除了邪見，讓他們了知蘊處界的虛妄，告訴他們：涅槃是常住不變的、是眞實法，但涅槃卻是滅盡蘊處界。於是舍利弗與目犍連證得二乘涅槃，所有的邪見也就全部除掉了。除掉以後是成爲阿羅漢了，可是等到 佛陀宣說般若的時候，又覺得有好多不懂的；但是幸好前面先有須菩提開悟了，就用須菩提來作因緣，引出佛法中的實相般若大要，所以其他的阿羅漢們就跟著聽聞受學，世尊也在共住的期間常常有機鋒，幫助他們悟入空性如來藏，就是有名的教外別傳。

「我悉除邪見，於空法得證；爾時心自謂，得至於滅度；而今乃自覺，非是實滅度。」等到他們對於二乘空與大乘空都實證了以後，心裡面想：「蘊處界空我也證了，法界實相空性這個空法我也證了，那麼阿羅漢所不證所不知的，我們迴小向大之後已經證了，也知了，應該就已經到滅度的境界了，」因爲無餘涅槃中的本際，以前在阿羅漢位的時候不知道，現在修學了大乘法以後已經知道了：「原來無餘涅槃中就是這一個空性心如來藏獨住的境界。」已經知道了，心想：「那我們已經到了涅槃本際了，便是究竟滅度了。」可是等到 佛陀又說了許多法，講完實相般若及方廣唯識諸經以後，接著講《無量義經》，聽完了才知道自己還不是眞正究竟的滅度，得要成佛時才是眞正究竟的滅度。

因爲這時候 世尊已經講過《勝鬘經》、《解深密經》、《楞伽經》、《無量義經》和其他的經典了，已經知道原來自己只是在煩惱障的現行上面斷除而已，可是還有習氣種子隨眠尚未斷盡，變易生死還沒有遠離；而且所知障的部分才只是打破了，所知障中過恆河沙數的上煩惱都還沒有滅盡。平常往往看見菩薩們被 佛陀授記成佛，舍利弗等大阿羅漢們都沒有人被授記；乃至現在開講《法華經》了，而這些大阿羅漢們在此之前也都還沒有被 世尊授記，那怎麼能夠像 世尊那樣而說自己是已經得滅度了？

「若得作佛時，具三十二相；天人夜叉眾，龍神等恭敬；是時乃可謂，永盡滅無餘。」因此，佛菩提道中所謂的滅度，是要到將來作佛的時候具有三十二種大人相，那時福德可就無量無邊；然後每一相又有八十種隨形好，一一好相又有無量的好相，這福德非常之大。但這三十二大人相爲什麼會扯上福德？世尊即將示現入滅前，有聲聞弟子請問：「佛陀您將來入涅槃以後，我們如何維生？要怎麼樣生存？」因爲他們大家想：僧眾這麼多，佛陀入滅以後大家沒有什麼號召力了，是不是大家都不再供養僧眾了？佛陀就說：「你們都別擔心，我三十二大人相，隨便一相就足夠我的遺法弟子吃喝不盡。」遺法弟子當然是包括未來像法與末法時代的弟子，三十二相中只要一相就夠遺法弟子吃喝一萬一千五百年了。所以大家都不必發愁，只要有法在世就沒問題。那爲什麼如此？當然有原因啊！因爲 佛陀的三十二大人相，每一相都是用無量無邊的福德去修集成功的。

這是福德修成的，不是靠觀想去成就的。諸位來想想看，密宗他們說：「打坐的時候要觀想自己的本尊在頭上，三十二大人相是什麼法相，就自己一一去作觀想。」可是觀想起來以後有沒有作用？沒有作用，因為那只是個自心所現的法塵相分。觀想是一個練心的方法，但觀想的所得並不是眞實成就。觀想出來的影像跟定果色是不一樣的：定果色是八地以上用他的福德與無生法忍智慧去變現出來的，那對眾生有用；但密宗那個觀想出來的影像，只是他腦袋裡面的相分。他們打妄想說，如果要成佛時得要有天身，才可以成佛，就觀想自己有一個廣大莊嚴的天身，說那個天身觀想成就時即是未來成佛時的莊嚴報身成就了，這叫作以假代眞。譬如愚人看見人家櫥窗裡面的珍珠又大又漂亮，他就去塑膠工廠找幾顆塑膠圓球來，噴了一些白金漆以後公開說：「這就是珍珠。」可怪的是竟也有愚人願意出高價去買。如果沒有人願意買，他們就賣不了。但是就會有人買啊！這才奇怪呢！可是諸位都不會去買，因為你們看得清楚珍珠跟假珠的差別。

同樣的道理，觀想出三十二大人相不等於有大人相，因為他觀想出來的影像並沒有福德。得要經由三大阿僧祇劫不斷去修集福德，並且還得最後百劫之中不斷地捨身捨命捨財，才能成就那三十二種大人相。這三十二相是三大阿僧祇劫修集福德所成，諸位想想看，這三十二相，假使把它平均分好（就算是平均吧，事實上不可能），把三大阿僧祇劫平均分爲三十二份，那一份福德與智慧是多久的時間修來的？想想看啊！那麼多的福德，遺法弟子只不過受用一萬一千五百年，哪能享用得盡？所以 世尊就這麼說：「我這三十二大人相，只要一相就足夠末法時代遺法弟子受用不盡了。」這表示說，成佛須要有大福德；除了大福德還得要有大智慧，能夠「名聞滿十方，廣饒益眾生」。所以才剛剛明心而已，只是小福小智就敢大聲說：「我已經成佛了。」那叫作成就大妄語的假佛。如果連明心都悟錯了還說成佛，後果更不堪想像啊！

所以，舍利弗尊者這個時候很清楚：「而今乃自覺，非是實滅度。若得作佛時，具三十二相；天人夜叉眾，龍神等恭敬。」也就是說，一切天人乃至忉利天以下的諸天龍與鬼神等全部都來恭敬渴仰；這個時候才可以說，所知障的煩惱、煩惱障的煩惱已經永遠滅盡而沒有任何的剩餘了，這樣才能夠說是成佛。所以，舍利弗尊者這時已經很清楚，自己這個時候絕對不是佛，甚至於連自稱爲菩薩都還要等待 佛陀開示說：「你已經是菩薩，你未來會成佛。」才敢自稱是菩薩。

可是，現代那一些正在破法的人也都自稱是菩薩，他們在大力否定大乘法、主張大乘非佛說的人，自己也敢自稱菩薩。這眞沒有道理！他們既然主張大乘非佛說，那麼世間就不可能有菩薩，他們就等於表示自己不是菩薩了。當他們已經否定菩薩的存在，爲什麼還自稱是菩薩呢？有沒有這種人？有啊！釋印順他們就是這樣啊！他們認爲大乘非佛說。因爲大乘法是菩薩之所修，他們把自己所應修的否定了，還能自稱爲菩薩？那不知道是什麼邏輯？因爲不可能會有這種邏輯啊！可是他們卻這樣在作，也作了幾十年還沒有人提出質疑，這眞的很奇怪！那，想一想，舍利弗尊者當時已經是大阿羅漢迴小向大，也證悟了，又跟著 佛陀修學二、三十年的大乘佛法，都還不敢自稱是菩薩，所以才會問說：「欲以問世尊，爲失爲不失？」

可笑的是，釋印順那一些人否定了菩薩法以後還自稱是菩薩，他們推翻了傳統佛教以後又說他們是傳統佛教，把玄奘菩薩的八識論正法推翻了以後，又明著、暗裡公開說他們是繼承玄奘菩薩，這是哪門子的道理？我們眞的想不通！可是他們竟然已經都作了，所以才會說如今眞的是末法時期呀！好在末法之中還有正法在弘傳著，我們這個正法就在末法之中繼續維持著這個清流；管他們洪流滾滾，我們就是這一線清流一直維持在裡面，而他們無法染汙我們，這樣才叫作難行能行。

諸位想想看，一條河流那麼大，全都是濁水而不是清水，但濁水中間就有這麼一條小小的水流是清水而在那裡面，但濁水都不能染汙它，你說這可貴不可貴？當然可貴呀！而這樣的清流不能靠一個人，要靠很多人來維護，才能保持這股清流。咱們就這樣子，讓這個清流永續、繼續示現給濁流看，然後濁流不能染汙清流，清流卻會漸漸澄清濁流，所以清流將會越來越擴大，直到諸位將來像「老兵」一樣。懂嗎？「老兵不死」啊！但是會怎麼樣？會漸漸「凋零」嘛！大家都凋零光了以後，大概就是一千年後的事，或是二千年、三千年後的事了，然後咱們再聚集起來重新再把清流擴大，這就是我們要作的事。

那麼，諸位經由聽聞《法華經》知道這麼多的事情，而這一些事情你們都無法從經論上讀到。當你如此瞭解了，就應該生起「難遭遇想」，因為中國佛教的復興你已經參與了，可是你參與的時候千萬不要自作主張說：「我開悟了，我就要開始自己去度人。」所以就到處去廣度而不擇根性，要小心！遲早會出問題。而且，也會成就破和合僧的大重罪，一個本來好好的菩薩勝義僧團被分裂爲二個了。所以一定要有一個方向和步驟，一步一步整體去作。我們在十幾年前定下了方向與步驟，在更早期是沒有的，因爲更早期，我是隨時準備要退隱回去故鄉，山林樹下才是我自修的好地方。可是後來看看佛教界這些大師們都不可靠，沒一個可靠的，那我只好自己來住持正法了。既然要自己來作，就要定下次第與目標，所以我們就定下來，這二年算是進入開展期了。

因此，在佛法中能夠參與佛教正法的復興是很不容易的，二千多年來，不是常常有這種機會，未來也將是如此。若有機會參與，未來世的福德無邊廣大，所以諸位要懂得珍惜。但是在作這一些事情的時候，也要注意把握分際，佛陀所最在意的是密意不要洩漏。也就是說，即使你遇見了佛弟子，他如果對於《法華經》開示悟入的中心主旨如來藏，不是「恭敬渴仰」，那麼這個妙義，你不應該爲他說，連演說都不應該；如果是要幫助他證悟，你還得要觀察他的時節因緣。《法華經》告訴我們的，就是這個道理；所以我不得不把當年 佛陀那個時代的景況，就我所知道的爲諸位說明；若是我所不知道的，你問了，我也不懂得講，但不是吝嗇而不講。

若是我所不知道的，能講什麼呢？總不能編造吧？我知道的，當然就會告訴諸位。這樣諸位對二千五百多年來的佛教，就能瞭解最早期的原始佛教時代的時空背景，以後就不會再被那一些六識論者、破壞大乘法的人胡言亂語所影響；未來佛菩提道的修習與實證的次第與內容，你就會很平順。接下來，舍利弗又怎麼說呢？

經文：【佛於大眾中，說我當作佛；聞如是法音，疑悔悉已除。
初聞佛所說，心中大驚疑：將非魔作佛，惱亂我心耶？
佛以種種緣、譬喻巧言說，其心安如海，我聞疑網斷。】

語譯：【這一段重頌是說：

佛陀於大眾之中，說我舍利弗未來將會作佛；聽聞到這樣的法音，如今我舍利弗心中的懷疑以及多年來的懊悔，全部都已經滅除了。

可是當我剛剛聽聞到佛陀說我將來會作佛的時候，心中其實是有很大的驚嚇與懷疑，那時候心中想的是：會不會是天魔波旬假意變化作佛的身像，來惱亂我已經很平靜、安寧的心境呢？

然後佛陀又以種種的因緣，加上許多的譬喻和善巧的言說來說明；這讓我舍利弗心中安定猶如大海一般，我聽聞了世尊的說法以後，心中懷疑的羅網已經斷除了。」

講義：「佛於大眾中，說我當作佛；聞如是法音，疑悔悉已除。」這也就是說，假使遇到定中、夢中有 佛來開示的時候，你得要小心，因為來者不一定是佛。假使夢見了 佛來說法，告訴你說：「你現在已經是究竟佛了，你明天就要開始廣收徒眾，成佛說法了。」你就知道說：「這一定是天魔波旬，因為彌勒菩薩都還沒有來人間成佛，我憑什麼成佛？」這是最簡單的道理嘛！所以一聽就知道那是魔了，就可以把他罵出去。辱罵天魔無罪，你不必擔心說犯了惡口重戒要懺悔，因為他是來搗亂眾生的。你把他罵得痛哭流涕讓他走掉，他被罵得痛哭流涕以後，就會有一段很長時間不再來搗亂，這是利益眾生。你明知道是魔，起心動念故意痛罵他，是不是生了氣在罵？不是，你是故意要罵到他無言以對，這表示你是在演戲。演戲是不是故瞋？不是呵！既不是故瞋，有沒有故瞋的罪？沒有啊！所以受了菩薩戒要會活用，不要被表相綁死了。

如果有佛在你夢中示現，或者你禪定修得很好，祂在你定中示現，那麼祂為你開示的法義，你就得把它記著。醒過來或者出定了，你就用你所斷我見的功德，或者你所學解脫道的智慧，或者佛菩提道的眞如智慧加以檢驗；乃至用佛經中的聖教，你要加以檢驗。如果他說的有違背，你就知道這是天魔故意來惱亂。千萬不要夢見某某佛，然後他說了以後你就完全相信；因為魔啦、鬼神啦，都會化現作佛的模樣。若是人家仿冒了佛的形像來跟你亂說法，你就無條件接受，那也未免太無智了吧！就好像你去買某一種產品，可是那個產品有許多冒牌貨、仿冒品；你付出了同樣的價錢，當然要弄清楚它是不是冒牌貨。

譬如說一個名牌包包，聽說也有一個包包要一、二百萬元，我不曉得那是在買什麼意思的？包包能帶、能裝東西就夠了，為什麼要一、二百萬元？那叫作愚癡人啦！有錢人聽了我這麼說，大約會很生氣，會罵我，沒關係，我就讓他們罵。然而他們使用那個包包的時候，會怎麼樣？要很小心！對不對？萬一不小心磨擦了一下，損失好幾萬元欸！所以那個叫作愚癡人。話說回來，譬如說，如果是一個有錢人，他要去買一個二百萬元的包包，當他要付出那二百萬元之前，一定要求證到底是眞的或是仿冒品？一定如此啊！

你既然修了菩薩道，當然要弄清楚：「我夢中有某一尊佛來，我在定中有某一尊佛來，要我好好修學某一些法，這個法是眞的佛法或是仿冒品呢？」你當然要弄清楚，而且在 世尊住世的年代，天魔波旬一天到晚都在搗蛋，甚至於還跑進目犍連尊者的肚子裡面去搗蛋，後來目犍連尊者說：「我知道你是誰。波旬啊！你再不趕快離開，你難道想要吃苦嗎？」他才趕快離開。連三明六通大阿羅漢，他都敢來搗蛋了，何況是還在凡夫位或者剛剛開悟的人身上，他們來搗蛋也是正常的。所以，如果有夢見佛來爲你授記說你什麼時候會成佛，或者來爲你摩頂說你如何、如何、如何，意思是要你開始大幹一場，要你去佛教界揚名立萬。但問題是，依照他說的去弘法的結果，如果是度人家落入常見、斷見裡面，那你聽他的話去作，可就是造業了；而且造的不是善業，而是惡業，果報堪慮！

所以舍利弗當時也是很有警覺性，因此剛剛聽到 世尊說他未來將會作佛，心中眞是大驚疑，必須是要看 世尊繼續詳細解說的內容，確定所說的那一些都是完全正確的，才能把心中的懷疑以及疑網懊悔滅除，所以說「世尊爲什麼還不印證我們是菩薩」？才能夠把這一些全部消除。所以「初聞佛所說，心中大驚疑」，這是正常的，這才是有警覺性的人。如果對方所說的法不如法，你就要懷疑這是不是魔？因爲魔最討厭有人把眞實的佛法繼續宣揚下去；如果所宣揚的法只是二乘菩提，天魔波旬不很在意。爲什麼不很在意？因爲最多就是度人成阿羅漢。你一生能度幾個人成阿羅漢？所度的人成阿羅漢以後也會跟著你入涅槃，不必幾代，聲聞法就會消滅了。但如果是菩薩，菩薩不但可以度人成阿羅漢，也可以度人成菩薩；被度的菩薩個個都不離開天魔境界，繼續在天魔的境界裡面度眾生成爲菩薩，同樣繼續不受天魔掌控，無窮無盡欸！所以天魔就很討厭菩薩。

所以，如果專門弘揚二乘法時，天魔不太會來擾亂，因爲單單只傳二乘法時，都傳不了多久。例如 佛陀在世的時候，聲聞僧團一直弘揚下去，可是才不過幾百年就開始分裂了，因爲幾百年後的聲聞法中已經有很多人不是阿羅漢了，那些聲聞凡夫僧個個都有慢心，都不服阿羅漢們的教導，分裂出去以後就成爲別羯磨，成就破和合僧的地獄業。那聲聞佛教分裂爲上座部、大眾部，後來又繼續分裂成爲部派佛教，那部派佛教裡的各部派所傳的都是聲聞法；就是說，聲聞僧團本來沒有上座部、大眾部，分裂後就把原來的聲聞教團稱爲上座部，分裂出來的就是大眾部；但上座部本來就是聲聞教，再三分裂而在最後成爲十八部，當然全都是聲聞法。那麼到後來，部派佛教就全部沒有阿羅漢了。聲聞法爲什麼會分裂？因爲有些人不是阿羅漢而自認爲阿羅漢，法義上見解不同就開始分裂，那些分裂出去的人當然不可能是阿羅漢；不斷到最後，一代又一代的阿羅漢都會入涅槃，所以人間的阿羅漢越來越少，到最後都不見了。

到現在爲止，南傳佛法有沒有阿羅漢？那些自稱阿羅漢的，所謂阿姜查、阿姜通，還有什麼人？朗波田，都是我見具在，連初果都沒有證得。且不說他們，連他們所最崇拜、恭敬、隨學的那一部論，就是覺音論師的《清淨道論》；覺音論師本身也沒有斷我見，從他寫的那部論裡面修學出來的阿羅漢，當然就是沒有斷我見的假阿羅漢。可是未來還會有阿羅漢出世，因爲我們《阿含正義》流通出去以後，將來翻譯成泰文或南洋文字以後，逐漸流通出去了，大家若讀了沒有錯會，也能遵照裡面的開示次第修學，未來漸漸會有阿羅漢的，只是人數將會很少。

這意思是說，二乘法在人間的弘傳，最後還得要靠菩薩，否則就會滅掉了。菩薩出來度人時能夠使人成為阿羅漢，可是菩薩自己不當阿羅漢，永遠不入滅；而且被菩薩所度的人多數都成為菩薩，也都不入滅；然後越來越多的人成為得度的菩薩，這些越來越多的菩薩們，也都在天魔的境界裡面進進出出不受管制，天魔管不著，所以天魔很痛恨菩薩。你想想看，假使你是典獄長，你管的這個監獄叫欲界。欲界就是一個大監獄，這個欲界監獄關著許多沒有辦法離欲的人，所以沒有辦法離欲的人都被五欲關在欲界監獄中。可是其中有一個人不斷地度人，被度的這些人漸漸可以離開欲界監獄，可是卻又都不離開欲界。能離開監獄的人離開也就算了，偏偏不離開，繼續住在裡面教導很多人可以離開。天魔想：那我就誘惑他，讓他沉淪在欲界中，讓他無法離開。用什麼誘惑呢？用五欲。可是五欲誘惑不了菩薩，因為菩薩每天就在五欲中住，覺得很平常，五欲已經無法控制他，所以天魔也就無法引誘他。然後，這菩薩在欲界監獄裡面不斷度人，讓更多的人可以出監獄，可是被度的人又都不出去，每一個人又要度很多人能夠離開監獄。這比老鼠會還厲害，你說天魔痛恨不痛恨？當然痛恨呀！

所以我當年就是這樣，見性後開始弘法不久發起初禪，那時候多的是時間，每天下午都在打坐。好了，天魔波旬就派了女兒來。哎呀！比世界小姐還漂亮，也有白種人，也有黃種人，也有黑人，最後來的那個黑妞乾脆就脫光了；哇！身材好健美。你知道嗎？不但漂亮，並且微黑而又發亮，但是咱們不理她，最後放話：「**妳若眞的有辦法，就來人間跟我成就夫妻啦！**」她想一想：「**我沒辦法。**」因爲不可能嘛！等她來人間投胎都來不及了，我已經走人了，所以她沒辦法嘛！後來就沒有再來，就只有那三次便結束了；是因爲她們比世界小姐還美，結果仍引誘不了。但天魔爲什麼要來引誘？因爲他已經看見說：「**這傢伙在我這個欲界監獄裡面住著，是我的大患。**」可是他也無可奈何，他用五欲來引誘，卻引誘不了，完全沒有作用。因爲菩薩就像《維摩詰經》講的「**火中生蓮華**」，我每天受用五欲，他再拿五欲來引誘我，我自己已經有了，爲什麼要接受他的？所以他也沒辦法呀！

因此，魔很在意菩薩在人間度眾生，他當然要常常來作亂。所以，那些大阿羅漢們迴小向大以後，就是一天到晚被天魔搗蛋；而大菩薩們，他無法搗蛋，因爲大菩薩們隨時可以發遣他，天魔受不了，不敢來搗蛋的。大菩薩們可不像佛陀那樣慈悲，佛陀對待天魔一樣是和顏悅色；大菩薩們可不是這樣的，所以遇到文殊、普賢等等菩薩時，天魔是連靠近都不敢靠近。舍利弗這時當然會有所懷疑：「今天佛陀突然授記我成佛，會不會是天魔？」但是祂到底是不是魔？只要法開始演說以後就會顯現端倪；因爲天魔波旬畢竟還沒有悟，而舍利弗他們已經悟了，不但是大阿羅漢，而且還悟了佛菩提，所以只要繼續說法下去就可以判別出來。因此，到了「佛以種種緣、譬喻巧言說」的時候，舍利弗尊者當然「其心安如海，我聞疑網斷」。那麼接下來：

經文：【佛說過去世，無量滅度佛；安住方便中，亦皆說是法。
現在未來佛，其數無有量；亦以諸方便，演說如是法。
如今者世尊，從生及出家、得道轉法輪，亦以方便說。
世尊說實道，波旬無此事；以是我定知，非是魔作佛。
我墮疑網故，謂是魔所爲；聞佛柔軟音，深遠甚微妙，
演暢清淨法；我心大歡喜，疑悔永已盡，安住實智中。
我定當作佛，爲天人所敬，轉無上法輪，教化諸菩薩。】

語譯：【舍利弗尊者又說：

佛陀曾經說過去世，曾有無量無數已經滅度的佛；安住於方便法之中，也都同樣演說這個妙法蓮華無分別法。

而現在仍在世間的諸佛以及未來即將成爲究竟佛的數目，是沒有辦法計算的；也都同樣以種種的方便，來演說這個妙法蓮華無分別法。

如同今天現在眼前的世尊，始從出生以及出家修行、乃至得道轉法輪，也都同樣是以各種方便來演說妙法蓮華無分別法。

世尊所說的都是眞實的法道，而天魔波旬沒有這樣的事情；以這樣的緣故，所以我心中很篤定地知道，眼前正在爲我們演說妙法蓮華無分別法的人確實是世尊，而不是天魔來化作佛的形像所說。

我當初墮於懷疑羅網之中的緣故，自以爲那時所說的授記等事情是天魔波旬的所爲；接著繼續聽聞佛陀的柔軟音聲，所說的法義又是非常的深遠而且極爲微妙，演說了暢所欲言的清淨法之後，我心中確實了知這一定是如來世尊，所以心中生起了很大的歡喜，因此心中的懷疑和懊悔已經永遠滅盡，如今安住於眞實法的智慧之中。

我已經信受世尊的授記而確定自己未來會作佛，將被諸天和所有的人所恭敬，並且將來也會運轉無上的法輪，來教化很多的菩薩們。】

講義：「佛說過去世，無量滅度佛；安住方便中，亦皆說是法。」這意思是說，佛陀爲大眾說明在過去的世間已經有無量諸佛滅度過，然而這無量諸佛滅度之後，並不是死亡以後成爲斷滅，只是應化之身示現滅度而已，可是滅度之後都安住於方便法中，也都同樣爲大眾演說佛菩提的勝妙法。這其實是十方諸佛法界中的眞實景況，可是釋印順和他派下的那一些人偏就不相信，他們認爲：釋迦如來已經滅度了，就是已經不存在了。他們不相信：釋迦如來還有莊嚴報身以及各種化身在化度有情。他們認爲說：釋迦入滅之後，剩下的就是法，祂已經灰飛煙滅了。爲什麼他們這樣認爲呢？因爲他們從來沒有夢見過 釋迦如來，而他們也沒有禪定的證量，當然更不可能在定中遇見，所以他們不相信 釋迦如來還在，認爲 釋迦佛已經過去了。問題是，還有很多人夢見或者定中被召見，那顯然 釋迦如來還在啊！所以他們只是値遇 釋迦如來的因緣不具足，無法與 如來相見，但他們不肯相信這個事實。

釋印順說 釋迦如來入涅槃後就斷滅而成爲滅相，然後把滅相曲解爲滅相不滅，便叫作眞如，這樣曲解以後來說 釋迦佛入滅以後不是斷滅，其實就是暗示大家要相信他的說法：釋迦如來成佛入涅槃以後就是斷滅空。所以說，他這樣建立的眞如不是佛法講的眞如，只是台灣人開玩笑說的「眞盧」（編案：冥頑不靈之意）；因爲那滅了的法相就是空無，怎麼可以叫作眞如呢？事實上既不眞又不如，所以他其實是個斷滅論者，因爲他認爲成佛以後入滅度就是空無。問題是，他所仰信的《長阿含經》中這麼說大阿羅漢比丘們：**「如來終亦知，如來不終亦知。」**「終」知道嗎？終結的終；**「如來終不終亦知，如來非終非不終亦知。」**顯然諸佛如來入滅度以後並不是斷滅空無，也不是仍然會有後有，所以我說釋印順根本不懂阿含。

那麼，如來入滅度，事實上只是應身示現入滅度，但是 如來還有莊嚴報身、還有無邊的化身繼續在利樂眾生；而自性如來第八無垢識也是始終常住的，怎麼會是斷滅空無呢？釋印順誤會到這麼嚴重的原因，無非是基於六識論邪見，在知道入涅槃時應該滅盡識陰六識全部時，不得不這麼主張，否則不免成爲自己掌嘴，但卻嚴重違背實相法界與涅槃本質。那麼，釋迦如來告訴舍利弗尊者說：**「過去的世間已經有無量數的滅度之佛，在應身入滅度**

以後，安住於方便善巧之中，只要眾生有因緣時就會爲大眾解說妙法蓮華無分別法。」也就是宣說唯一佛乘的妙法。

「現在未來佛，其數無有量；亦以諸方便，演說如是法。如今者世尊，從生及出家、得道轉法輪，亦以方便說。」這是說：「過去滅度諸佛如是，現在仍在三界化度有緣的諸佛，乃至未來即將會成佛的人，其實數量是無法計算的；但三世諸佛都同樣會以種種的方便，來演說唯一佛乘的無分別心極勝妙法。就如同今天我舍利弗所遇到的釋迦世尊，始從在人間出生以及出家、證得佛道，然後三轉法輪，這其實也都是以種種的方便施設來演說唯一佛乘。」

不瞭解的人總是以爲：釋迦如來就是二千五百多年前才剛剛成佛的。然而，釋迦如來住持娑婆世界，這是一個三千大千世界，其中有多少的小世界需要 釋迦如來度化眾生？不是只有這麼一個小小的、在太空中幾乎看不見的地球。結果釋印順在書中卻說：釋迦如來在人間成佛只是一個偶然，然後入滅度以後就灰飛煙滅了。所以他公然提倡「人間佛教」。哪一天我如果遇見了釋印順，我一定要告訴他：「佛教沒有那麼衰——只能存在小小的一個地球中。」因爲，連天文學家都不敢篤定地說人類只有這個地球上才有。連他們都不敢這麼講，而他們大多數是一神教的信徒哦！都敢依正確的邏輯而這樣子違背他們的《聖經》所說，然而釋印順身爲大乘法師，竟然把佛教侷限到這麼不堪的地步。

這意思就是說，《阿含經》裡面說的三千大千世界，他是不相信的；他的信仰跟一神教中的迷信者一樣，相信只有這個地球上才有人類，原來釋印順的眼光跟耶和華一樣狹小。實際上，如果眞的理解了佛菩提道，就會知道一個從凡夫位修行到達佛地的人，一定是十方世界來來去去不斷受生，長劫之中廣行菩薩道而奉事無量無邊諸佛，修得大智慧及大福德以後才可能成佛。那就不可能單單生在一個娑婆世界中修道，一定是還有其他的世界，不斷地來來去去。單單娑婆世界就已經是三個千的大千世界，其他諸佛世界當然也一樣，那怎麼會說成佛是一世就能示現成佛？怎麼會說成佛後入滅度就灰飛煙滅？所以，他的「人間佛教」思想是很狹隘的，而且是矛盾百出的。可惜的是，他自己完全沒有感覺。

所以，釋迦如來在這個地球上這樣的示現，從受生出家證得佛道而轉法輪，這八相成道只是一個示現，把以前在娑婆世界裡的其他小世界中曾經演過的戲碼，重新再來地球上演一遍；祂是主角，菩薩們是配角，而被度的眾生們是看戲者，大阿羅漢們則是被度的主要對象，他們座下其餘的阿羅漢們都是附帶被度的人，就是這樣。可是有誰眞的信受這個道理？沒有！只有久學菩薩們眞的信受。而 釋迦如來實證上的了義法有誰知道呢？沒有人知道。我記得以前讀書的時候，書本裡面有談到 釋迦牟尼佛，談到那個文化的部分，說 釋迦牟尼佛提出涅槃的思想是如何、如何、如何，都沒有談到如來藏。難道只有二乘涅槃值得一提嗎？竟然沒有人知道說：二乘涅槃只是附帶於佛菩提中，還是屬於本來自性清淨涅槃所含攝的。但一直都沒有人知道，更不曾有人講過如來藏啦、佛性啦。那時候的教科書只說 釋迦牟尼佛提出涅槃的思想，所有人都不懂，好像祂只有證得涅槃這個法，別的就全都沒有了。

娑婆世界是個三千大千世界，其中有無數的小世界，難道 釋迦如來只到這個地球小世界來度我們，而不到其他更多的小世界示現成佛度眾生？所以，釋迦如來在這地球上的八相成道只是一種示現，不該說祂是在這二千五百多年前才成佛。成佛的戲碼已經在娑婆世界其他的星球示現過很多遍了，將來也還會在其他尚未示現的星球中示現八相成道而度眾生；只是人類眼光如豆，尤其是聲聞法中的六識論者，都只看到地球這個範圍。而現在能夠看到比較多的其他小世界、大世界，但是也都是朦朦朧朧，因爲哈伯太空望遠鏡也無法觀測到別的星際裡面有什麼行星，也還是觀測不到。現在連娑婆世界其他的很多恆星周邊的行星，絕大多數也還是觀測不出來（編案：這是二〇一〇年初所說）。你看，人類眼光眞的如豆，哪裡能夠瞭解諸佛的實際境界呢？

所以，當《法華經》說　世尊八相成道只是個示現，其實很早以前便已經成佛了，他們都不信，我就說：因爲他們不信，所以我們說他們是凡夫，他們當然沒有證道的因緣。爲什麼？因爲即使是聲聞初果都有四種不壞信。聲聞初果就能夠於佛得不壞信，於法、僧得不壞信，於聖戒成就。那你說他們連　佛陀的事情都不信受，顯然釋印順他們對於　佛陀並沒有得到不壞信，心中多所懷疑，心中想的是：「哎呀！這個都是天方夜譚啦！好話佛說盡，這根本是不可能證實的事情。」他們因爲自己無法親證就把祂推翻。推翻是最簡單的面對方法，對不對？他們想，經中說有第八識，但第八識到底是個什麼？不知道。現代一、二百年來也沒有人能實證，所以就把祂推翻掉，說「沒有第八識」就解決了；但是這會有後遺症，因爲把箭鋸掉以後，那箭頭跟毒素還在身體裡頭，他沒有發覺；縱使有發覺，他們也沒辦法解決，最後就毒發了：正覺同修會出來弘揚第八識正法時，當然就是毒發了，他們可就全都沒辦法解決了。

所以，世尊的八相成道只是一種示現，千萬不要認爲 釋迦如來是二千五百年前才成佛。那時的成佛只是一種示現而已，只是把以前在別的星球演過的戲，當這個星球的人得度因緣成熟了，就搬到這裡再演一場。就像某些劇團，在台灣演出以後很有名氣，外國人就來邀請，去外國再上演；然後世界巡迴，四處都演完了，那就成爲世界有名的劇團了。聰明的人早就知道說：「哎呀！他們是到處演出，如今來地球演這一場戲。」不知道的人說：「這是在我們美國突然蹦出來的，號稱台灣的劇團，是在美國首次成功地演出。」不曉得人家已經在台灣早就成功了，愚癡的釋印順等人正是如此。

我們要作有智慧的人，也要如實信受，不是妄想、迷信一般地信受，而是如實地信受。要這樣心量夠廣大，才夠資格當菩薩。以前我也告訴諸位：

「如果有一天釋迦如來召見了你，不管夢中或定中吩咐你說：『你下一輩子到某個地方去弘法。』」你可不要驚訝說：「世尊！那個地方我沒聽過，那是什麼地方？」你不要問，答應就對了。如果派了你去，世尊就會幫助你，讓你有足夠智慧在那裡獨當一面，那你往生過去以後不入地也難啦！所以如果接到指示，你答應了直接往生過去就對了，問都別問。都不必問，因爲有很多的地方要用人，你如果被　世尊看上了，那就是你的道業要大幅度進步的時候了。那可不只是搭直升機，而是搭乘特級火箭，比直升機還要快、還要猛，你就可以化長劫入短劫了。

所以心量要夠大，夠大的時候你的行爲與想法就不同，行道就會很快速。道業的成就，有的人一定要耗完三大阿僧祇劫，整整三大阿僧祇劫；但是有的人可以提前，這叫作長劫入短劫。要不要長劫入短劫，那就看你們自己了。

「世尊說實道，波旬無此事；以是我定知，非是魔作佛。」所以說，如果懂得這個道理，你就知道：哎呀！世尊八相成道，這也是一種示現，爲大眾所說的這一些三乘菩提，其實也都是方便說，根本的宗旨還是唯一佛乘的無分別法——「妙法蓮華經」實相心；而 世尊說的都是眞實道，不是虛妄法。既不是虛妄法，是眞實道，這是天魔波旬講不出來的。所以，從這裡就可以確定：這個授記眞的是釋迦如來所作的授記，而不是天魔波旬冒充 如來，爲舍利弗作虛假的、籠罩的授記。舍利弗尊者就說：「由於這樣的緣故，所以我很確定的知道，今天要作的這個授記，不是天魔波旬所作的；今天在我眼前的是釋迦如來，不是天魔波旬所化現的，所以這個授記一定是眞實的。」

《妙法蓮華經》上一週講到三十二頁第六行，今天要從第七行開始講：

「我墮疑網故，謂是魔所爲；聞佛柔軟音，深遠甚微妙，演暢清淨法；我心大歡喜，疑悔永已盡，安住實智中。」先講這二行。

舍利弗坦白地承認說，或者坦白地自己稱說：世尊當初所說的大眾可以成就佛道的事情，他心中剛開始是有疑惑的，當時曾經懷疑過可能是天魔化現爲 世尊的形像前來說的，但是聽到最後已經知道，這一些事情並不是天魔波旬所能作得到的；所以自己宣稱剛開始確實墮於懷疑的羅網之中，誤以爲是天魔波旬所作的籠罩行爲。但是後來聽聞 佛陀以柔軟音來作進一步的說明，所說的內涵又是很深遠而難以猜測的，所以是非常微妙的說法；這時知道 世尊所說的都是直接從自心流露而暢快地演說出來，並沒有一絲一毫的猶疑和染汙，這當然不是天魔波旬化現出來時所能演說的法。所以舍利弗尊者心裡面直接表示出來說，自己心中是非常歡喜的，所以心中的懷疑以及以前所有的悔恨已經都永遠滅盡了，這時已經安住於實相的智慧之中。這裡既然說「安住實智中」，表示在這個時候，舍利弗尊者已經是證悟的人，不可能是還沒有開悟的人，否則不可能住在實相智慧裡面。接著說：

「我定當作佛，為天人所敬，轉無上法輪，教化諸菩薩。」這就是說，佛陀為他所說的，他已經完全信受而且領納了，所以很有信心地當著佛陀面前說：「我舍利弗未來決定會作佛，為一切諸天、一切人們之所恭敬；然後我會為一切人、一切天來轉無上的法輪，也就是演說唯一佛乘的妙法來教化所有的菩薩們。」「無上法輪」意思是說，所說的這一些法義是首尾相接而沒有任何的疏漏，這叫作法輪；而這樣的法輪是無上的，不是有上法；換句話說，十方三世之中無有一法可以勝妙於這個法，這樣演說出來的才叫作「無上法輪」。用「無上法輪」來「教化諸菩薩」。這是舍利弗尊者向 佛坦承說，自己本來有疑，但現在已經可以自己承擔下來，不再猶疑了。

那麼這裡講到「無上」，就得要探究什麼是無上了？總不能把有上法隨隨便便就稱為無上；學法的人也不能聽人家說是無上就相信它是無上，一定要有一個判斷。如果自己沒有能力、沒有智慧來判斷，人家說是無上，他就相信是無上，那他最後不但不能成就無上，甚至於還會變成無下。無下，什麼是最下？是阿鼻地獄嘛！阿鼻地獄是三界中最下的境界，沒有任何低下的境界可以比它更低下。阿鼻地獄是無下，那無上呢？就是諸佛境界。現在有人宣稱說他們有無上的瑜伽；瑜伽本來是個好名稱，可是被他們用壞了；瑜伽就是「相應」的意思，就是無上的相應境界；那無上相應境界應該是指諸佛的境界，唯有諸佛的境界才能稱為無上相應，也就是無上瑜伽。

好了，現在密宗他們把雙身法也叫作無上的境界，宣稱他們的男女相交淫觸相應的境界是無上瑜伽，然後把「相應（瑜伽）」當作是雙身法裡面的動作。這樣是不是無上？是不是與諸佛的無上境界相應？那可值得探討了。咱們先來看看他們那個瑜伽；「瑜伽」就是相應，密宗四大教派那個瑜伽是與什麼相應？它所相應的境界是不是無上的？我們就得探討這一點了。先說他們那個相應是與什麼相應？也就是探究他們的瑜伽是與什麼互相瑜伽？是與欲界愛互相瑜伽；不但如此，而且我說喇嘛們是人盡可妻，那密宗裡面的女上師可要叫作人盡可夫了；因爲密宗的女上師就是要跟一切學密的年輕男人合修，男上師就是要跟一切學密的年輕女人合修，這又叫作博愛。

現在你們終於懂博愛的道理，達賴喇嘛一直在講的「博愛」就是這個意思。十幾年前聖嚴法師有一次公開說：「十幾年前……」（他說明這事情的時候說的是「十幾年前」，所以現在應該差不多三十年了），在美國有一個很有名的密宗女上師，她因爲博愛的關係所以就染上了愛死病（那時候還不叫作愛滋病），所以她在美國東西岸的十幾個道場全部關門，因爲沒有人要再跟她「瑜伽」了，因爲大家都怕跟她「瑜伽」而被感染愛死病。那女上師不正是人盡可夫嗎？而喇嘛們人盡可妻的結果，是不是違背了人倫？是囉！那他們違背人倫的時候，將來要下地獄；下哪一層地獄先不談它，只說他們篤定要下地獄的。

再來，這樣違背人倫倒也罷了，偏又說那個淫賤的境界是無上的，而且恬不知恥地宣稱比諸佛的境界還要高。他們這樣是不是謗佛？因爲他們這樣一講，諸佛就變成有上之佛，成爲有上正等正覺了，那當然就是謗佛了。然後又把這種具足識陰境界的意識境界，高推就是諸佛的境界，用這種常見以及外道性力派的境界來取代第八識的勝妙法，這又是破法的行爲。而且他們又否定了第八識如來藏，不承認第八阿賴耶識實有，就變成謗菩薩藏的大惡業；佛在《楞伽經》中說：謗菩薩藏就是一闡提人，斷盡善根。把他們實修及推廣假無上瑜伽所相應的未來世境界，加以綜合起來看，顯然是阿鼻地獄業。所以，造下了這些阿鼻地獄業以後，將來捨報時我說那叫作無下瑜伽，因爲必定跟無下境界相應，所以他們叫作無上瑜伽，我說那叫作無下相應，可憐的是他們都還不知道。

所以學佛應該要有智慧，人家說無上，我們不能隨便相信他說的就是無上，必須要先求證他說的是不是眞的無上。既然說瑜伽（相應），你就要探究它是跟什麼相應，總不能夠拿一個什麼出來就說是無上瑜伽；總不能說，它只是跟吃滷肉飯相應（瑜伽）的世間法，也拿來講作無上瑜伽吧！所以它是跟什麼瑜伽——跟什麼相應？看清楚了以後，你就知道：密宗的無上瑜伽既不是無上，也不是相應。如果要勉強說相應，只能夠說：它跟阿鼻地獄業相應。跟阿鼻地獄相應，那該叫作無下瑜伽，怎能叫無上瑜伽呢？因此，以前有一個無上師（我們當然也要說她叫作無下師，因爲她也是暗中搞雙身法的外道，只是不像女喇嘛那樣人盡可夫，差別只有這樣，其他的差異不大，因爲她搞的也是外道法，叫作聲論外道），她也在傳授密宗的無上瑜伽，其實也是無下相應，死後也只有她自己才會知道。

所以「**轉無上法輪**」，是只有諸佛才能作得到的，絕不是那一些還落在意識境界、未斷我見的喇嘛們所能作得到的。舍利弗已經住在實相智慧之中，他當然有智慧能夠判斷當時 釋迦如來所說的是不是「**深遠甚微妙**」，當然也會知道 釋迦如來是不是「**演暢清淨法**」，所以都不必思惟計畫而寫出一大堆的文字來照本宣科。一個善知識是不是實證？從表相上也看得出來。譬如在電視上說法，我教你們一個判斷的方法：如果他坐在那一邊，拿個稿子一個字又一個字唸，你就知道那個人是沒有證量的，他是個文抄公，把人家的東西不斷地抄下來；他記不住，因爲不是他心裡的東西，所以他得要抄好了，錄影時一個字一個字去唸，不像我們是用經文直接來講的。

還有一種人，你看他好像很行，因爲他沒有文字講稿、也沒有綱要，可是你要注意他的眼睛都盯著攝影鏡頭下方在看，因爲在那個攝影鏡頭的下方有一個螢幕，有人在那邊操作文字檔案，他就看著螢幕上的文字順著讀下去。這表示什麼？這表示他心中沒有實證的內涵，所以他無法從自心之中直接流露來說法。諸位從這裡去判斷，大概就可以略知一、二。而且，所說的一定是前人已經講過的（這個前人不是講一貫道說的「前人」，不要誤會），是說以前的人曾經講過的，他讀了以後抄下來，然後照本宣科，只是如此。

但是，世尊一定是「演暢清淨法」，就是把清淨法暢所欲言，從自心中流露出來，想要說什麼就說什麼；而且首尾相接，那叫作一輪首尾、相續無間。意思就是說，「無上法輪」有一個特性是：至高無上，無有一法能上於祂。而且這個「無上法輪」是法法互相關聯而不可分割，不是支離破碎而不相干的法。太虛大師說他的徒弟釋印順把佛法割裂到支離破碎了，爲什麼會這樣指控他？因爲釋印順確實把佛法切割成很多的部分，而切割成很多部分以後竟然已經都不相干了。切割以後，這個法與那個法不相干，那個法又與另一個法不相干，那顯然是支離破碎的。因爲在眞正的佛法中，都是法法相通的，不會說這個法跟那個法不相干。所以，眞正的「無上法輪」就像老人家講的：「一理通，萬理徹。」也就是說法法相通，當你把中心的那一個法通了以後，這一個理通了，其他諸法你就可以互通了。至於什麼時候透徹呢？只是時間早晚的差別，最後一定會透徹。

所以轉無上法輪才是佛菩提道。轉二乘法輪，仍然是有上法；因爲菩薩之所證，他就無法瞭解了。諸佛所轉的法輪，都是菩薩所應學的，當然叫作無上法輪，特別是演說無分別法的時候。舍利弗尊者這時候知道自己未來一定會作佛，被諸天以及一切人之所恭敬。在大眾恭敬的狀況下，來爲一切人、天運轉無上的法輪，來教化諸菩薩。這就是說，舍利弗現在已經很篤定了，才能夠這樣說。那麼，世尊怎麼回答呢？

經文：【爾時佛告舍利弗：「吾今於天、人、沙門、婆羅門等大眾中說，我昔曾於二萬億佛所，爲無上道故，常教化汝，汝亦長夜隨我受學；我以方便引導汝故，生我法中。舍利弗！我昔教汝志願佛道，汝今悉忘，而便自謂已得滅度。我今還欲令汝憶念本願所行道故，爲諸聲聞說是大乘經，名《妙法蓮華》；教菩薩法，佛所護念。」】

語譯：【舍利弗說完了，這時候佛陀告訴舍利弗說：

「我今天在諸天、眾人、出家修行者、在家修行者等大眾之中公開說明，我過去世曾經在二萬億佛的座下修學，那時爲了無上道的緣故，常常在教化你，而你也是在那麼長的無明的時間中追隨著我，接受我的教導而學習成佛之道；我那個時候雖然還沒有成佛，但是我以種種的方便爲你說法，爲了想要引導你的緣故；如今我成佛了，你就受生在我的正法裡面了。舍利弗啊！我在往昔許多劫之中，教導你要立志發願修學成佛之道，而你如今全部都忘記了，然後在這一世成爲阿羅漢的時候，你就自己認爲是已經獲得究竟的滅度了。我今天回過頭來，想要讓你回憶而記起往昔曾發過的本願及所行佛菩提道的緣故，所以才要爲你們這些示現聲聞相的弟子們演說這一部大乘經典，這部經典就稱爲《妙法蓮華》；所說的就是教導菩薩應該修行的無分別妙法，是如同蓮華一般的清淨，而這個菩薩無分別的妙法蓮華是諸佛所護持和記念的。」】

講義：這意思是說，釋迦世尊以前還在菩薩位的時候，就已經在攝受舍利弗等大眾了。並且明白地舉出來說：「我釋迦如來以前在菩薩位中，曾經過很長的時間奉事過二萬億佛，在二萬億佛座下修菩薩道的時候，爲了求無上正等正覺的佛菩提道，由於這個緣故，所以常常同時在教化舍利弗等人，而舍利弗等人也是在還沒有證悟的無明的狀況下，經歷了那麼多劫。」那眞的叫作漫漫長夜，就這樣子追隨著 釋迦菩薩在修學佛菩提道。

但是，諸位今天在這裡聽《妙法蓮華經》的時候，要設想自己現在是不是就像舍利弗以前追隨 釋迦菩薩那個時候？不要總是認爲說：「那是經中講的，都跟我無關。」因爲經中講的既然不是佛地的境界，就必然和你有關，因爲你還在因地，而經中講的也是因地的境界。那你能不能把這個狀況拿來比照現在你在同修會中的狀況呢？譬如說，你們來到正覺同修會，名義上都是我的學生，可是你們一直都跟著我學嗎？總是也要有其他的老師們帶著你，我不可能把每一班的課程全都自己來教吧？

所以將來哪一天你們的老師成佛了，也許你是個根性很遲鈍的人，到他將來成佛的時候，你才證得阿羅漢位，然後接著才明心，很努力終於爬到初地去了。你的老師成佛以後有一天會告訴你說：「往昔在釋迦如來座下當菩薩的時候，我也是一直在教化你，可是你現在都已經忘記了。」因爲你那時還沒有滿足三地心，全都忘了，是不是會這樣？會啊！但我希望你不是這樣，我希望的是：你們的親教師將來成佛的時候，你們已經是八地、九地了，不要再當這樣的阿羅漢，因爲與那時親教師的佛果之間相差太遠了。

所以，經中所講的如果覺得跟自己無關，就表示你所跟隨的老師是沒有證量的，才會跟你無關；因爲他也覺得跟他無關，連他都覺得無關了，你跟著他學，怎麼會有關呢？如果你把《阿含經》請了出來，讀了就說：「這個我懂，斷我見、證二果等等，我已經修證過了。」又把大乘經請了出來，讀了又說：「這個我懂，如來藏是我心裡的事，我可以用我自己心中所證的第八識境界，來跟經典中所說的聖教互相印證。」所以這些經典就跟你有關，不可能無關。這就表示說，你所跟隨的善知識是有證量的，因爲你跟著他修學多年以後，連自己都已經親證了。如果你被印證了以後，還發覺經典中所說的甚深法義都跟你無關，那就表示你跟錯人了，或是自己實證佛法的因緣還沒有成熟。這也意味著說，你的擇法覺分還沒有建立；擇法覺分還沒有建立，就是七覺支不具足。

所以，舍利弗尊者所說的這個事情，佛所開示的這個事情，跟諸位有沒有關聯？自己是不是也在這樣的情境中？如果是，你就知道說：「啊！我跟對人了，因爲這裡面所說的聖教，是我們目前正在進行的過程。」也就是說，你所學的佛菩提道，在那些經典聖教的文字後面還有三個英文字母：ing；可是對一般的學人來講，都還沒有那三個英文字母，因爲全都還在摸索和想像之中，不是現在進行式。既然自己所走的路跟佛經是相應的，佛經所說的顯然跟自己現在的景況是有關聯的，你就知道自己走對路了，接著只要按部就班修習，就可以一步一步去親證它。

那麼，希望你在將來無量劫後，你的親教師成佛的時候，可以不必來跟你說 世尊爲舍利弗講的這一段話，因爲那表示你屆時還沒有滿足三地心。如果你的老師成佛了，你應該早就超越三地心，跑到七地、八地、九地去了，才能大力幫助已經成佛的老師弘法。應該如此，否則就表示距離已經拉很遠了。因爲你如果是在八地——剛入八地不久，而你的老師已經成佛了，那時你跟他相差多久？一大阿僧祇劫！那表示你眞的夠懈怠，才會越拉越遠嘛！所以，那個時候你們都應該已經是到了九地，至少要有九地，幾乎應該可以說是滿心的證量，最好是十地、等覺，應該是這樣才對呀！不應該越拉越遠啦！

這就是說，你若是逮到機會了，就要精進，因爲這種機會不是世世都有；過年是年年有，但這種機會不是世世有，所以逮到這種好機會就要精進用功。就像咱們六、七百年來，沒什麼機會可以把如來藏正法廣泛地推廣出去。現在來到蓬萊仙島，我們逮到機會了；今天這種多元化的社會，是弘揚如來藏正法最好的時機，能寫的要盡量寫，能作的要趕快作，不然歲月蹉跎過去了，未來還有沒有這個機會呢？很難說。譬如說，如果這個時節咱們是生在大陸，能弘這個法嗎？早就被封殺了！因爲各大法師很會營運，官方關係也非常好。咱們出來弘揚如來藏，即使從來不說他們悟錯了，他們也會把我們封殺；因爲這是我們在台灣經歷的過程，而台灣的宗教自由度是很高的，都還曾被大法師們大力抵制過；若是台灣的宗教自由度還像大陸現在一樣，那麼中國佛教的正法還有機會復興嗎？顯然是前途黯淡。

我們在台灣逮到這個機會，當然要趕快寫、趕快說，因爲你只要寫了出去，縱使將來哪一天台灣突然又轉變成專制化了，但是那些書，他們搜不盡，總會有許多本流傳下來，而且有許多書都已經寄到國外去了。這當然是個好機會，所以我也要精進，不然我飛快出書幹什麼呢？我出書的速度飛快，諸位就要讀書飛快，要想辦法一目二行，這樣你才有機會再復習，然後諸位也都能突飛猛進，那我就等於一根粗杜旁邊還有很多的支柱，也有很多根幫著我往下扎，管它什麼颱風大浪都無所謂。所以說，要知道這樣的背景，諸位才會知道你們每一個人的重要；因爲不能單憑法的勝妙，我們除了法的勝妙以外，還要大家有志一同，把正法的根廣泛地扎下深土裡去，那麼如果人家再怎麼樣來摧殘，大不了給他們颳掉一些樹葉，咱們還是很穩固地站著；風怎麼颳，總是會過去，咱們立刻又欣欣向榮，就這樣子一步一步來成就自己的道業，同時來復興中國佛教。

所以，如果你發覺經中所說的法義和你息息相關，是你可以親證的，而且跟自己目前所證的景況是相同的，可以自相印證，那你就應該知道自己眞的逮著好機會了。遇到這樣的好時機，當然要精進啊！當人家遇到好時機大賺鈔票的時候，你說：「哎呀！賺鈔票不用急啦！我先睡幾年再說啦！」等睡了幾年，金融危機來了、大蕭條的環境來了，你醒來以後想要賺錢，那時什麼都賺不到，只好每天打伸手牌，拿一個破瓦缽：「頭家啊！一些子來分我好麼？」（台語）對不對？可是人家已經賺飽了，但是貪睡的人，以後再遇到那個好機會的時節因緣已經不多了。這就是說，這一些事情既然諸位認爲是跟你有關聯的，因爲你可以把經中所說的聖教，與自己今天所走的過程和所證的內涵相應對，桃符相契，這樣才是眞實的瑜伽。

彌勒菩薩的《瑜伽師地論》講的是什麼？瑜伽師講的就是相應師。瑜伽師有十七種境界，所以說瑜伽師有十七地，十七地就是十七個境界，說的是有十七種與瑜伽師相應的境界。有些人是跟什麼相應？跟五塵相應，他也叫作瑜伽師；不過那叫作無下瑜伽，就是密宗修的樂空雙運嘛！全都是跟五塵相應，竟說在五欲之中已經證得涅槃了；所以密宗是標標準準的外道五現涅槃中的第一種，所以我們說他們是外道，並沒有一絲一毫冤枉他們。

密宗四大派的喇嘛們是五現涅槃中的第一種，他們也叫作瑜伽師，不過他們那種瑜伽師的「地」——也就是說他們的「境界」，是無下相應法，跟阿鼻地獄相應，所以他們宣稱的無上瑜伽其實應該正名爲無下瑜伽，那可以也叫瑜伽師啊？所以，他們要自稱瑜伽師就讓他們去稱，我們就說他叫作五識相應地的無下瑜伽師。所以十七地的瑜伽師，是從凡夫地一直到佛地，有很多不同的差異。因此說，眞正的正法被你遇見了，你親證之後發覺經中所說的是和你所證全然相應的，就表示你在眞正的無上瑜伽已經親證了，這才叫作無上相應——無上瑜伽，因爲這是超越於一切法之上而不單單是聲聞人的超越三界而已。密宗四大教派自稱的無上瑜伽，只是欲界中最低的層次，再也不能比他們更低下了，因爲他所造的業是欲界中最沉重的貪愛，而將來會導致的結果，就是欲界中最低下的世間異熟果報，就是生在阿鼻地獄中，這在《楞嚴經》中 世尊早就預記過了，所以他們沒有資格稱爲無上瑜伽，應該正名爲無下瑜伽。

所以，以後如果再聽到誰在宣揚密宗的無上瑜伽，你就說：「不！你這個瑜伽要更名爲無下瑜伽。」他會好奇說：「爲什麼這樣？」然後你就把瑜伽的道理告訴他，再把這個無上的道理來告訴他，然後解說爲什麼他那個相應的境界叫阿鼻地獄，所以應該改名爲無下瑜伽，也許你因此便能救了他。假使你救了他，後來他也證實確實如此，他晚上睡覺時突然想起你爲他說的法，然後轉念想到說：如果沒有遇到你，下一輩子將會下墮阿鼻地獄。你想，他腳底會不會是全部濕掉？一定冒冷汗啊！他當然要被你所度。那麼這個人未來就是你所度的人，未來一世又一世就會跟著你，就像這一千二百位大阿羅漢各有一群凡聖弟子們追隨著一樣。同樣的道理，當你走過這一條路，跟隨著老師一步一步走上來了，但是這個關係一定會延續到未來無量世，繼續受用現在世這一位老師的好處，他將會在未來世繼續利益你的道業。可不要像某一些愚癡人，才剛破參，見了他的老師就不太尊重；這表示他對佛菩提道的認知還非常粗淺，因爲這種關係是會一世又一世一直不斷延續下去的。

那麼話說回來，世尊接著說：「我往昔無量劫中曾以種種方便來引導你舍利弗的緣故，所以你今生才會生在我釋迦牟尼的佛法之中。」這算是有福報啦！以前追隨的老師成佛了，今天在這位老師的佛法中以法化生，並且也被授記成佛。雖然說距離 釋迦如來是那麼遠了，但是比起遇見 釋迦如來而仍然還不能斷我見的人來說，這也已經夠好了。那麼由這個地方，我們可以大略瞭解一下當年 釋迦如來弘法的景況，假使有人還不太相信，再看 佛陀怎麼說。

佛陀說：「舍利弗啊！我以前教導你要立志發願修學佛菩提道，而你如今全部都忘記了，所以證得阿羅漢果以後就自己認爲已經滅度無盡生死了。」

這表示什麼？這表示舍利弗當時還沒有究竟離開胎昧，意思是說他還沒有滿足三地心，所見無法超過八萬大劫。世尊演說《法華經》當時，舍利弗必然已經入地了，但究竟是初地、二地或者三地，沒有具體的記載可以證實。不過我們可以確定當時他還沒有滿足三地心，因爲如果滿了三地心，佛就不會說「汝今悉忘」。如果滿了三地心，他就有四禪八定、四無量心、五神通，當然也是有滅盡定的，六通具足時一定已經發起了意生身，往世超過八萬大劫的某些事情他當然會知道啊！可是 佛陀說「汝今悉忘」，這表示他當時還沒有滿足三地心，因此就以大阿羅漢解脫生死的境界以及所證的實相智慧，認爲自己已經究竟度盡生死。直到 世尊宣演《妙法蓮華經》及第三轉法輪唯識增上慧學的時候，才知道還有許多是自己所不懂的。那麼如今 世尊演說「無分別法」「妙法蓮華」的時候，剛開始還不太相信自己將來可以成佛，所以說「自謂已得滅度」。但是究竟滅度是成佛時的事，大阿羅漢的所謂滅度只是方便說，因爲還沒有度過煩惱障的習氣種子，也還沒有度過所知障的變易生死，這表示當時的大阿羅漢們還沒有滿足三地心。

接著 釋迦如來又說了：「我如今想要讓你回復記憶，讓你去想起過去無量世以來在因地所發的本願，以及所行的道：究竟是聲聞道呢？或者是佛菩提道呢？所以才要爲你們這些聲聞人們解說大乘經典，這一部大乘經典就叫作《妙法蓮華經》。」這意思是說，舍利弗等人過去無量世以來都是行菩薩道的，並不是行聲聞道。你們去讀大乘經的時候會發覺這一點，就算是去讀《阿含經》也會發覺到這一點，因爲釋迦如來從來不曾說過「我往昔無量世以來行聲聞道」，也沒有講過「我無量世以來行緣覺道」，都是說行菩薩道；有時講到以前的諸佛時，也都是如此說；這表示只有行菩薩道才能成佛，只有行成佛之道而修證大乘佛法，才可能成爲究竟佛位。

可是釋印順說：聲聞人所修的解脫道就是成佛之道。問題來了（他自己都不知道有問題哦！由此你就會知道他是多麼無智！爲什麼？因爲這是個很大的問題，他自己都沒有發覺），當他主張說：「阿羅漢就是佛，大乘非佛說，所以阿羅漢的解脫道就是成佛之道。」他其實是在罵：「釋迦如來很笨。爲什麼呢？因爲現見阿羅漢一世就可以修成阿羅漢果，可是釋迦如來成佛以後也只是阿羅漢，這位釋迦阿羅漢竟然三大阿僧祇劫行菩薩道以後才能成爲大阿羅漢，眞的夠笨吶！」可是他都不知道自己已經罵了佛，那你說他是不是很愚癡？所以是他笨，不是 釋迦如來笨。因爲阿羅漢果一世便成就了，他以爲 釋迦如來要修三大阿僧祇劫才成爲阿羅漢，又因爲他說佛就是阿羅漢，那不就是謗佛嗎？所以，一定是無量世以來行菩薩道而不是行聲聞道，才能成佛；當然，依照聲聞道所修所證而成爲阿羅漢的人，絕對不是佛；因爲一個是三大阿僧祇劫才能成就的智慧與福德，另一個是小福小智一世就可以成就的；一個所證的是斷我見、我執，另一個所證的是再增加實相法界的親證，所以阿羅漢絕對不是佛，佛卻可以同時是阿羅漢。

那麼，舍利弗這一些人當時因爲還有胎昧的緣故，所以 世尊要先教導這一些人聲聞道，親證了大阿羅漢果以後於佛菩提無所畏懼，然後教導這些大阿羅漢證悟明心而親證實相。親證實相之後再教導他們深入般若，接著修學一切種智度過三賢位，最後看著時機成熟了，才宣講《妙法蓮華經》，準備爲大家授記。而這一部《妙法蓮華經》當然純粹是「教菩薩法」，當然不是只教聲聞法。因爲，任何聲聞人，不論他證果了或是凡夫，都不可能被授記將來成佛；一定是成爲菩薩了，並且大多數得要入地了才可能被公開正式授記；因此，才選擇這個時節因緣宣講《妙法蓮華經》。

這時候釋迦如來開示說：「這一部經，所教導給這些大阿羅漢們的都是菩薩法，而且這一部經典是諸佛所護持所憶念不忘的。」因爲諸佛—包括未來世的諸佛—就是諸位成佛以後，在入滅前，三轉法輪之後也一定要講這一部《法華經》；所以，不但是過去佛、現在佛所護念，將來還會被諸位未來佛所護念。然而可惜的是很多人不瞭解這一部經典的重要性，因爲他們只看到文字的表相，讀過以後說：「這些文字我都懂，好像沒說到什麼，只是在演說一些故事。」然而眞的沒說什麼嗎？在字裡行間所顯示出來的菩薩道修行過程，以及唯一佛乘的眞實道理，都是大眾所應該瞭解的。而這些道理如今已經淹沒不彰，所以我們要把它講出來。那麼，佛說這是諸佛之所護念，接著又怎麼說呢？

經文：【「舍利弗！汝於未來世，過無量無邊不可思議劫，供養若干千萬億佛，奉持正法；具足菩薩所行之道，當得作佛，號曰華光如來，應供、正遍知、明行足、善逝、世間解、無上士、調御丈夫、天人師、佛、世尊。國名離垢，其土平正，清淨嚴飾，安隱豐樂，天人熾盛；琉璃爲地，有八交道，

黃金爲繩以界其側；其傍各有七寶行樹，常有華菓。華光如來亦以三乘教化眾生。」〕

語譯：【「舍利弗！你於未來的無量世中，經過了無量無邊不可想像的劫數以後，供養了無法計算的千萬億佛，於每一尊佛座下都奉持正法；也都具足修行種種菩薩道之後，就可以作佛了，那時你的佛號名爲華光如來，同時具足了應供、正遍知、明行足、善逝、世間解、無上士、調御丈夫、天人師、佛、世尊等十個名號。那時你的佛國名爲離垢，你的佛土是很平坦、很完整而無缺漏的，並且很清淨而具足種種莊嚴來作爲裝飾，你的國土裡面是很安全，而且不會被非人所干擾，人民所過的日子也是豐足而安樂的；而這樣的佛國之中，諸天和一切人非常的興盛廣大。在你那時的佛世界中是以琉璃爲大地，這些琉璃大地上有八條互相交錯的大道，並且都以黃金所做成的繩子來作爲這一些大道的邊緣；而黃金繩側之外有七寶所成的一行又一行的寶樹，一直都有香花以及水果在樹上。那時成爲華光如來的你，也像我今天一樣，是以三乘菩提的前後順序來教化眾生的。」】

講義：這意思是說：「大家都不必懷疑我釋迦如來爲什麼要三轉法輪，

爲什麼我要把佛法區分爲三乘來說，然後再攝歸唯一佛乘，因爲這是不需要懷疑的，也不值得懷疑，本來就應該這樣度化眾生。」所以不但說過去佛如此，現在授記這些大阿羅漢們將來成佛，第一位授記的時候也說：「你舍利弗將來還是會像我一樣轉三乘菩提。」所以就說：「舍利弗！你在未來無量世，」這個無量世是經過無量無邊無法想像的大劫，不可記數，表示那時間是很長遠的，這符不符合他那時都不記得八萬大劫前往世事情的狀況？符合嘛！如果是後人寫的（因爲他們都說「大乘非佛說」，主張《法華經》當然也是後人寫的），那會不會互相矛盾？一定會啊！因爲如果對於佛法的親證不是很具足圓滿，一定會有許多地方自相矛盾的；可是我們看來卻都沒有矛盾，例如這一段跟前一段沒有矛盾，這一部經跟另一部經沒有矛盾。反觀印順法師的著作，前一頁跟後一頁互相矛盾，而他自己竟發覺不到前一段跟後一段互相矛盾，也發覺不到前一句跟後一句互相矛盾，他自己都不知道。

那麼諸位想想，他是不是很笨？是很笨嘛！可是，這個很笨的人竟然被信徒們推崇爲「玄奘以來第一人」，而且他又是在專門推翻玄奘法師的八識論，眞不知道他們那個封號是怎麼封的？你要跟人家冊封以前，至少也得先瞭解被冊封的人跟被他拿來相提並論的古人，是不是同一種人嘛！這就好像古時候的石崇；石崇很有錢嘛！對不對？他的財富超過國王，連國王都忌妒他。石崇吃飯，那叫作金包銀。你們有沒有吃過金包銀？他不吃蛋白，他的廚師先用蛋黃把白飯炒了以後，那飯每一顆咬開的時候，裡面是白色的、外面是黃色的，叫作金包銀。他吃飯好講究的，吃一盤雀舌——麻雀的舌頭，麻雀的舌頭那麼小，他只吃牠的舌頭，那一盤要多少銀兩？那要抓好多好多的麻雀才能湊成一盤，他是這樣享受的。可是，現在有一個人遇見了一個乞丐，竟然向那個乞丐讚歎說：「哎呀！你眞是石崇以來第一人。」那乞丐三餐不繼，他竟然推崇說：「這個乞丐富可敵國，是石崇以來第一人。」把乞丐跟石崇相提並論，你說那個封號能聽嗎？所以我們只能夠說印順的門徒們眞是不知所云，就是亂封一氣呀！眞的不曉得該怎麼說他們啦！這就是說，弘法人都應該言必如實，不能前後顚倒。

前一段說「汝今悉忘」，表示他還沒有滿三地心。現在說他將來要成佛得經歷多久？過無量無邊不可思議劫，因爲眞的無法計算，要經過那麼多的劫，而那些劫的數目無法計算，所以叫作無量無邊不可思議劫。劫的數目難以計算，那就是不可思議。「劫數難逃」，有沒有聽過？有呵！那都是把佛法的名相拿來亂用的。不過，從另一個層次來講，也可以說它講得通，看你怎麼爲它圓。咱們就來爲這句俗話圓一圓吧！譬如一個大劫有成、住、壞、空四個階段；每一階段各有二十個小劫，換言之，每一個中劫有二十個小劫；在壞劫來時會有大三災：嚴重的火災、水災、風災。在住劫的二十個小劫裡，每一個小劫之中都會有刀兵劫、饑饉劫、小水劫、小火劫、小風劫，還有疾疫劫，也就是傳染病的流行。在同一個小劫裡面，這樣重複好幾遍的這一些災變；表示說，想要經歷過每一個小劫，都會有很多的災變要去經歷；必須經歷很多個劫的考驗，就稱爲劫數。

如果有業就逃不過去，沒有那個業，就安全地生存下來。沒有業的人是菩薩，有業的人就是造惡業的人，那時就叫作劫數難逃。因爲那個劫要經過的時候有這麼多的災變，他逃不過去，就叫作劫數難逃。這樣，我們也把它圓了。所以劫數二字，你怎麼用呢？用在那些壞人身上就叫作劫數難逃；用在菩薩身上則是成就福德與智慧，那叫作「歷經劫數」，不叫作難逃。舍利弗將來要經過無量無邊不可思議的劫數之後成佛，就表示他未來還得要供養沒有辦法計算的千萬億佛。「若干」是因為無法去計算到底還要供養過多少諸佛。也就是說，他即使入地了，他將來要成佛以前，還得要經歷很多佛，一一歷事供養。

有的人說：「**我遇到釋迦牟尼佛的法，我就已經成佛了。**」這講得通嗎？這表示他根本不懂佛法，才會說他成佛了！而那個人叫作釋印順，因為他的傳記就叫作《看見佛陀在人間》，這是他生前出版的，也是他親自校對過的，表示是經過他同意的。可是，他都不知道自己連七住位所應證的福德與智慧都還沒有圓滿呢！我見都還在，連證悟都沒有，就妄想成佛，這眞的叫作荒唐夢！講好聽一點，可以說他這一世一百零幾年是作了一場黃粱夢。因為黃粱夢都是虛妄的，夢見自己赴京趕考，然後中了狀元一路當官，最後當到宰相，然後衣錦榮歸退隱還鄉，突然間醒過來，黃粱都還沒有煮熟，便叫黃粱一夢。原來根本都還沒有進京趕考，還在路上，他就自己以為當完宰相回鄉了。啊！原來佛教界裡作黃粱夢的人太多了！不乏其人，但以密宗四大教派最多啊！釋印順也算是密宗的，因為他的應成派中觀就是密宗黃教的六識論邪見。

所以，像舍利弗尊者已經入地了以後，都還要「過無量無邊不可思議劫」，還要供養若干的千萬億佛；不是一個千萬億佛，而是若干的千萬億佛，也就是未來還要奉養、追隨不可記數的千萬億佛。然後經歷千萬億佛而作供養時，並不是供養就沒事了，還要「奉持正法」；要信奉而且受持正法，把正法幫忙著努力去加以弘揚。所以，他當然得要「具足菩薩所行之道」，並不是每天上個香、上個茶、供個水果，這樣就算是可以完成在這一尊佛座下應行的菩薩道，而是要「奉持正法」，這樣「具足菩薩所行之道」，於六度萬行、十度萬行不斷地實行，最後才可以作佛。

那時祂的佛號叫作　華光如來。這位　華光如來表示什麼？表示祂成佛的時候，猶如蓮華沒有汙染，綻放出清淨的光明。因為祂成佛時的世界是純一清淨世界，不是這種五濁惡世，也不是像我們大家這種世界，大家都吃土，他們不吃土。有沒有人抗議說：「我沒有吃土啊！」不能抗議哦！我說你吃土就一定是吃土，因為凡有所食都是從泥土裡面來，難道不是吃土嗎？對啊！可是舍利弗將來成佛的時候，他們的佛世界是不吃土的，那叫作純一清淨世界。《華嚴經》裡面說有許多這一類的世界，但是也說有許多我們這一種五濁惡世。

那時的　華光如來，當然同樣具足十號，就是「應供、正遍知、明行足、善逝、世間解、無上師、調御丈夫、天人師、佛、世尊」。諸位當然可以羨慕這十號，因爲一切如來都有這十號。如果這十號功德沒有具足，就表示他還沒有成佛。「應供」，當然大家都瞭解，那阿羅漢就已經是應供了。爲什麼是應供呢？因爲能出離三界生死，所以阿羅漢也是應供。將來如果哪一天你遇見了阿羅漢，雖然他的智慧不如你，你還是應該供養他，因爲他是應供。一切人天遇見了都應供養，你就供養他，又何妨？拿他當福田種，菩薩要有智慧啊！可別想說：「我的智慧，你又不懂，我爲什麼要供養你？」不要這樣想。你就拿他當作福田，他願意當福田給你種，你就在他身上種。你在他身上種下去一顆米，未來世就是無量顆的米，這個生意要懂得作。這是修集福德的好機會，而且他自動送上門來，你爲什麼不種？所以，起慢的人才是大傻瓜。他來了，咱們就藉機會種福田。那他爲什麼名爲應供？因爲他能出三界。

所有的宗教，有哪一個教主能出三界？沒有啦！都出不了。到目前爲止，我們所看見全球名列前茅的宗教，有哪一個宗教的教主超過欲界六天？沒有！不信的話，你一一把它檢查；那一些原始宗教，我們就不談它；既然叫作原始信仰，我們就不必談它。說有名的宗教好了，基督教或者天主教，跟回教是同一類，都叫作一神教，因爲他們排斥一切別的神，說只有一尊眞神。那一尊眞神，他們二家當然先要去定義清楚：我信奉的神才眞，或者你信奉的才眞？因爲雙方都說只有一尊神，當然任何一方都要把對方消滅，因爲雙方的見解同樣說是唯一的眞神，只可以有一尊眞神；而對方也有一尊神，所以你否定我，我否定你，當然要互相戰爭了。

而他們雙方所信奉的神，其實是同一位神；後來二個兄弟分家了，都說自己信奉的才是眞神，把神的名字也改了，然後雙方就打來打去。上帝如果眞的存在，他很痛苦欸！因爲雙方都是信仰他，結果兩兄弟把上帝分割成二半，這邊叫耶和華，那邊叫作阿拉，然後雙方就互相打起來。那麼上帝一定想：「我到底要保佑誰？二邊都信我。那一邊把我改名，算了！不要保佑他，就多偏袒一點這邊還叫作耶和華的。」這樣好不好？事實上大概就是這樣嘛！好啦，話說回來，請問：他們的上帝有沒有超過欲界六天？答案是沒有，因爲上帝心狠吶！告訴信徒們說：「凡是不順從我的，你們都要把他剪除。」所以不信我的就是異端邪說，得要加以消滅。這是貪眷屬也是大瞋，當然都是欲界有情，不會超過四王天的境界。

好了，連欲界的天魔波旬尚且都不殺人了，他們的上帝還要教唆信徒們殺死異教徒。天魔波旬對待眾生就是：「我盡量給你五欲，讓你盡量停留在我掌控的欲界世界中。你不聽從我，沒關係，只要你盡量享受五欲而不超過欲界，你要怎麼樣毀謗我都沒關係。」天魔波旬很有肚量欸！可是上帝卻一點點肚量都沒有，顯然遠遠不如天魔波旬。天魔波旬的境界是欲界第六天，還在欲界中，那上帝是其下，請問他有沒有超出欲界？答案是沒有。

一神教講過，再來看道教。道教之中誰地位最高？元始天尊或是玉皇上帝？有誰知道？就說是元始天尊好了。他的境界根據道教文獻的記錄，還是欲界天之內，看來也沒有超過忉利天。請問忉利天是誰管的？玉皇上帝、釋提桓因，可是釋提桓因不當道教的教主，卻是元始天尊在當。不然就不說道教天主，至少有一部《道德經》是大家熟知的，很多人認爲《道德經》層次很高嘛！那麼請問你：《道德經》的內涵有沒有超過欲界？沒有啊！爲什麼？

《道德經》大部分內容是講人間善法，講到玄學的部分時，並沒有講出色界天的道理來；雖然知道說有色就是無常，可是終究沒有超越欲界天，因爲老子連初禪的境界是什麼，也都不知道。咱們可以把初禪的境界講得很清楚，都不必打草稿，可是《道德經》中講不出來；這樣看來，老子也是沒有超過欲界。

那麼還有哪個比較有名的宗教可以來談一談的？沒有了吧！有人也許說：「有啊！儒教啊！」儒家可以叫作宗教嗎？它是爲官之道欸！雖然他們也要上香，每天供奉著「天、地、君、親、師」；所以每天早上也得供個茶、上個香。可是，他們如果眞有智慧，爲什麼還要拜皇帝呢？君就是皇帝。拜天、拜地，顯然他們是連鬼界的事情都不知道哦！又怎麼可能知道天界？豈不聞乎「敬鬼神而遠之」？是不是子曰？因爲他說：「未知生，焉知死？」連怎麼出生的都不知道了，怎麼能知道如何死？而且所說都是修身、齊家、治國、平天下，全部都是人間的法道，還及不上欲界天的境界呢。

那還有沒有什麼可以相提並論的？有沒有？沒有了嘛！（有人說：一貫道。）一貫道？一貫道其實是盜法者，就是把其他所謂的諸家或者諸教，竊取了教義來說：「我也有這個東西，但是我都不承認你們，還要貶抑你們。」就是這樣嘛！所以，我倒是勸一貫道趕快回歸佛門算了，否則就是一貫盜——一貫要竊盜別人的教義。

這意思就是說，其實沒有哪一個宗教是超過欲界的。譬如你說一貫道的五部六冊，那裡面所講的都只能叫作玄學，而且也都不是他們自己的東西，是向別的宗教抄襲過來。他們本來就是從道家跟佛家的教義竊取過來，沒有自己的教義；後來加上了儒家說的三綱五常等世間法，近代又加上了基督教的教義，而且還加上了回教的教義，然後宣稱是一以貫之，所以名為一貫道；但結果就是變成五不像，不論是跟哪一個宗教相比，他們是不論哪一個宗教都不像。竊取了別的宗教教義，然後又要貶抑人家，不止是喧賓奪主而已，所以五個宗教全都不承認他們。可笑的是，他們竊取了五個宗教的教義，然後不承認五教，卻又使用五教的教義；那他們這個創教的本身就已經是一個錯誤，一開始就是竊盜。一開始就錯了，後來當然也是一連串的錯誤，而所說出來的東西，大家可以從他們寫的五部六冊等書籍去看，全都是在欲界鬼神境界的範圍之內。

乃至一貫道近代的前人、傳人所寫的，也都沒有超脫於欲界之外；他們除了從佛經裡面依文解義以外，沒有任何實證可言。他們有誰講到初禪怎麼證的？有沒有講到佛法實證的事實以及所以然？也都沒有，所說的都是把人家的教義依文解義一番，然後當作是自己的。更荒唐的是（這幾年比較少），他們早期還說：釋迦牟尼佛是老母娘生的，所以母娘將來也要把祂收回去。就說這一些菩薩與諸佛，全都是母娘放出去的原人，以後都要收回來，要分三期收圓。釋迦牟尼佛是母娘的兒子欸！那麼摩耶夫人算什麼呢？至於一貫道講的母娘是什麼時候才出現的？是一貫道幾百年前創教的時候才出現的，那時 釋迦牟尼佛早就已經示現八相成道入涅槃去了，還說是他們創造的母娘所生的，只能夠說他們沒智慧，眞是荒唐啦！

「一貫盜」這一點就好像韓國人了，對吧？現代的韓國人說，孔子是韓國人派去中國的，然後又說孫中山也是韓國人。這就好像印順講的：「第七識、**第八識是從第六意識中細分出來的**。」顚倒想的模式是一模一樣的嘛！就好像主張：中國的始祖黃帝，是二十世紀我的妻子所出生的。就等於是這樣的邏輯嘛！是不是？我只是講個譬喻，都覺得自己耳根熱起來了，都會覺得不好意思欸！他們卻沒有一絲一毫羞愧。諸位可以去檢查看看，全球的所有宗教，凡是有名的宗教，那一種低級的、原始信仰的山精鬼魅信仰，那些就不談（密宗就屬於山精鬼魅的，那個叫作粗俗的宗教，根本不值得一提）；凡是浮上檯面的，可以加以檢查的有名宗教，有哪一個是超過欲界的呢？答案是沒有。連色界天都到不了，更別說無色界天。

好了，那一些外道人士或者教主，能被稱爲應供嗎？不可能，因爲他們連欲界都出脫不了。那些教主們，我們能說的禪定境界，他們不懂；我們能到的境界，他們到不了。譬如說，我很多世以來是每一世都可以生到色界天去的，但我不去；他們到不了色界天，卻敢自稱說：「我是唯一的眞神。」我可以同意說：「你是唯一的眞神，因爲你就只是神，你永遠也當不了阿羅漢。你連初果聖人都當不了，因爲你只是神嘛！我可以承認你是神，是不是唯一的神呢？請你去跟別的神打一架，去證明看看誰是唯一的。打不過就別再說自己是唯一的眞神。」所以他們宣稱唯一的眞神，這一點我沒有意見；但我可以確定的是：他們絕對不值得讓我們供養，因爲全都是凡夫。

可是阿羅漢值得供養，因爲他能出離三界，超脫於三界生死之外。好不容易有阿羅漢主動送上門來，我們問清楚他是不是眞的阿羅漢再說。諸位讀過《阿含正義》，總有能力問一問、勘驗勘驗吧！結果眞的是阿羅漢，今天中午供過了，最好再邀請一下：明天還來受供。他願意來幾天，你就供養幾天，難道中午供養一缽飯，你供不起嗎？我們不是生在索馬利亞，在台灣都供得起啦！那一缽飯，他又不要求你什麼特別珍貴好吃的食物，他只要是能夠吃飽就行，足夠維持體力就行了。那你就邀請他明天來，明天來受供了，你再邀請下一個明天，那你就知道未來世自己行菩薩道的資糧，分量絕對很足夠。看他願意來幾天，你就供養他幾天，因爲他是應供，是世間福田。阿羅漢是「應供」，佛陀的解脫遠超過阿羅漢，因爲進而斷盡了煩惱障習氣種子，當然解脫遠超過阿羅漢，佛陀當然更有資格說是「應供」。那這樣誰自稱成佛，就要檢查看看，他有沒有應供的功德，也就是說：他有沒有斷我見、斷我執的功德？這是十號中的第一個部分。

接著說「正遍知」，也就是對十方三世一切有情的一切內涵無所不知。這就是說，有某一種有情，就會成就某一種世間，具足瞭解世間形成的正因。對於一切有情諸法既然全部了知，當然就對一切世間也全部了知，這樣才叫作「正遍知」。假使有人自稱成佛了，你問他說：「請問人總共有幾個識？」他說：「人只有六個識啊！」你就告訴他說：「你還不是佛，你連菩薩都不夠格，因為菩薩至少都還親證第七識、第八識，你只知道六個識，所以你是個凡夫，顯然還沒有斷我見。連這個都不知道了，怎談得上是『正遍知』呢？」正遍知就是「無倒作意」，如實了知，而且是遍知，對有情諸法已經遍知。

假使有人成佛了，你問他說：「你真的有看見我嗎？」他說：「有啊！你就在我眼前啊！」你就說：「那你不是佛。」他一定聽不懂，你就告訴他：「你沒有真的看見我，你只是看見你的內相分裡面我的影像，那個影像又不是真的我，你憑什麼說你看見了我？」「什麼叫內相分？」他還要請問你，連這個都不懂，哪能叫作佛？因為他沒有正遍知，連最粗淺的初果智慧都還沒有呢。至於八識心王的各種心所法、煩惱、不相應行法等等，他更不懂了，那怎麼能夠稱為正遍知呢？既不是正遍知，當然就是還沒有成佛嘛！他一定還在凡夫位，要談到成佛，還早著哩！所以真正成佛的時候，他一見就知道你的來歷，馬上會知道你這一世為什麼會到這裡來，然後就把你的因緣給說了；這是因為他可以了知你心中的種子，這才叫作成佛。正遍知一定有這個功德，可是他沒有，當然要說他是凡夫大妄語。

諸佛的第三個稱號是「明行足」。明就是光明的意思，也就是無所遮障，無明已經斷盡了；無明斷盡之前是應該修種種的菩薩行，然後才能斷盡的。想要斷盡一切無明的種種修行都已經具足修完了，這得要歷經三大阿僧祇劫的修行；因為變易生死所函蓋的，譬如煩惱障的習氣種子以及一切有記、無記業的異熟種，這一些都親自去修行斷除，已經走過這個過程而具足圓滿了，才能稱為「明行足」。如今竟然有人我見未斷、我執深重，當然更未斷除我所執而落入雙身法中，然後連佛菩提的見道內涵都不懂，就自稱為佛，可以想見他真的是住在無明的漫漫長夜之中，連菩薩道中斷除無明而發起智慧光明的一點點修行都還沒有開始作，當然沒有「明行足」的功德。既沒有「明行足」的功德，怎能稱為佛？

第四個稱號是「善逝」，有時候看見人家離開世間的時候，看他走得痛快，就說死得好。可是死得好，這句話不能隨便讚歎人，因為在中國地區，不論台灣、大陸都一樣，你如果說：「這某某人死得好啊！」你準定挨罵：「你是不希望我那好友活著啊？」搞不好死者還會來你的夢裡罵你。可是「死得好」其實是讚歎的話，表示他隨時隨地都於生死得自在，所以才能叫作「善逝」；是善於逝世，懂得隨時隨地輕易辭謝世間，這才叫作「善逝」。如果沒有「善逝」的功德，怎麼能夠說他成佛了呢？今天就講到這裡。

《妙法蓮華經》上週講到三十三頁第一行，說「善逝」。「善逝」這個佛號，顯示我們學佛人有一個非常重要的目標，而且是很明確的目標，就是懂得如何完美而究竟地消失於三界世間，這才能叫作「善逝」。消失於三界中，這個學問很大，譬如說二乘聖人，他們捨報後可以消失於三界中，是諸天天主之所不能，才被稱為應供，可是都還沒有資格稱為「善逝」。即使像舍利弗、目犍連三明六通，也都還沒資格稱為善逝。從世間人或者諸天天人、天主來看，能夠入涅槃是他們所無法想像的；但是如果以菩薩來看，這些大阿羅漢們還不能稱為「善逝」，因為他們依舊不知所去。

三明六通的大阿羅漢是可以坐脫立亡，並且是入無餘涅槃，不是像證得四禪的凡夫坐脫立亡以後繼續輪迴於三界中。但是當菩薩們（譬如諸位）明心以後，問他們說：「你們捨報入涅槃，你到哪裡去了，知道嗎？」他們又不知道了，他們或許告訴你說：「我們入涅槃就是自我滅失了，終無所去啊！

為什麼你要問我到哪裡去？」你當然要告訴他：「你滅了，十八界都消失了，你知道是你的本識獨存，但那個境界是什麼？那是什麼樣的狀態？你知道嗎？」大阿羅漢們只好答覆說「不知道」。後來迴小向大終於證悟明心了，跟你一樣成為菩薩了，知道入無餘涅槃時是「逝」去哪裡了，但仍然沒有資格稱為「善逝」，因為他還有許多法沒有滅盡，譬如習氣種子，又譬如無記性的各種異熟種子，都還沒有完全轉易清淨，還是有變易生死，那就不能稱為「善逝」。所以「善逝」這個名號，還眞的只有諸佛才有資格。

那麼，接著說第五個名號「世間解」。「世間解」顧名思義是具足瞭解世間，可是世間有多少種呢？對外道而言有六種世間，叫作凡夫世間，就是三界六道眾生。對這六道眾生的境界具足了知，這是諸天天主所無法作到的，因為他們的所知或多或少，而只有諸佛具足了知。所以人類是怎麼來的？三惡道眾生之中，譬如鬼道眾生是怎麼來的？鬼道的境界又有十大類，那十種不同的鬼道境界又是怎麼產生差別出來的？而畜生道所造的惡因究竟是什麼，才導致牠們淪為畜生？不同種類的畜生有不同的往世因緣，那些因緣又是什麼？那麼，這樣就有人間的世間，鬼道以及畜生的世間。接著還有地獄世間，爲什麼會有那十八種地獄？什麼樣的原因會形成那樣的地獄世間？會有什麼樣的眾生受生去那裡受種種不同的苦果？這就是地獄世間如何形成的道理。那麼，接著欲界天、色界天、無色界天，那些世間又如何形成？而在這五趣之中處處輪轉受生的修羅世間，又是如何形成的？

這樣了知六道不同世間的形成原因還不算「世間解」，因爲在三界中還有四種聖者的世間。諸佛不入無餘涅槃中，常住於十方三界利樂有情永無窮盡。諸佛在三界中示現的世間又是怎麼來的？其中是什麼樣的境界？然後菩薩、緣覺和聲聞，這些聖者的世間是怎麼形成的？也就是想要瞭解：四聖六凡的五蘊怎麼來的，而導致有這四聖六凡所住的世界相？這樣具足了知了，才能稱爲「世間解」。如果有人自稱成佛了，所知障的塵沙惑完全不懂；談淺一點的好了，譬如八地前斷盡的煩惱障習氣種子的內涵他也不懂；不然再談更淺一點的，例如菩薩的眼見佛性或明心，他也不懂，不但不懂還公開否定，怎能說他成佛了？那麼再談更淺的好了，緣覺的因緣觀，他也講不出個所以然；不然再說更淺的法，二乘菩提中的聲聞乘是最淺的，也不與他談阿羅漢、三果的事斷與實證，就只談初果的斷我見，他竟然也沒有斷，三縛結具足存在，而這樣的人，他的傳記名字叫作《看見佛陀在人間》，卻完全不懂四聖六凡法界，這是什麼樣的佛陀呢？我們眞的不懂。

確實不懂，竟然會有不斷我見的佛陀啦！竟然有不明心、不見性，所以不證眞如，並且也沒有種智，更不曾斷除絲毫習氣種子，也不曾斷除所知障的佛陀，連三界世間都不懂。釋印順既然都不懂，他如何能懂得滅除三界一切法？當然不能稱爲「善逝」。像他這樣的假佛，還公開說世間沒有地獄，說地獄是不存在的，說那只是聖人施教方便，顯然他也不懂地獄世間。鬼道眾生的世間，他是沒有講到，但我看他也是只認定眼見爲憑，凡是他看不見的就算是不存在了，那顯然他連鬼道世間也不懂，如何能稱爲成佛？

好了，且不說那些，單說人間的粗淺法義好了；人類世間有十八界，他連這個都弄不清楚了，結果弄到後來變成只有十七界；顯見他連人間的世間都不懂，而這樣的人可以稱爲「世間解」嗎？當然不行！既不是「善逝」也不是「世間解」，怎能稱爲成佛？這樣的佛只有密宗裡才有，那叫作密宗佛；而密宗佛不是佛教的佛，全都叫作妄想佛。所以，佛陀說法授記時一定會講到十號，諸佛都有這十號，這十號當然不是無因緣。爲什麼 佛每一次授記某人時就一定要具足講這十號？每次講到過去諸佛、未來諸佛時，也都要講這十號，都要把它具足講出來。這表示冒充成佛的人太多了，所以佛陀必須要這樣講，這也是預見未來會有很多人冒充成佛，所以要講這十號。所以，只有四聖六凡一切世間都能具足理解的人，才能夠稱爲「世間解」，才能自稱爲成佛。

第六個名號叫作「無上士」。「無上」，就是沒有其他任何一法可以超越祂，所以稱爲無上。「士」就是有術之人，例如道教裡面有道士，因爲他們對道教的道修習有成，有道法技術的人就稱爲道士。那麼，那一些道士們所能成就的最多就是欲界天的法，所以那些道士們無能超越欲界天，全都在欲界世間之內。如果這樣講，顯然他們是有上之士，因爲隨便一個證得初禪的人就已超越他了，還不必斷我見。如果有的人自稱得道，得道以後，他所得的道是可以使他生欲界天，他那個「道」叫作什麼道？要叫什麼道？大聲一點！是天道嘛！既然叫作天道，那也是道，你不能說它不是道。如果對於如何生天，他有那個方法可以教導別人，而自己也有把握可以往生欲界天，那他也是天道的道士。

生欲界天的天道，是有上士還是無上士？（眾答：有上士。）有上啦！諸位很有智慧。現在要問諸位：有一個宗教說，你只要接受它、信仰它了，他們幫你點了玄關，就說是天堂掛號、地府抽丁（地獄除名）。那麼他們的天堂掛號是要往生哪裡？什麼天？欲界天嘛！因爲色界天他們是掛不上號的。色界天是：你有初禪，你就生上去，你沒有初禪就生不上去；你有二禪，你就生上去；沒有初禪到三禪、四禪，你就上生不了色界天，誰幫你掛了號也沒有用。但是，行善可以生欲界天，你只要受了五戒不造惡，你又行了十善，這個十善業努力去作，求生天堂時就一定可以往生欲界天，也不用誰來幫你掛號。

持五戒行十善就是掛號，受了五戒，也修行十善了，當然死後可以往生欲界天中。生天的道就叫作天道，所以如果哪個宗教叫作天道，你就知道他是獲得天道的人，叫作有上士。有上士的「一貫盜」老母娘，說是可以出生無上士的 釋迦牟尼佛，這道理講不講得通？（眾答：講不通。）講不通呵！所以這十號很重要，我才得要解釋它；因爲你可以從這些去瞭解世間所有的宗教，他們到底是什麼境界？你就有能力判斷。所以，釋迦如來每一次說到過去佛、未來佛、現在佛時，一定都會同講這十號。在《長阿含經》講到以前的毘婆尸如來時也說這十號，講到迦葉佛時也講這十號；不論是講到哪一尊佛，一定都會同時講十號，沒有一次遺漏過。

那麼，假使有人有道可以教導別人往生色界天，他就是色界天道的道士，因爲色界天也還是天。他有往生色界天之道，這個人就叫作有上士。所以「士」就是有技術的人，有生到那個地方去的技術，就稱爲「士」。又譬如說日本劍道的武士，練武學劍道之人就被稱爲武士；表示他得要有品格，不是亂殺人的。亂殺人叫惡人，不叫武士，所以武士也有武士之道，名爲武士道；是因爲他有武士應有的人格，稱爲武士「道」；武士則是有道德而且有技術可以殺掉惡人，所以才有資格稱爲武士。所以武士不是惡人，武士是有道的殺人者，因爲他有一個殺人的標準，不許亂殺人的。如果是亂殺人，那麼日本天皇或者統治者，主要是幕府將軍，就會剝奪他武士的名銜。在那個時候武士是很尊貴的，所以他有殺人之術而說爲「士」，而且具有「武士道」的格或風範，所以合稱爲武士。

同樣的道理，有能力教導別人生到色界天之道，超越一神教的天主了，這樣的人當然也是有道之士；但他仍叫作有上士，因爲證得無色界四空定的人就超越他了，所以他不是無上士。但是證得四空定了，能生到四空天了，仍然是有上士，因爲無法與初果人相比。不管他四空定多麼好，他終究還是在三界中輪迴，但是聲聞初果中最懈怠、最遲鈍的人，七次人天受生就必定出三界生死，那就超過他了。但聲聞初果還是有上士，因爲還有二果超越他，還有三果、四果超越他。終於成爲阿羅漢，同時也可以稱爲應供了，乃至成爲大阿羅漢了，但仍然不是無上士，因爲菩薩第七住位明心了，有般若智慧就贏過他了，所以大阿羅漢還是有上士。乃至七住位修到入地了，結果到了八地又到了等覺、妙覺位，也還是有上士，因爲還有人能超越他——諸佛，唯有諸佛是無法被超越的，而諸佛都有教導別人到達究竟解脫、究竟智慧的種種方法，所以諸佛這樣的身分就稱爲「**無上士**」。

所以，「士」就是有技術的人、有方法的人。證得無上境界的有技術的人，也就是祂有能力教導你去親證，而祂已經到達至高無上的境界了，才叫作「**無上士**」。如果突然冒出一個人成佛了，你問他說：「**你成佛是怎麼成的？**」他說：「**我也不知道，我就忽然間成佛了。**」你就知道那個叫作假冒佛，可以稱爲大妄語的假佛。所以，一定是當世自己了知法、有次第與內涵而成就佛道，不可能突然間就變成佛。以前有人突然間就變成八地菩薩，我問他說：「您是怎麼樣修成的？您也教教我。」他說：「我也無法講，我突然就這樣了。」我就知道那是冒牌貨，冒牌貨當然就一文不值了。

因爲一堆的鐵礦不如少少的黃金，例如你有一堆鐵礦，誰都揹不動；但人家手裡輕輕鬆鬆兩個指頭拈起來一兩黃金，就勝過那一堆鐵。這意思就是說，若不是那個料，怎麼說都是沒有用的。這一兩黃金，譬喻已經找到如來藏了，成佛之道入了門；那一堆鐵礦就是講得震天價響「我已經成佛了」，但他不知道佛的境界是什麼，也不知道如何成佛，那個人就是那一堆鐵礦。雖然很重，誰也搬不動，可是那一堆鐵不如一兩黃金。因此，一定要知道那個內涵與次第，如實了知如何可以成佛，每一個內涵次第都具足了知和親證了，他才能夠說是「無上士」。

接著說「調御丈夫」，調御就是如何加以調伏和駕馭。而諸佛可以調伏及駕馭一切丈夫。丈夫也有許多種，比如說以畜生界來講，最有丈夫氣概的莫過於大象，但諸佛也能調伏牠；象中丈夫、或是象王遇見了佛陀，還是服服貼貼的，所以 佛陀能調伏駕馭象中丈夫。不然就說人類好了，即使是大力士，足夠稱爲丈夫了吧！絕對夠啊！因爲大力士，有誰能以身力對抗得了他？

不但如此，《大般涅槃經》講的，五百力士聽說 佛陀要經過這一條路，可是這條路上有一顆巨石，這五百力士想方設法就是無法把它移走。那麼，佛爲了度這五百力士，就化現過來，把那個巨石解決了。那五百力士全都嚇死了，因爲 佛陀以足大拇指把這個大石頭往天上挑上去，這五百力士很怕它掉下來被它壓死了，佛陀說不用怕，就把它接了，然後又吹散爲塵土，這五百力士就眞心臣服，於是請問說：「您是誰呀？」然後 佛說：「我是釋迦如來所化。」哎呀！化身都這麼厲害了，這五百力士就降伏了，五百個大丈夫一時調伏。你看，眞的能夠調伏駕馭他們。

也許人家說：「哎呀！他們又沒有神通，那不算什麼啦！」那不然最有神通的外道目犍連好了，總算得大丈夫了吧！世尊也以法把他調伏了，也可以駕馭他，使他成爲大阿羅漢。那或許說：「大阿羅漢不算什麼，那大力菩薩、八地菩薩可不得了欸！」但不管你是什麼樣的丈夫，乃至妙覺菩薩最有資格稱爲丈夫了，仍然是由 佛所調御。所以，哪個天主敢在 佛陀面前耀武揚威？不說耀武揚威，翹二郎腿、撚鬍鬚都不敢，更別說耀武揚威，有這樣的威德才能稱爲「調御丈夫」。

也許有人講：「提婆達多不就調伏不了嗎？」眞的調伏不了嗎？只是把攝受他的時間延後而已，所以出佛身血以後下了地獄在受苦，佛陀說：「阿難啊！你去探望探望提婆達多吧！」阿難說：「我沒那個能力啊！」佛陀說：「沒問題，我加持你。」好，就去了。到了地獄問獄卒說：「提婆達多在哪裡啊？」可是獄卒說：「尊者，我們這裡有好多個人叫作提婆達多，你要找哪一個？」阿難尊者說：「釋迦如來叫我來看的，是釋迦如來座下的提婆達多。」「喔！知道了。」好了，找出來，然後看他正在受苦，阿難說：「佛陀叫我來看望你，不知道你苦痛堪忍否？」提婆達多聽到 佛陀派阿難來看望他，好感動，完全信服，所以他的惡業就消掉一大半了。於是他恢復以前的禪定功夫了，所以在地獄中有三禪之樂，那是不是調伏了？調伏了。人間最大的惡人，連天主都不敢出佛身血，他敢吶！像這樣的人也被 佛陀調伏了，所以 佛陀也授記說他未來會成佛。所以，提婆達多是被授記的哦！因此說，有「調御丈夫」這個功德才能自稱成佛，如果沒有這個功德，就沒有資格自稱成佛。

接下來說「天人師」，爲什麼諸佛一定可以是諸天以及所有人類之師？因爲 佛陀能具足教導一切人如何保住人身、天身，也能教導人們如何在世間生存。有一個故事說，有一個牧牛人，他很好奇，因爲他曾聽說 佛是一切智者，他就想：「這個牧牛我最懂，難道佛陀也懂牧牛嗎？」好奇就去問了，佛陀就告訴他：「你牧牛時應該如何如何……」把他所知道的全都講了，並且還把他所不知的好幾種也講了，祂能夠教導人家怎麼牧牛。同樣的道理，如何世世保住人身，或者如何能夠一世又一世住在欲界天中，或者如何能夠成爲色界天人、無色界天，諸佛無所不知；然後也能夠教導一切人、一切天遠離惡業。求生欲界天是要修學善事，要行十善業道；就像慈濟人那樣到處去作善事，他們將來是要生去欲界天的。但是身爲法師，也要告訴人類、天人：如何可以永遠免除三惡道的果報。這個很重要啊！那麼，三惡道爲什麼稱之爲惡？生三惡道的原因是什麼？都得知道，也就是能夠具足了知一切善法與惡法。

了知善法與惡法並不容易欸！有時候在世間行善時，其實本質是在造惡，但有誰知道呢？且不說世間人，我們說學佛人好了；有好多人喜歡放生，放生到底是善事還是惡事？喔！你看，你們有智慧啦！知道兩種都有。可是以近代人所作的放生來講，惡遠大於善，爲什麼呢？因爲這某某法師去到市場跟那鳥販說：「我們下個月準備要放生三千隻鳥，我屆時會來跟你買。」好了，這鳥販本來沒事，現在就爲了賺那一筆錢，發動好多人到野外去抓鳥。好冤枉欸！這個就類似平劇，有一齣叫作「捉放曹」有沒有？對啊！那些鳥好冤枉，本來在原來的地方生活得好好地，然後突然就被抓了，都因爲那位法師要辦放生法會才被抓的，很冤枉啊！

被抓來以後，大家都很驚嚇，又擠在那些小小的籠子裡，結果眞相是：要交貨三千隻，鳥販大約要抓一萬隻，其他七千隻大概會死掉，在交貨時就交三千隻。那麼七千隻鳥不是枉死了嗎？剩下的三千隻也是多受驚恐，身心多少都會有損傷。你看，他爲了放生造了這個惡業，已經先害死七千隻鳥了。好不容易終於有三千隻活下來，好了，到野外去放，那些鳥飛出去時說：「我到哪裡去找食物？這不是我熟悉的環境啊！」然後互相競爭，後來牠們終於找到食物了，可是那地區的好多蟲都被牠們吃掉了，又有好多原本吃蟲的生物跟著被餓死了，那麼這樣的放生到底是善事還是惡事？那些蟲如果有知，牠們一定抱怨說：「本來我們活在那裡不會這麼快死的，現在突然來了這三千隻鳥，害我們都活不了。」原地以那些蟲為食的生物，卻有不少要餓死了，眞的應該抱怨。

可是世間人不知道啊！他們以爲說：「我們跟著法師放生，是在造善事啊！」花了大把金錢買了那些本來不該被抓的鳥來放生，好有功德哦？可是這一分功德卻同時帶有三分罪業；將來捨壽時，那三分惡業要先報。是因爲業的報償就是大的先報，惡業比較大，當然那三分惡業先報，所以他們一世放生的結果死後要去畜生道中受生。眞正放生，應該是遇到了就隨緣買來放生，不能用預定的，而且更不該定下一個大數目。諸位一定要記住這一點，用預定的數目來放生，其實是在造惡業，因爲已經看見了因果。假使商人不是爲這個放生的人而故意去抓來的，剛好看見有野生動物已經被抓了，你剛好在市場，遇見就把牠買來放生。去抓的人並沒有把握一定會有人買去放生，是隨機的買物，這樣才叫作造善業。

可是，光這麼一個簡單的善與惡已經不容易了知，眞正的善惡哪有那麼容易了知呢？善惡層面是有很多高低層次的差異，教導人家來世可以生天，不管生在欲界天、色界天、無色界天都是善業。問題是，如果不斷地倡導說：「**那樣就是究竟的涅槃。**」結果是，他教導人家，也確實有方法使人生天，卻是惡業，因爲他說那就是涅槃，害人成就大妄語業。如果不主張那是涅槃，教導別人眞的生天了，是善業，但從解脫的立場來看，那仍然不是善業，還是有善有惡哦！因爲生天以後果報不好：當他的天福享盡了，剩下的呢？剩下較小的惡業啊！以前那些小小的惡業這時得要受果報了；那時如果能生到索馬利亞去算是好的，因爲還是當人，但如果連生在索馬利亞的機會都沒有了，因爲他的惡業稍微大了一些，那就得要去當畜生了！進了畜生道以後，何時才能重返人間？所以教導人家能夠生天，那到底是善還是惡？我的看法是先善後惡，因爲生天的時候一定會把所有福報享盡，那剩下的小惡業就去三惡道，主要是去當畜生。可是當畜生以後想要回來當人，很難吶！搶破頭都不容易搶得到，所以善惡難知啊！

又比如佛門好了，佛門中人應該最懂得善惡了吧！然而就以我們親身的例子來說，我們當年把《正法眼藏—護法集》印了出來，南部有個法師收集了一箱又一箱去燒掉；那個法師還蠻有名的，因爲他現在已經連私下都不說我了，我就不要點出他的名號，那時他的作爲表面看來是善，其實是惡。還有一些道場，唆使徒眾私下去外面各流通處，收集我們的書送去環保回收，他們說那叫作護法，他們說：「因爲蕭平實是邪魔外道，我們要護持正法，要把邪魔外道的書全部回收掉，不要讓它流通。」看來表面是行善，那到底是善還是惡？（眾答：惡。）可是他們以前都說那是善行，不是你們說的惡行。

又比如《邪見與佛法》那本書，那是十年前的事，大陸有的同修讀過了說：「這本書講得太好了，涅槃是什麼境界，解脫是什麼等等，全都講得清楚。在這以前，大家都不懂什麼叫作涅槃，如今可明白了。」所以好高興，他們就自己印製了二千本，把大陸所有的道場都寄。結果好多道場都收集起來，然後又公開燒掉；不但是焚燒，而且是公開的，然後就在現場開罵：「這是邪魔外道的邪法，要把它燒掉。」他們都自以爲是在行善、護持正法，結果是善還是惡？還是惡啊！所以善惡難知。

但是　佛陀可以教導一切天、一切人了知眞正的善、眞正的惡，所以足以爲「天人師」。不但如此，而且能夠告訴大家異熟的眞實義，並且指導大家說，爲什麼會有這一些異熟因，然後會產生什麼樣的異熟果；乃至無記性的異熟種子是如何，佛陀也都能教導。一切天、一切人無有能知者，而世尊都能教導，這樣才足夠資格被稱爲「天人師」。所以，假使有誰給我個高帽子說：「我們導師是天人師。」我就馬上把它刪掉，爲什麼呢？因爲天人師不是隨隨便便就可以用的。異熟種子，還有好多咱們都不知道，特別是無記性的異熟法種，我們大部分都還不知道，哪有資格教導諸天、一切人這些法呢？當然不能自稱爲天人師。所以說，能夠了知究竟的善、究竟的惡，也能了知一切異熟，這才有資格稱爲「天人師」。

那麼，接下來說「佛」，佛這個名號在佛門中是非常受人敬重的，只要他成爲三寶弟子之後；譬如說他走開了一會兒，你在他的板凳上寫了個佛字，他回來剛要坐下，突然看見了佛字，保證馬上跳起來，眞的嚇一大跳。連這個字面都不敢坐上去了，更不要說有佛親在，那可以想見佛是如何尊貴。

譬如四祖道信要度牛頭法融，四祖爲他講了老半天的實相法，牛頭法融聽不懂，然後四祖故意問說：「住在這裡，你有沒有徒弟啊？」法融說：「有啊！」「何不喚出來相見呢？」法融就拍掌，然後徒弟跑了出來發出大聲：「吼！」一條大蟲，就是老虎啦！四祖找到機會就舉起雙手，裝著害怕說：「哦～！」這法融見道的機緣尚未成熟，眼見如盲，反而笑四祖說：「猶有這個在。」是說你都還會怕，你這樣的四祖又算什麼？沒辦法，四祖只好繼續為他囉嗦地講了一大堆不了義法，法融卻喜歡。後來法融有事情離開了一會兒，四祖又找到機會，拿了筆在法融坐的那個大磐石上面寫了斗大一個佛字，專等他回來坐。法融回來時看著四祖，本來正要坐下，眼光瞥見一個佛字，跳了起來，嚇出一身冷汗。四祖就用他的話回給他：「猶有這個在？」因為對證悟者轉依實相來說，「無佛亦無人」，那不過是個影像而已，那個佛字並不等於佛，但法融已經嚇出一身冷汗來。那表示什麼？連佛這個字、這個影像都很尊貴了，那眞正的佛呢？當然更尊貴了。

我們得要探究一下，到底什麼是佛？佛就是自覺覺他，覺行圓滿。自己究竟覺悟了，也能覺悟他人；而這一個法界實相究竟覺悟之所應行，已經完全修行圓滿了，就是覺行圓滿。好了，現在有人自稱成佛了，我們要問他：

「你們自覺了沒有？」他們都應該先問自己覺悟了沒有？自己都沒有覺悟而說能覺悟別人，那只能叫作欺世盜名。以前有一位大法師常常說：「你們都不要問我有沒有開悟，我能不能幫你們開悟，這才是重要的，我有沒有開悟不重要。」你們很多人聽過，我也是親耳聽過好幾遍。問題是：你自己都還沒有悟道，就不知道開悟的內容，也不知道應該要怎麼開悟，那你如何能幫人開悟？所以那叫作自欺欺人，只是害怕人家追究他有沒有開悟啊！

自己不敢承認是開悟，因爲他連自己都覺得懷疑：「我開悟了，可是我爲什麼經典都不懂呢？經中說『法離見聞覺知』，又說『知是菩提』，爲什麼這樣互相矛盾？我也不懂，我可能沒有開悟。」眞正開悟者不可能讀不懂經典，至少三賢位裡面所說的那一些實相境界應該都懂，偏偏他讀不懂；然後又怕人家質問他有沒有悟？又不敢承認開悟。這是因爲他知道大妄語的果報，可是名聞利養太迷人了，當然要讓大家誤以爲他有開悟，最好的說法就是剛剛那個方便大妄語的說法。那麼，還有一種說法也很妙：「開悟的人都不會說他開悟了。」過了一會又說：「師父我從來沒有說我有開悟。」欸！高招！但是瞞得了別人，欺不了自己。

所以，自己還沒有覺悟時，就不可能覺悟他人；就好像一個下了水就會滅頂的人，竟然說我可以下水救你上岸。天下沒有這樣的事，所以一定先要自覺才能覺他，這道理也不是沒有講過，因爲《維摩詰經》就講了：「自疾不能救，而能救諸疾？」比如宣稱自己有能力幫人家治病，是說當別人感冒了，他有能力救治人家；可是他自己的感冒卻永遠治不好，怎麼可能有這道理？同樣的道理，自未得度，你如何能夠度他人？因此說一定要自覺，然後才能覺他，而自覺與覺他所應修行的一切過程與內涵都已經圓滿完成了，稱爲覺行圓滿，這樣才能稱之爲佛。可是我們看到現代那一些所謂的佛，不管他自稱是什麼活佛，總而言之連自覺都沒有，那又如何能夠稱爲佛？所以，那些人說謊都不臉紅，不臉紅就覺得自己很厲害：「你說謊會臉紅，我不臉紅，我功夫很好。」那就讓他的功夫去歷練一下，所以下輩子要去地獄去試試看他的功夫好不好，那都是愚癡人。

這樣是第九個名號，最後的第十個叫作「世尊」。世尊這個名號怎麼來的？顧名思義就是三界世間一切有情之中的至尊之人。那麼爲什麼足以稱爲三界世間至高無上的尊者？因爲祂的福德圓滿，也因爲祂的智慧圓滿；福智全部圓滿了，所以威德無比。福德函蓋面是很廣的，要從三大無量數劫不斷地修行三種布施來修集有爲法中的福德，然後還要修集遠離三惡道的福德，再修集去除五蓋所得的福德，再修集四禪八定的福德。這樣就夠了嗎？還不夠，因爲還要以利樂有情、實證三乘菩提來成就無上的福德，這才是福德的圓滿，然後還要有智慧的圓滿：如何成就人乘、如何成就天乘，乃至如何成就聲聞乘、緣覺乘、菩薩乘，以至於最後如何圓滿佛地的智慧，這才叫作智慧的圓滿。

有了福德的圓滿，在三界凡夫世間之中，祂的威德最大；因爲這樣的大福德，一切世間的天、人都沒有辦法與祂相提並論。在天界或者在鬼神界的威德，不是看誰孔武有力，或者武器最好來成就的，而是以福德的多寡來定高下：福德越大的人，威德就越大。三界凡夫最多只有禪定的福德、布施的福德，哪來度人成就三乘菩提的福德呢？當然都無法與諸佛相比，所以諸佛因爲這個緣故，威德最大。而菩薩不論生到鬼道去度眾生，或者在人間、或者生天去度眾生，菩薩的威德也是最大的。除了上地菩薩與諸佛以外，菩薩的威德最大；因爲菩薩是一世又一世、一劫又一劫不斷地利樂眾生，除了修集自己的福德以外，也以智慧來培集福德，所以菩薩不論生到哪裡去，都是威德最大。

但就有一個例外，未滿三地心的菩薩在人間似乎沒有威德。因爲人們看不出菩薩的福德與智慧，是因爲世間的凡夫只看表相：你是不是當官，官越大、威德越大；人們只會看這個表相，但不知道菩薩背後的福德，大家都看不出來。未滿三地心的菩薩們總是像如來藏一樣「如愚如魯」，菩薩不是笨而顯示不出來，只是不想講，就學如來藏那樣笨笨地，看來好像是傻瓜一樣過生活，與人無爭，所以人們也不會知道；但是鬼神界都知道，天界也都知道。諸佛由於菩薩道究竟圓滿了，所以福德具足圓滿，威德最高最強，無有人、天能夠脅迫，所以稱爲「世尊」。

那麼，如果從智慧來講，既然是「無上士」、也是「善逝」、又是「世間解」、更是「明行足、正遍知」，這樣的智慧與福德能夠調御一切丈夫，有這樣的智慧時就沒有任何人能挑戰，還有誰的威德會比祂大？因此諸天與一切鬼神界都知道　佛的威德最大，只有凡夫俗人不知道。所以，有一天當　佛陀與大迦葉同時到了一個地方，好多人都誤認爲　佛陀是徒弟，大迦葉是師父，因爲他年高德劭。可是，等到 佛陀坐上了法座，有的人看見大迦葉穿得破破爛爛的一個老人家，又有人瞧不起他了；這時 佛陀反過來大聲說：「**大迦葉！過來！我分半座給你，你也來這裡坐。**」大家嚇了一跳：這個穿得破破爛爛的老人家，竟然可以跟 佛陀並坐。當然，大迦葉不可能上去坐，因爲早知道自己距離佛地是那麼遙遠，怎麼可能上去坐？好大的膽子啊！諸天天主都不敢了，他還敢上去坐？老實講，諸天更不敢，因爲大迦葉的威德其實遠比諸天大。所以師徒二人演了一場戲，眾生終於弄清楚了：哎呀！雖然大迦葉很厲害，可是大迦葉見了 佛陀就頂禮，原來 佛陀是這麼尊貴。所以人類才需要這樣教導，因爲人類之中絕大多數都沒有天眼；若是眞正有天眼的人，他只要看光明就夠了，也不必看什麼福德不福德，也不用看有沒有智慧。

這就是說，諸佛一定是三界世間的至尊，所以稱爲「**世尊**」。好啦！竟然有人被尊稱爲至尊以後，那位至尊寫出的論，不管它叫作「廣論」或「略論」，全都落在意識境界中，連我見都沒有斷除；像這樣標準的凡夫，竟然會有人相信他是至尊。十號之中他沒有任何一種的本質，竟然被密宗奉爲人天至尊，眞的不可思議！所以由這十號，諸位可以詳細瞭解，只要你對十號有具足了知，就可以判斷那些所謂的佛，對於自稱是佛陀再來的人，就用十號來檢驗他。所以這十號，諸位可以背起來。我是背不起來的，記憶力很差；但是你問我這十號，只要提出名稱來，我就會告訴你這十號是什麼意思。就用這十號來檢驗那些所謂的佛，看他們是不是有那個本質？檢驗的結果，你就會知道：原來當代佛教裡沒有一顆珍珠，全都是魚目。

十號說完了，再回到經文來，世尊授記說：「舍利弗具足菩薩所行之道，未來世當得作佛，號曰華光如來，總有應供、正遍知等十個尊號。那時候的舍利弗將會名爲華光如來，那個國度名爲離垢，祂的國土是平整而不零碎，也是方正而不零碎，並且是清淨的世界。」在十方虛空中有二大類的世界：一類世界是純一清淨世界，就是諸菩薩所往生之處，名爲淨土；另外一種世界就是淨穢土，既是淨土也是穢土。就像我們這個娑婆世界，因爲有諸佛會在這種世界中示現，既然有佛來示現轉法輪，這樣的世界當然也是佛國、也是佛淨土；因爲一旦有佛來示現，就必然有常寂光淨土，即是那一尊佛之所住境界；也必然同時會有實報莊嚴土，是諸菩薩所住境界；也必然會有方便有餘土，也就是二乘聖者所住的境界。

同時，必然也是會有世間眾生所住的汙穢國土，就是一不小心就會踩著了泥巴、踩到了狗屎的泥土境界；這就是凡聖同居土，因爲聖人也在這個世間住，但是聖者同時有他的方便有餘土，譬如證得初果到四果的人，他們的心境就是方便有餘土。又譬如初地到十地諸菩薩所住的，就是實報莊嚴土，但是都同樣在這個凡聖同居土之中。那有佛就一定會有常寂光淨土，所以這樣的國土就叫作淨穢土——既是淨土也是汙穢的國土。可是十方虛空中也有純一清淨世界，就像極樂世界那樣，又像 琉璃光如來的淨琉璃世界一樣。

所以，這時候所說的「離垢國」，也就是離垢的世界，它就是屬於純一清淨的世界，無諸雜穢，「其土平正」，而且「清淨嚴飾」，有各種莊嚴之具來加以裝飾，看起來非常地華麗，而那裡的眾生非常之多，所以叫作「天人熾盛」，有許多的天、也有許多的人類，數目非常多。因爲那個世界很安隱，住在那邊沒有橫難，沒有災變，也沒有疾疫，所以住在那裡時物資豐滿，大家生活都很快樂。那樣的國土是以琉璃爲地，琉璃不可能被染汙，那樣的大地當然是清淨的。可是以琉璃爲地時，天人於那個地方安居，道路要怎麼規劃，總得要規劃出來吧！於是就用黃金爲繩，是以黃金做成的繩子來規劃出道路。於是「有八交道」，意思就是說那裡的道路四通八達，不論到哪裡都可以通行，然後「黃金為繩」，把道路的界線區隔出來。之後，這黃金繩傍邊就有七寶所成就的一行又一行的寶樹，樹上常常有華有果，誰需要時就去取用。

在忉利天也有這個現象，佛說忉利天的天人們，如果需要穿什麼衣服，就到某一棵大樹下，那樹上都是衣服，全都是免費的，因為這是天人們的福報。可是有分等級，有的人看見說：「那一件最好，我要那一件。」可是那棵樹不垂下來給他，無法強取豪奪。他看見了其中一件，那件衣服的身分剛好適合他，樹枝就會垂下來，他就能拿到衣服了。那麼，飲食等等亦復如是，乃至想要自己玩一玩樂器，什麼樣都有，但是能不能玩得到，能玩到哪一種樂器，那就看自己的福報，這在忉利天就已經有了。那麼，舍利弗將來成佛的時候，那個國土就有「七寶行樹，常有華菓」。那時的 華光如來也就像咱們 釋迦世尊一樣，以三乘菩提來教化眾生。為什麼同樣是以三乘菩提來教化眾生？這在後面 佛陀接著還會再說明。接著 佛陀的授記還有哪一些呢？再看下一段經文：

經文：【「舍利弗！彼佛出時雖非惡世，以本願故說三乘法。其劫名大寶莊嚴，何故名曰大寶莊嚴？其國中以菩薩為大寶故。彼諸菩薩無量無邊不可思議，算數譬喻所不能及，非佛智力，無能知者；若欲行時，寶華承足。此諸菩薩非初發意，皆久植德本，於無量百千萬億佛所淨修梵行，恒為諸佛之所稱歎；常修佛慧，具大神通，善知一切諸法之門，質直無偽，志念堅固。如是菩薩，充滿其國。」】

語譯：【「舍利弗！未來華光如來出現於世間的時候，雖然是純一清淨國土而不是五濁惡世，但因為華光如來因地本願的緣故，所以也是為大眾演說三乘法，不是單說純一佛法。那時候的劫，名為大寶莊嚴。為什麼名為大寶莊嚴呢？因為這個離垢國土之中是以菩薩作為大寶的緣故。而那個離垢國土中的諸菩薩們，數目眾多無量無邊，無法想像，以各種算數的單位也是無法計算的；假使用各種譬喻來說明，也很難加以譬喻；若不是具有諸佛的智慧力，是沒有人能夠計算出來的。如果諸菩薩想要行走的時候，他們的腳下會有寶貴的蓮華奉承於足下。而離垢國土中的菩薩們並不屬於初發心的新學菩薩，都是無量劫以來修集了非常多的福德根本之後，才能出生在這個國土中，全部都是於無量百千萬億佛的座下修行過清淨的梵行，而且都是常常被諸佛所讚歎的好菩薩；這些菩薩們常常都在修習諸佛所教導的智慧，也都具有大神通，善於了知一切諸法的修行法門，他們的心地是很純樸、很直心而沒有虛偽的，心志定下來以後心心念念都在佛菩提道中堅固地修行而不會退轉，像這一類的菩薩，充滿於華光如來的國土之中。」

講義：那一些六識論者讀了《法華經》，他們往往都說那是後人編造的神話，因為他們認為，凡是他們所不能理解的就是假的；然後不斷地告訴世人，不斷地告訴學佛人：「大乘非佛說，所謂的神通都是神話，佛經裡說的地獄也只是聖人設教的方便說；所以人類可以修行成佛，所謂人成即佛成。」問題是，人類固然可以修行成佛，但佛不等於人類啊！因為佛所演說最簡單的斷三縛結，是可以實證的，而他們六識論者全斷不了，就認為那也是假的。所以，他們對四阿含諸經大部分不接受，他們對四阿含諸經，只接受其中的一小部分，只取他們想要的；至於大乘經呢？他們認為其中說的第八識如來藏根本是不可能實證的，所以同樣是神話似的方便說，主張如來藏的本質仍然是解脫道中所說的緣起性空。

他們又說，大乘經典根本是後人創造的。是誰創造的？他們說是部派佛教那一些僧人創造的。問題又來了，我說他們眞的不懂：部派佛教是從哪裡分裂出來的？聲聞僧團。聲聞僧團是大乘佛教嗎？不是，只是聲聞法。聲聞僧團那一些聖者是阿羅漢、不是菩薩，他們不是證得如來藏的菩薩；然後因爲有一些聲聞凡夫對於聖者所說的解脫道不認同，或者對涅槃不認同，或是誤認爲阿羅漢不是自證自知的，不同意聖者們所說阿羅漢是自證自知的說法，於是就分裂出去了；後來又因爲對戒律不認同，一種又一種的不認同，只要有一種不認同的人，就繼續從聲聞僧團中分裂出去；分裂出去的聲聞部派也繼續分裂，結果後來就變成十八派。

這十八個部派全部都從聲聞僧團直接或間接分裂出去，原來的聲聞僧團就被命名爲上座部，第一次分裂出去的就稱爲大眾部，全都是聲聞法，不是菩薩法。問題來了，十八個部派的聲聞人全都不懂、不證菩薩法，他們能創造出菩薩法來嗎？而現代這些六識論的聲聞法凡夫僧們，他們認爲非佛說的大乘經典，講的眞如佛性都是可證的，卻都是聲聞部派佛教的阿羅漢乃至凡夫們所不能臆想的妙法，又怎能創造出遠勝於聲聞法的大乘經典妙義？現代聲聞佛教的六識論者——也就是釋印順等人，他們認爲如來藏就是《阿含經》中說的緣起性空的別名。然而如來藏不是緣起性空的別名：在聖教量上我們已經證實不是緣起性空的別名，從現量上我們也證明祂不是緣起性空的別名，全都寫在書中公開證明了。也因爲如來藏確實有體可以讓不同的人再三證實，不是緣起性空的別名，而從比量上更可以證明如來藏也確實存在。

所以聲聞人是不可能創造出大乘經典的，因爲大乘經典所說眞實可證而且遠遠勝妙於四阿含；連四阿含粗淺的解脫道聖教，都已不是阿羅漢們所能創造的，而是從佛聽聞才能結集下來的，何況遠勝於四阿含的大乘諸經，那些不知不證八識妙法的聲聞人，怎有可能創造出來呢？所以他們說的：「**大乘佛教叫作後期大乘，是部派佛教才發展出來的。**」問題來了，四阿含諸經裡面有許多部大乘經典，被聲聞人結集成二乘經，失去了大乘成佛之道的內容與次第，而具足演述了成佛之道八識正理的那些大乘經典，難道會是不知不證的聲聞部派後人所能結集的嗎？他們說「是」，所以釋印順認爲四阿含諸經是經過二或三次結集才完成的。那眞是胡扯！所以眞實的佛法不曾侷限於一世，或者侷限於人間，因爲佛法的具足實證，絕對不是一世可以成就的。

在四阿含諸經裡面就已經說明過這一點了，世尊都開示說：往昔無量劫以來修習菩薩道，於今成佛。不是無量劫以來修習聲聞道，於今成佛。而聲聞道的實修，一世就可以成就，這就表示說，大乘經眞是 佛說，因爲眞實可證，也是所有不迴心大乘的阿羅漢們所不能知的；不能因爲他們自己無法理解、無法實證，就把它編派作後人僞造的。

同樣的道理，當電視上報導出來說：「美國總統現在是由黑人擔任。」他就說：「我又沒有眼見，你們電視新聞講的，我還是不信。」他們就是這樣的人，所以電視新聞（世尊在世時對大乘佛法的弘傳歷史與菩薩們後來的結集史實）對他們沒有作用；他們不信，得要親眼去見到歐巴馬坐在白宮的總統辦公室裡面辦公，也就是要在二十世紀讓他們親眼看到 世尊如何演說大乘經典，他們才會相信，他們的邏輯就是這樣。所以這《法華經》中講的經文，他們私底下都說：「那是神話，你也相信呵？」可是你如果經過實證，而且有一些瞭解佛世的狀況，你絕對會信受到底。所以 世尊授記舍利弗將來會成爲 華光如來，我們信受。不管他們信不信，我們都信。

但是舍利弗將來成佛時不是在五濁惡世成佛，而是純一清淨世界。雖然那個國土純有菩薩，沒有聲聞二乘，但是 華光如來仍然是以三乘菩提而爲大眾演說，這是因爲本願如此。也就是說，舍利弗當年看見五濁惡世的眾生這麼難度，必須要施設三乘菩提，分爲前後三個階段來三轉法輪，才能教化眾生，否則眾生都會懷疑；本願如此，所以將來成佛時也會如此三轉法輪，演說三乘菩提，最後才在宣演《妙法蓮華經》時，收圓成爲唯一佛乘。由於這個緣故，舍利弗尊者體會到 釋迦如來的慈愍以及心量的廣大，這樣記持於心中，所以發了願：「未來成佛的時候，同樣要講三乘菩提。」也就是他成佛時會爲諸菩薩說明：往世 釋迦牟尼佛如何以三乘菩提度化眾生。這樣才是真的菩薩。

菩薩感念 佛陀的恩德，雖然將來成佛時是純一清淨世界，是純有菩薩而無聲聞，祂也要同樣宣講三乘菩提。假使一個人出家，成爲佛教的法師了，結果是處處在貶抑 釋迦如來，你說他可能是實證者嗎？保證是凡夫僧啦！正因爲還沒有得到 釋迦如來的法，又沒有修足十信位，於大乘佛、大乘法、菩薩僧有疑，也不信大乘菩薩戒的持戒因果，不具足四不壞信，才會這樣貶抑 如來，因爲他根本不知道 釋迦如來對他有什麼恩德。他們心中這麼想：

「大乘經中講如來藏，而如來藏在哪裡？普觀今世諸大法師都沒有人能證，證明根本不可能實證的嘛！」所以他們對 佛沒有一點點感恩。

但他們沒想到的是，他們住的是如來家，穿的是如來衣，吃的是如來食，說的也是如來法；可是卻沒有一點點感恩之心，一天到晚就想：「釋迦如來的境界跟我一樣。」於是就口說如來法而廣破如來法，《妙雲集》、《華雨集》……等書的內容，不就是這樣嗎？這就是他們的想法。然而舍利弗不是這樣，因爲眞的證得 佛陀的法以後，感恩戴德無以復加，當然會效法 世尊三轉法輪的施設。沒有一個實證的菩薩是對 佛陀不感恩的，如果有人對 佛陀不感恩，你就知道他絕對沒有實證佛法。他領受不到 佛陀的恩光，是因爲 佛陀一直施放光明照他，但他心盲而領受不到，因此他不覺得 佛陀對他有恩，所以不斷地把 佛陀貶低——貶低成爲跟世俗人一樣。但是舍利弗不是像他們這樣，由於感念 釋迦如來的恩德，所以他將來成佛時雖非惡世，世尊記他說：「以本願故說三乘法。」

「其劫名大寶莊嚴，何故名曰大寶莊嚴？其國中以菩薩爲大寶故。」世尊說，舍利弗成佛時的劫，名爲大寶莊嚴劫。這個大寶莊嚴劫的名稱由來，就是因爲在這一劫的離垢國土中，以菩薩眾作爲最大的寶貝。因爲這個國土純是菩薩，凡是信受華光如來的人都是菩薩，這樣的菩薩就是這個國土世界中最重要的寶貝。我們同修會中，從來不曾收藏任何寶物，但我們擁有其他大道場所沒有的寶物，就是諸位菩薩。我們以菩薩爲寶，若是菩薩性還不具足，就很難悟入；依 世尊的聖教，本就應該如此，而我們就依教奉行。

在離垢世界中除了菩薩，還有什麼可以稱爲寶貝？你說：「琉璃啊！琉璃好貴欸！」對啊！像小指甲般的一小塊琉璃，二十年前就得花幾千塊錢買呵！問題是，琉璃，整個大地都是琉璃時，還會貴嗎？不貴了！如果我們這裡整個大地都是黃金，你說：「黃金好寶貴，我刮一塊去賣。」沒有人要買，因爲他們家地上到處都是黃金。所以黃金爲繩、琉璃爲地，表示那裡到處充斥著，那就不貴重了。凡是貴的就是因爲稀有嘛！可是那裡菩薩那麼多，爲什麼還會當作寶？因爲你如果從十方世界的眾生來看時，菩薩眞的太稀有了，只是 華光如來的緣故而聚集到那裡去。在那時的離垢世界中，物以稀爲貴的道理，在這個時候就不適用了，只能放諸於十方世界才會適用。

譬如說玻璃，我們現在把房子裝修時，我都想：「哎呀！竟然要全部打掉，把那些好好的玻璃也全部打碎，好可惜。」因為在三百年前、四百年前，玻璃可是貴得很！是因為現在製造多了，所以大家說玻璃很平常。玻璃店一大堆玻璃，也沒有人要去偷；可是三、四百年前或是一千年前，八、九百年前，玻璃可就貴得不得了。可是現代大家不瞭解這一點，不知道古人要取得玻璃是很困難的。同樣的道理，既然「琉璃為地，有八交道，黃金為繩以界其側」，顯然黃金在那邊就等於我們這邊的繩子價值。

如果現代所有道路，一根又一根的大竿子也綁著繩子用來區隔道路，小偷會去偷那些繩子嗎？不偷，他可能願意偷電線，但不願偷繩子，因為繩子太多了，賣不了什麼錢，沒有價值。同理，在離垢世界中，黃金、琉璃都是平常之物，那就沒什麼寶可說了。最珍貴的還是菩薩，因為這一些菩薩都不簡單呵！可是這些菩薩們有多少人呢？「彼諸菩薩無量無邊不可思議」，用算數的單位或者用其他的各種譬喻單位，都無法形容他們的眾多，因為數量太多了。只有諸佛的智力才能知道：到底 華光如來的座下有多少菩薩。

這樣子成佛好不好？好，可也很累。可是其實也不累，為什麼呢？因為菩薩們自然會互相攝受，華光如來不必擔心啦！如果在人間，譬如說我們開班，一個班級若是二百多個人，我都擔心說：哎呀！我們的這些老師們要怎麼攝受？所以一個班級如果二百多人，我就想：要不要把它分成二班？因為一個人要攝受二百多人，很辛苦欸！所以，以後原則上就是說，一個班級不能超過一百五十人，原則上就定在一百二十人。外面的道場不論開什麼班，都要先預告：滿三十個人開班。那還是很粗淺的佛法，滿三十個人開班。我們竟然有二百多人的班，我都不知道那親教師怎麼攝受的，累壞人！所以我們後來親教師會議裡面，作了一個決議說：一個班級原則上一百二十人，最多可以到達一百五十人。可是你看，華光如來攝受這麼多菩薩，「無量無邊不可思議」。那沒關係，自然會有菩薩們互相攝受。要不然你說正覺同修會難道都由我一個人直接攝受嗎？不可能啊！得要親教師們幫忙，也要義工菩薩們幫忙。同樣的情形，所以我們不必為舍利弗成佛的時候擔心。

華光如來與諸菩薩如果起座，要行走的時候「寶華承足」。諸佛、諸大菩薩就這樣示現，只有在五濁惡世示現的菩薩，在這種淨穢土示現的佛，才會在地上走，因為你必須要跟五濁惡世的眾生同事利行。如果 釋迦牟尼佛來到這裡示現的時候，都是寶華承足，祂教導我們說：「你們將來也可以成佛。」你一定不信說：「你是生來就寶華承足，我們跟你不是同類人，我們怎麼可能修行成佛？」會這樣想。所以要示現跟眾生一樣，所以你看：我也是一個人，我可以成佛，你們就同樣可以成佛。這就是同事利行。一定要同事，才能利行。如果不同事，比如說你住在地球，他住在月球，他要怎麼樣才能來幫助你？他不能來幫你，你也不能幫他；一定要住在一起，大家都一樣。

如果 佛陀一出生就飛來飛去：當太子的時候就飛來飛去，成佛以後也是一天到晚飛來飛去，就沒辦法跟眾生同事啦！眾生會說：「哎呀！你生來就不是我們這種人，我們怎麼可能跟你一樣。」大家都不敢發大心成佛了，所以一定要生來跟眾生一樣。但這個是最困難的，菩薩修到三地滿心之後，可以正知入胎、正知住胎、正知出胎，特別是五地、八地、九地等等；可是最後身菩薩要來人間示現成佛，卻得要出胎之後示現什麼都不知道，但是住於母胎中卻還可以度眾生；在母胎中示現廣大宮殿，攝受無量菩薩入於母胎中的宮殿裡面，為大菩薩們廣說佛法。一定又會有人說：「那又是神話。」不然！因為世界可大可小，可以這樣化現。

不知道、不能想像，不等於不存在，就好像很多人沒有看過鬼，難道要說「世間沒有鬼，因爲我沒有看見」？就好像說人類登上月球的事：「那只是電視機上在放映的，那不是眞的，我又沒有親眼看見，也許人家是拍電影搞出來的，或者是怎麼樣用電腦合成去弄出來的，我怎麼知道？」他就是不信，但他沒有看見，並不代表不存在。可是有的人不信邪，你得要讓他體驗，就告訴他說：「不然，請問，細菌你看不看得見？」「看不見。」「細菌存在不存在？」「不存在。」好，不存在，那就弄一堆細菌抹到他身體，就告訴他：「這裡都是細菌，我抹上去，你看不見，你可以說不存在；現在抹上你身體，你試試看，明天身體有沒有事發生？」終於有事：「哎唷！原來眞的有細菌哦！早知道，我就相信了。」可是已經大病一場，去掉半條命了，對不對？愚癡人就是要這樣教訓，否則他們都不信啊！但有智慧的人可以從比量去判斷出來確實有細菌，沒有智慧的人就得要親自去受苦，他們才會信。

這意思就是說，你將來成佛，在五濁惡世示現的時候，不能夠寶華承足，你要跟眾生同事，不與眾生同事就無法對眾生利行。可是純一清淨世界就不一樣，那就像極樂世界一樣，所以極樂世界或者 藥師佛的世界，都是清淨世界，諸佛菩薩來來去去時，都是站在蓮臺上或坐在蓮臺上，就這樣子來來去去，全都是「寶華承足」。那麼，這個離垢國土裡面的諸菩薩們都不是新學菩薩，都不是初發意菩薩，而是無量劫以來就跟著舍利弗—華光如來的因位名爲舍利弗—跟著他一直在修習佛法不斷地培集福德，跟隨舍利弗在無量百千萬億佛的座下都經歷過，一一修行清淨的梵行，並且不是陽奉陰違，因爲他們都是「恒爲諸佛之所稱歎」。像這樣子，一直持續不斷地修習諸佛所教授的佛菩提智慧，而且這些菩薩們，所有人都具有大神通。

「此諸菩薩非初發意，皆久植德本，於無量百千萬億佛所淨修梵行，恒爲諸佛之所稱歎；常修佛慧，具大神通，」關於神通，又有文章了。在世間好多人自稱有神通，可是我都遇不到一個眞有神通的人，好奇怪！他們的神通爲什麼遇到我就不見了，我也搞不懂。那一些人爲什麼要宣稱有神通？佛門有一句話說得好：「師父不搞怪，徒弟不來拜。」所以要搞搞怪，沒神通也要說有神通。可是等你眞的遇到有神通的菩薩，他就說：「喔！我沒有神通，沒有神通。」可是你有事，他就會爲你預告，等你問他說：「爲什麼你都預先知道？」「沒有啦！我剛好看見啦！」「那你有神通。」「沒有啦！沒有啦！」他又說沒有了，因為他怕麻煩。

有神通的人好怕麻煩，為什麼呢？因為白天人類要找他，晚上鬼神要找他，你說他累不累啊？晚上都睡不得好覺，很累欸！所以有神通的人都很怕人家知道。如果有一點點小小的鬼通，一旦跟鬼神交通，鬼神就會告訴他某些事，然後他就認為自己有神通；這樣的人就會一天到晚說他有大神通，說出來的目的是什麼？是希望大家恭敬他，名聞利養就會跟著來。可是那一些都叫作鬼通，不是眞的神通。

鬼通很好對治，有一些有鬼通的人，人家想什麼他都知道，但是對你們就沒有用。譬如說，有時候你聽說某某人醫術好厲害，你去找他看病。他一面為你把脈，其實他不是眞的在把脈，他把脈只是裝模作樣，是鬼在告訴他說，你有什麼病。然後他就說你有什麼病、什麼病，可是他想要跟你聊天，聊不起來，為什麼呢？因為你只要無相念佛，他就不知道你在想什麼，他所謂的他心通就不見了。所以那些都是鬼通，不是眞的神通。我以前也遇過這麼一個醫生在瑞芳，他就弄不懂我到底是什麼身分。他跟別人都可以講一大堆，跟我就不知道該怎麼講，後來就問：「你是歸依的，還是修道的？」（台語）他說的修道就是一貫道，歸依就是指佛教。這就是鬼通。所以眞正有大神通的人，你很難讓他露相，他不會露相。可是有鬼通的人很會示現，諸位從這裡去判斷就瞭解，因為他喜歡張揚。而這些菩薩們「常修佛慧，具大神通」，當然個個都是寶啊！怎麼可能不是寶。今天講到這裡。

過了一個春節，不曉得大眾在這半個月有沒有空過？希望是各有斬獲。講這個斬字好像不太吉利，應該說各有收穫。我們仍然回到《妙法蓮華經》來，因為這裡面顯示很多的妙法，卻不是在明心與見性、或者斷我見與思惑上面所能體會的，所以我們還是繼續回到《法華經》上面來。

「善知一切諸法之門，質直無僞，志念堅固。如是菩薩，充滿其國。」

那麼，過年前講到三十三頁第二段的倒數第二行，這是說舍利弗尊者將來成佛時，祂座下的菩薩們都是常修佛慧，而不是常修羅漢慧、緣覺慧。不但是常修佛慧而且具有大神通，因此他們都很深入、很詳細地了知，一切諸法如何實證的方法。這就是說，在佛法中學佛是每一個人的心願，但是諸法如何實證？往往無門可入，這就是最大的問題所在；無門可入，是末法時代所有學佛人都必須面對的大問題。那麼，只有進了正覺同修會以後，才知道是有門可入，才知道應該如何入；因爲同修會所教的法不是只有理論，所以不是打高空的，而是可以從地面上一步一步往上走，也就是有方法論。

怎麼樣修行，一步一步到達想要去的目標，都是要靠方法，沒有方法是不可能達到的。以前有人極力爲我介紹一位八地菩薩，因爲他們對我推薦了差不多二年，我說他們竟然可以努力推薦到二年之久，想來是眞的，我就因此拜他爲師了。可是不管問他什麼境界，都是沒有方法修習，他都是突然就有的。因爲一切標的，你若能夠到達，一定有方法。沒有方法就突然而有，那叫作無因生，而且也是無緣生。縱使可以無因生，至少也要有藉緣；他既無因又無緣，八地境界就這麼突然蹦了出來；又說他唸佛，持名唸佛唸到後來，突然就能夠自己往來極樂世界。「好厲害，您是怎麼練成的？」「我也不知道啊！我突然就會了。」這一種突然就會的，不是不可能，但是必然有一個前提：他已經滿足三地心而沒有胎昧了，一出生就是有意生身的。那他就可以說：「我生來自然就會。」但是仍然要追溯方法，就是：「您是在哪一世用什麼方法來完成這個證量？」還是要有方法。

有智慧的人看到正覺同修會、正智出版社的書，他一看：這裡面不單是理論，而且還有許多的方法與次第。所以有智慧的人，他唸佛唸了幾十年，後來看到我們講念佛的那些書，譬如《念佛三昧修學次第》，他一看：「哎呀！這是念佛法門的方法論，能夠寫出方法論的人，一定是這些方法已經親自走過了。」所以，法門講的就是諸法之門，法門不是理論；法可以是理論，門就不是理論，而是方法。意思是說，這個法，你想要進入其中，得要有一個門可以進去。那個門在哪裡？善知識要教人家找出來，所以有法而無門，就不能名爲法門；有法有門，令人可以得入，才能稱爲法門。

即使是禪宗這個無門之門，我們正覺也施設了法門。明心這件事情、見性這件事情都沒有門，悟了的時候就這麼一剎那，也就悟了；不是今天作一點、明天再加一點、後天再疊上一些來成就；般若的證悟見道並不是這樣的，全都是頓悟的。既是頓悟，哪來的什麼門？一剎那就悟入了，所以禪宗證悟祖師說：「佛語心爲宗，無門爲法門。」《楞伽經》的義理也是這樣顯示的：佛語聖教以心爲宗旨，證悟者以無門爲法門。但是，既然說無門爲法門，而這個法門要證悟的是什麼，都在經教中已經說了。所以，諸佛來人間所說的就是以眞實不壞心爲宗旨，無非是以第八識心作爲宗旨來敷演出三藏十二分教，因此《楞伽經》中才說明一切佛語皆以心爲宗旨。

如果外於眞實心而說有三乘菩提可修可證，他就是違背至教量了，因爲至教量中明明開示說：一切佛語以心爲宗，入者以無門爲法門。佛陀所說的一切言語開示，全都以眞實心作爲宗旨而說；但是要悟得這個心時卻沒有門可入，以沒有門爲法門；因爲這只是一剎那間就相應了，沒有門可入。會就會，不會就不會。會的人生來就會，始終不會的人再怎麼講也不會。如果有因緣遇到善知識，三言兩語也解決了，所以叫作無門爲法門。

那麼，既然說舍利弗成佛以後，座下這一些菩薩們常常修習佛菩提的智慧，也具有大神通，並且善於了知一切諸法如何實證的方法，那當然都是大菩薩；再加上「質直無僞，志念堅固」，這都是很不容易的。「質直無僞」，是說他的心性本質是直爽的、不彎曲的，這樣的人當然就沒有虛假。沒有虛假的人在佛法上立下的志願，以及他心心念念所想的，都是在佛菩提上面，一定是堅固而不可摧壞的。像這樣的菩薩，充滿於舍利弗成佛後名爲 華光如來的座下。那麼，請問這一種佛土會是我們娑婆世界這種淨穢土嗎？當然不可能。因爲即使在人壽八萬四千歲時的娑婆世界，都還不可能每一個人如此，所以這是屬於純一清淨世界，而不是我們這種人間的汙垢世界。

那麼，華光如來座下這樣的菩薩非常之多，那就可見，華光如來想要成佛——也就是舍利弗尊者他想要成佛，就必須花用許多的時間來攝受更多的眾生；並且把他所攝受眾生的層次，全都要拉高到色界或欲界天以上。所以他要成佛，時間非常的久遠，師兄弟們很多人可能都成佛了，他還沒有成佛。我們再回顧一下，舍利弗尊者是要再經過多少時候才能夠成佛呢？世尊說他於未來世要經過無量無邊不可思議劫，而且供養若干的千萬億佛，不是只有幾萬億佛，而是千萬億佛，人家是二萬億佛、百萬億佛就成佛了，他要供養若干的千萬億佛，這顯示他要成佛的時間非常長，爲何這麼長？因爲他要成就的佛土是那樣的佛土，並不是讓弟子們不必超越欲界或人間境界就可以生到他的佛土，而是所有的弟子們都要超越欲界或人間的境界以後，才能生到他的佛土中。你想，這些弟子們如果懈怠懶惰，他可有得忙了，對不對？他要忙多久呢？所以就要忙若干無量數劫；並且這麼長的時間裡面，要不斷與他所攝受的弟子們在一起共住，才能去提升他們，所以他還要供養若干千萬億佛。

那麼，諸位先瞭解舍利弗尊者將來成佛的狀況，後面還有許多他的師兄弟們被 佛陀授記，個個不同。諸位整部經聽完了以後，可以衡量一下說：「哎呀！我將來要成就什麼樣的佛國，我的弟子眾們應該要如何。」當你定下了這樣的志願，佛就知道你什麼時候會成佛了，因為你這些弟子眾們要合乎你的條件來生在你的佛國之中，你未來需要多少時間來幫助他們、攝受他們，來拉拔他們，就知道了。所以你所志願成就的佛土狀況，會影響到你成佛的時間長短，這是有互相關聯的。並不是說誰開悟了以後，將來就一定多久可以成佛。所以，沒有辦法確定一個簡單的數字就說你成佛還要多久，而是跟你所立下的佛國淨土的狀況和弟子們的狀況的願，是息息相關的，這也是諸位要知道的。接下來，看世尊怎麼開示：

經文：【「舍利弗！華光佛壽十二小劫，除為王子未作佛時。其國人民，壽八小劫。華光如來過十二小劫，授堅滿菩薩阿耨多羅三藐三菩提記，告諸比丘：『是堅滿菩薩次當作佛，號曰華足安行、多陀阿伽度、阿羅訶、三藐三佛陀，其佛國土，亦復如是。』舍利弗！是華光佛滅度之後，正法住世三十

二小劫，像法住世亦三十二小劫。」】

語譯：【「華光佛成佛的時候，祂的壽命總共有十二個小劫，這十二個小劫是從祂成佛的時候開始計算，所以除了還在王子的時候還沒有作佛的那個時間以外。華光大寶莊嚴劫的離垢國裡面的人民，壽命是八個小劫。華光如來成佛後經過十二個小劫以後，將會爲祂座下的堅滿菩薩授記成佛，那時華光如來向諸比丘說：『這位堅滿菩薩在我華光如來之後將會接著成佛，祂的名號叫作華足安行、多陀阿伽度、阿羅漢、正等正覺；華足安行佛的國土也是像我華光如來的國土一樣。』舍利弗啊！這位華光佛滅度以後，祂的正法住於世間有三十二個小劫，祂的像法住於世間也同樣是三十二個小劫。」】

講義：人民的壽命八個小劫，當然不可能是人間，比較像是色界天，所以你讀到其中一句就要知道它背後的意思。人民的壽命有八個小劫，請問人間有人能活八個小劫嗎？在這種人間，人壽最長時，就是增劫之頂，可以活到八萬四千歲；到了減劫之末，人壽才只有十歲。八萬四千歲的時候，妳們女生現在都還不算成年，不管你現在有幾歲，那時女生要到五百歲才出嫁。可是如果到減劫之末人壽十歲的時候，不是像你們現在說的二十歲結婚。男生在二十歲娶老婆算是很早了，現在很多人三十幾歲了還沒有打算結婚；人壽十歲時，女生五個月出嫁，我們現在的很多事情，他們都不懂，連黑糖怎麼製作都不會了，就是滅劫之末的景象。

所以娑婆世界的人間，在增劫之頂也不過活八萬四千歲，不可能活八個小劫。可是 華光佛的壽命十二個小劫，就比當時的一般人多了一半，多活四個小劫。但那是祂成佛之後再住世十二個小劫，而祂在當王子的時候到底是活過了幾劫呢？也許祂在王子位就當了一個小劫、二個小劫、三個小劫不等，但祂成佛後又住世十二個小劫；因爲「除爲王子未作佛時」，祂當王子的那一段時間的壽命不算，祂成佛之後還有住世十二個小劫。

那麼「華光如來過十二小劫」，就是將要入滅度的時候，要授給堅滿菩薩無上正等正覺的預記，就是要告訴諸比丘說：「這位堅滿菩薩是我華光如來之後接著要成佛的人，祂的佛號叫作華足安行。」華足安行，顧名思義大約就是祂舉足下足都很莊嚴。諸位如果以前學念佛，讀過《觀無量壽佛經》，那十六觀裡面有一觀是觀想 觀世音菩薩，祂舉足下足無比莊嚴，你們如果有空可以把經中的說法讀一下，就會瞭解了。華足安行佛，顧名思義應該就像觀世音菩薩那樣或者更勝，因爲菩薩位不能超過諸佛。假使你已經成佛倒駕慈航來當菩薩，你得要用菩薩的格來示現，你不能夠說：「我也是佛，我只是倒駕慈航。」然後就跟佛平起平坐，那可不行。所以既然號爲華足安行，這位佛一定是舉足下足無比莊嚴，並且隨意行走永遠順遂，才能叫作華足安行。

祂一定有什麼特殊之處才會這麼說，才會以這個爲號。諸佛、諸大菩薩足下都有寶蓮華，應該也可以稱爲華足安行，但是舍利弗座下這一個堅滿菩薩將來成佛，特地名爲華足安行，一定有緣故，而這是 釋迦佛已經看見的。不曉得那一些宣稱成佛的人有沒有看見這一些？既然宣稱成佛了，就要對座下的弟子授記；臨入滅前一定要授記，因爲不可能有佛座下的弟子沒有人將來紹繼成佛；既然一定會有，那祂就應該授記說：祂所授記的那個弟子將來成佛的狀況如何，那位弟子成佛後入涅槃時要向誰授記，被祂授記的那個弟子將來又如何，這是已經成佛的人都應該有能力看見的。如果宣稱成佛了而不能作這件事情，那就要學南部的鄉親罵他：「空嘴哺舌。」（台語）聽懂嗎？他心中沒有內涵，卻講了一大堆空洞話籠罩別人。是像世俗人故意把舌頭不斷地在嘴裡攪動著，讓人誤以為他眞的有食物在吃，其實並沒有食物；意謂「嚼舌根」，是善於花言巧語的人。

你看，釋迦世尊不但授記舍利弗成佛的狀況，還授記說舍利弗將來成佛後入滅前會為誰授記，被授記的人將來的佛號又是如何。有這個能力為人授記，才能夠說祂眞的成佛了。咱們捫心自問：沒有辦法。假使哪一天突然有誰眞的為他的徒弟作授記，你們要不要信？先別信，先檢查他有沒有斷我見再說，因為全都是凡夫啦！而凡夫們的膽子是天上天下最大的人。也許哪一天我們這個說法，整理成文字印出去了以後，開始有人在作授記了。因為以前沒人講過，我們現在講了，他就現學現賣了。

這十年來，不管我們作什麼，都有人在模仿；一直都有人在模仿，到現在也都還有人繼續在學著作。所以今天講法授記的事，將來如果有人學著授記，我們就先檢查他有沒有斷我見，先看他是不是聲聞初果再說；如果有了聲聞初果的證德，再檢查他有沒有明心，再檢查他有沒有見性等等；要記得按部就班次第檢查，可不能人家說了就相信。我記得大約十年前，有一個居士好大膽，他自己寫了一本經，還在裡面說他的座下某某人是什麼菩薩、某某人又是什麼菩薩。但問題是，他連我見都沒有斷，這樣的人以佛自居，有何意義？還敢拿到我們九樓正覺講堂門前來流通呢！所以進了正覺學法，一定要能夠現買現賣、現學現用。人家學佛三十、五十年沒有辦法獲得的智慧，你們來了就是要有，不然你來正覺幹嘛呢？那些山頭們不是比我們的規模更大嗎？何必來小小的正覺學法呢？來這個小小的正覺，應該是認為正覺很大，因為法大嘛！所以，你們來了要能夠學以致用。

那麼，華足安行如來另外還有其他一般的稱號，譬如多陀阿伽度。多陀阿伽度有時候就翻作怛他竭多，你們有沒有唸過？你們唸各種咒的時候都曾經唸過了。這兩句其實是同一句，不同時期或者不同的人翻譯時就會不一樣，所以「怛他竭多」或者「多陀阿伽度」，其實發音就是 data-gada。你們如果聽人家用梵音在唸咒，唸到 data-gada，你就知道是指「多陀阿伽度」。「多陀阿伽度」的本意叫作如去，如去是什麼？就是如來嘛！因為中國人不喜歡去，所以譯作「來」。中國人喜歡「來」。也因為中國人很執著於三界有，所以唯物論才能在中國弘揚起來。

比如拜祖先，這個拜祖先怎麼傳承的？是以心傳心的呢？或是以色身傳承的？竟然是以色身傳承。所以這個兒子是我生的，他就繼承我的財產，可是不管他兒子的心與他相應或不相應，他不管，反正就是給兒子。兒子再不孝，也要把財產給他；女兒再怎麼孝順，也不分給她。對不對？你們應該都不會認同嘛！別搖頭，你們有的人是認同的，爲什麼呢？因爲心裡也想說：**「我財產全部要留給兒子，不給女兒，女兒嫁出去以後就是外人。」**對不對？（有人答：不對。）不對呵！那你有智慧。

我們學佛的人不該像世俗人那樣想。不管兒子、女兒都是你的後代，女兒嫁出去，也還是你的後代，難道不是嗎？同樣是你的後代，只要感情好就行。如果不孝，連一毛錢也不給他，不應該用唯物論的看法說：**「因爲是我生的，不會成爲外人，就全部給他。」**問題是，女兒嫁出去好像吃虧的，其實不對，女兒嫁出去，是去得人家的財產（大眾笑…），難道不是嗎？對啊！女兒嫁到那邊去，幫他生了孩子就得了財產，就是這樣啊！去那邊得了別人家的財產，你爲什麼不鼓勵她，就給她一點財產呢？有沒有道理？有嘛！

所以我們不要被世間人那一種觀念所拘束，那個觀念是不正確的。所以我說中國人的傳統就是很唯物的思想，但是也因此而不會偏向於取滅，不會一心一意想要取滅度，所以當然也有大乘根性；因爲執著於三界有的人，永遠都比執著斷滅空的人好，落入我見的人永遠都比落入斷見的人好。落入斷見的人，你度了他成爲阿羅漢，不可能迴小向大，他捨報後一定會入無餘涅槃；那你度了他，等於沒度，白花力氣。所以我見不斷的人反而可以度，落入空見裡面的人，我們反而不想要度。因此說中國人有唯物的傾向反而是好的，因爲他會繼續在三界中輪轉。永遠繼續輪轉，你哪一天度了他，悟了以後他也不會想要趕快去取涅槃，正法才有機會住世更久，對眾生反而是好。所以《佛說無上依經》中 佛說：「阿難！若有人執我見如須彌山大，我不驚怪，亦不毀呰。增上慢人執著空見如一毛髮作十六分，我不許可。」所以我常常說：「寧取我見如須彌山大，也不要去取空見小如芥子。」只要有一點點空見都不好，除非對於空性如實體證而產生的空見，是眞如空性之正見，否則一點點的空見都不要有。

那麼，「多陀阿伽度」就是如去。如同去了，意思是沒有去，因爲是本住法，是常住法，怎麼會有去呢？可是翻譯作「如來」是世俗人才會喜歡。如同有來，結果沒有來，如來的意思就是好像不存在。來了才會存在，對不對？沒有來就不存在，所以翻譯作如來並沒有比較好。但是對初機的人而說，翻譯作如來是好的，他聽到如同有來，就喜歡了；如果說去，他就不喜歡。等到悟了以後才知道說「原來如來亦如去」，是好像來了又好像去了；因爲法身無形無色，怎能說祂有來？祂既然無形無色而存在著，又怎能說祂去了？所以如來必須要附帶如去，如來亦如去，這才唸作 data-gada。

「阿羅訶」，就是阿羅漢的另一種譯法。阿羅漢就是殺賊，把見惑煩惱、思惑煩惱這兩個賊殺死了，所以叫作殺賊；這樣的境界又是一切人、天之所應供，所以又名爲應供，這就是阿羅漢。但是，諸佛可以稱爲阿羅漢，阿羅漢不可以稱爲佛，這個差異我已經講很多了，這裡不再說了。

「三藐三佛陀」就是正等正覺，正等正覺就是所覺已經圓滿，不再有任何所覺可證了，就是正等而具足。正等，譬如說以這個土地測量來講，土地測量一定要具足四至，比如說一個方形的土地，它有四個點，這四個點你都要測量到，才能顯示你這一塊土地全部的面積，四個點都到了就叫作四至的等至。又譬如說，一個立方體，立方體可就不是只有四個點，那就有八個點；從底下往上來到一半時就不叫作等至，不能說它是正等。一定要八個點都充滿了，比如灌水，或者灌什麼物質進去，內裡全部灌滿了，上面四個角、下面四個角，全都具足灌滿了，這才叫作正等。如果拿了個方形容器去買油，老闆為你灌了一半就要跟你收灌滿的錢，你一定不服啊！因為它不是正等。所以「正等正覺」就是所應證的法，已經具足圓滿而沒有缺漏，全部都已經覺悟完成了，也就是覺行圓滿的意思，這就是 華足安行佛另外三個稱號。那麼，華足安行佛的國土也跟 華光如來的國土是一樣的。換句話說，也許將來諸位成佛的時候，堅滿菩薩他都還沒有成佛；因為他要成就的佛土那個樣子是超高標準的，不是這一種淨穢土，那得要花很長的時間修福與度眾生。

講完了，釋迦世尊又告訴舍利弗說：「將來你所成就的華光佛滅度以後，正法住持於世間有三十二個小劫，而像法住持於世間同樣也是三十二個小劫。」這樣子，跟我們這個時候很不一樣。會有不一樣，是因為阿難尊者太慈悲了，本來 釋迦如來說過不度女眾出家；大愛道是 佛陀的姨母，也是 佛陀的養母，她一直想要出家，但 佛陀就是不准。想起來，心似乎也蠻狠的，對不對？大愛道是 佛陀的養母，因為她是摩耶夫人的姊姊，竟然 佛陀不收她出家。所以她就去求阿難尊者，阿難尊者求了也是不准；出去以後又來求，前後求了三遍，佛陀只好准了。准了以後，僧團之中有了比丘尼，結果是正法時期減少五百年，像法成爲一千年，本來正法也是一千年。

也就是說，在色界天所成就的佛土沒有這個問題，因爲所有人全部都是中性身。可是在人間有兩性，女眾出家以後就會使正法的時期縮減；因爲不是每一個人都有道共戒跟定共戒，所以會受影響，因此正法的時期就減了五百年，剩下五百年。一般而言，是正法跟像法的時期一樣長，所以這裡說華光佛滅度後的正法住世有三十二個小劫，而像法的住世也是三十二個小劫。

接下來：

經文：【爾時世尊欲重宣此義，而說偈言：

舍利弗來世，成佛普智尊，號名曰華光，當度無量眾。
供養無數佛，具足菩薩行，十力等功德，證於無上道。
過無量劫已，劫名大寶嚴；世界名離垢，清淨無瑕穢；
以琉璃爲地，金繩界其道；七寶雜色樹，常有華果實。
彼國諸菩薩，志念常堅固，神通波羅蜜，皆已悉具足；

於無數佛所，善學菩薩道，如是等大士，華光佛所化。
佛為王子時，棄國捨世榮，於最末後身，出家成佛道。
華光佛住世，壽十二小劫，其國人民眾，壽命八小劫。
佛滅度之後，正法住於世，三十二小劫，廣度諸眾生。
正法滅盡已，像法三十二，舍利廣流布，天人普供養。
華光佛所為，其事皆如是；其兩足聖尊，最勝無倫匹。
彼即是汝身，宜應自欣慶。

語譯：【這個時候世尊想要重新宣示這個道理，就說了如下的偈：】

舍利弗在未來世成佛的時候，是普遍、周遍地證得一切智慧而成為普智尊，祂的佛號名為華光佛，將會度化無量無數的眾生。

舍利弗未來將會供養無數諸佛，具足勤行菩薩行，然後修習十力、十八不共法等等功德具足圓滿的時候，將會證得無上道。

經過無量劫的菩薩道修行之後，祂成佛時的那一個劫就名為大寶莊嚴；祂所成就的世界名為離垢世界，是清淨而沒有瑕疵、沒有汙垢的世界；

那個世界是以琉璃作為大地，用黃金編織所成的繩索來劃出國土中的道路；在這一些道路的兩旁都有七寶所成的各種形形色色不同的樹木，樹上常常開花結果而有果實。

這個離垢國裡面的菩薩們，他們的心志與意念永遠都是很堅固的，並且對於種種神通以及各種到彼岸的法門，都已經全部具足修得了；這些菩薩們都曾經在無量無數諸佛的座下，很精勤而且善巧地修學過菩薩道，像這樣的菩薩大士們，都是華光佛所化度的弟子。

華光佛在王子位的時候，捨棄了國土以及世間的種種榮耀，於無量世的菩薩道修行而到了這一世，祂是最後身的菩薩了，以最後身菩薩位來出家而成就了佛道。

華光佛住世的時候，壽命有十二個小劫，祂的離垢國土人民大眾，所有人的壽命各有八個小劫。

華光佛入滅度以後，祂所傳的正法住於世間，總共有三十二個小劫，在這麼長的時間裡繼續廣泛度化各類眾生。

祂的正法滅盡以後，像法住於世間也有三十二個小劫，華光佛滅度以後，祂的碎身舍利廣爲流布，諸天以及世間的人們普遍地奉養華光佛的舍利。

華光佛弘法的大略事相，大概就是這樣；那位華光佛是福德與智慧雙雙具足的智勝世尊，祂在世間是最殊勝而沒有人能夠與祂匹敵。

而未來那位華光佛就是現在的你舍利弗，你應該要因此而在自心之中欣喜而歡慶才是。】

講義：在這一首重頌裡面，有幾個名詞應該要有一點瞭解，譬如「無上道」。「無上道」三個字講了出來，就表示一定另外有一些法門是有上道，既稱「無」就相對地有「有」；有了無上道、有上道，當然也會有「有下道、無下道」。「無上道」表示一切修行的法門之中，沒有一法能超越它。也就是說，成佛是一切世間最高的境界，沒有比佛位更高的境界了；所以能夠使人修行而成就佛道的那個道，就稱爲無上之道。話說回來，有上道是什麼？這也是相對而言，譬如說辟支佛；辟支佛的智慧證境不如勝義賢位菩薩，也是遠不如諸地菩薩，當然稱爲有上道。可是如果以辟支佛的證境來相比於世間人，不管是諸天天主、天人或者欲界中的人類，那又可以改稱爲無上道。但是在佛法中不能稱爲無上道，因爲勝義菩薩就遠超過辟支佛的智慧證境了。聲聞菩提所證的阿羅漢位，就是殺賊、應供，也還是有上道，因爲辟支佛的證境就已經超越他了。

說到無上道、有上道，那麼接著當然就會有「有下道」也有「無下道」，對吧？有下，譬如說世間人學習某一些技藝，那眞的叫有下，還不是無下，因爲這跟出世間法雖然不能相提並論，但也還不是無下。無下，就是欺騙眾生到最究竟的地步，那個人死後要下墮無間地獄或者阿鼻地獄，那種道就叫作無下道。但是世間人顚倒，無下道卻有很好的稱號，叫作無上瑜伽；是因爲如果談到要跟阿鼻地獄相應的法門，絕對沒有任何法門能超越它，所以它還是無上相應。瑜伽的意思就是相應，對啊！密宗的無上瑜伽跟阿鼻地獄眞的最相應，因爲它欺騙眾生是到達最究竟的地步了。怎麼說呢？譬如世間人欺騙眾生，能欺騙到多麼厲害？最多把國家竊佔了，這算是最厲害的了！把人家的國家竊佔了，殺了別人，自己當起皇帝、當起國王來，這算是最嚴重的，但這只是一世的世間法。

而國王只是有上之法，只不過是在人間最尊崇而已，諸天天人看見國王還不肯正眼瞧他：「喔！某某國王？」對不對？我表演得像不像？（大眾笑⋯⋯）像呵！多少都帶有疑的意思呢！諸天天人瞧人間的國王時往往是這麼瞧的。不說諸天天人，天龍就已經如此瞧著國王了。天龍是欲界中忉利天的畜生，牠瞧人間國王就已經是如此了。有人把國王的王位搶奪了去，這個罪當然是重啊！但這還不是騙到最究竟的。騙到最究竟的，就是以至高無上的名位層次，而用最卑賤的境界拿來充數、欺騙別人。諸位當然馬上就聯想到西藏密宗四大派了，他們個個號稱是報身佛。人家報身佛是四智圓明、一切種智相應，有莊嚴報身，身量無邊廣大莊嚴，所以才叫作報身佛。他們密宗也有報身佛，卻是用手環抱女人的，眞的應該叫作抱身佛。

但是他們卻欺騙人家說，他們那個就是報身佛的境界，這是拿三界中世出世間法裡面的至高層次作為欺騙的內容，而他們教人家所親證的那個三界至高的「報身佛」的境界，卻是惡法中最究竟而與阿鼻地獄「無上相應」的法，所以他的無上瑜伽命名也命得不錯，因為跟阿鼻地獄的果報無上相應。教人跟阿鼻地獄無上相應，就是密宗那個法最相應，是比殺害眾生、五逆十惡還要嚴重的無上大惡業。即使殺父、殺母、殺阿羅漢、出佛身血的重罪，都還及不上他們那個無上相應的重罪；是因為他們那個重罪是跟阿鼻地獄無上相應的法，可以名為「阿鼻地獄無上瑜伽」，三界中再也沒有法能超越他們這個法，所以也是無上。

因此，他們的無上瑜伽，不是跟報身佛境界相應的無上瑜伽，而是跟阿鼻地獄無上相應的無上瑜伽。如果有人想要去阿鼻地獄住下來，修那個法是絕對無上相應的，不可能不相應；所以我說他們的無上瑜伽（無上相應）的法門命名，還眞的命得好。如果以後有人跟你談到無上瑜伽，你就跟他講：「無上瑜伽的意思叫作無上相應，密宗這個無上相應是跟什麼無上相應呢？你得要弄明白呵！」你就先對他吊個胃口，他回去想了幾天：「他好像不認同欸！但是又說得好奇怪。」心裡面起了疑，哪一天找上了你，你就為他說明：「密宗這個無上相應命名很正確，但是你不知道它究竟是跟什麼東西無上相應，我告訴你：它跟阿鼻地獄無上相應。」他如果聽懂了，一定會嚇出一身冷汗說：「好在我沒有走進密宗裡面去。」所以這樣看來，無上道、有上道、有下道、無下道都講清楚了，而密宗那個無上瑜伽正好就是無下道，因為沒有別的法能夠比它更低下了。

這個「無上道」講完了，接著還有一個「最末後身」。諸位常常會讀到經論上有講到後身菩薩，或者稱為最後身菩薩，其實就是一生補處菩薩。如果說無量世以來，這一世剛剛修行大乘法進入初心位，當然不能叫作最後身菩薩，要叫作初學菩薩、新學菩薩。「最末後身」就是說，他下一世要來人間下生成佛了，這就是最後身菩薩。譬如說住在兜率陀天，正在等候人間成佛的因緣成熟，這樣的菩薩就是「最末後身」。也就是說，他等待來人間取得這一個色身時，是最後一次的菩薩身。修學菩薩道三大阿僧祇劫，當然會有無量的菩薩身，一世又一世不斷地受生；但是總是會漸漸轉進而到達最後身菩薩位，也就是已經成為妙覺位的菩薩了。

他已經在等覺位把「百劫修相好」的功課全部完成了，是在前一尊佛的正法中出家而被預記於當來下生成佛的人，然後往生兜率陀天為諸菩薩說法，住持正法，接著就是觀察人間何時法緣成熟的事了。若要嚴格的說，在兜率天等候下生人間之前的人間妙覺位之身，雖然已經是一生補處，但還不是最後身，只是在 佛陀座下被授記為當來下生成佛的一生補處。這位當來下生成佛的菩薩，譬如 彌勒菩薩在 佛陀住世的時候，還沒有捨壽往生去兜率陀天，那還不是最後身；就是捨壽了以後，生到兜率陀天正在等待人間降生成佛的時節因緣，這樣住在兜率陀天，才是最後身菩薩。只有最後身菩薩下生人間證悟了，才能夠說是成佛，如果不是最後身菩薩開悟了，永遠都不可能是佛。

我們在很早期弘法的時候，有極少數的同修認為自在居士講的才對：「一悟就成佛，講悟後起修的人就是還沒有悟。」因此他們當時認為咱們悟錯了，所以他們就退轉而改信自在居士弘傳的月溪法師意識境界去了。且不說自在居士到底悟了沒，單說他自己悟了以後有沒有佛地的功德？這是可以自我檢驗的。如果自我檢驗以後還沒有佛地功德，那就不是成佛，當然就得檢查所悟對或錯，這一定要檢查。所以我當年從經典上去檢查的結果，發覺所悟並沒有錯，確實是證悟了；但問題是，為什麼悟了卻還沒有成佛？那時沒有人可以為我開解，因為大師們既沒有悟，也沒有眼見佛性，當然也沒有斷我見，有誰能為我開解？這就好像說，大學教授要拜託幼稚園的小朋友幫他解惑釋疑，當然是不可能的事；所以我就從經論裡面一直去探討，才終於弄清楚：因為我證悟時並不是最後身菩薩，所以我悟了當然不會是佛。所以只有最後身菩薩悟了以後才可能成佛。那麼不管誰證悟了以後，一定要檢查自己是不是以最後身菩薩位來開悟的。如果不是最後身菩薩位來開悟，絕對不可能成佛，這一點也是大家所應該要瞭解的。

最後說：「舍利廣流布，天人普供養。」意思是說，諸佛通常是以碎身舍利流布於世間，通常不以一個肉身舍利來存在世間；因爲肉身舍利只能有一個道場獲得，而且肉身舍利沒有辦法變成二個、三個、五個、十個。那麼，碎身舍利就可以讓很多人在 佛陀身上種福田修集福德，所以諸佛原則上會以碎身舍利流布於世間，在天上、在人間、在龍宮，讓很多的有緣者請得而供養碎身舍利，這也是修集福德的一個好方法。爲了讓很多人都有因緣可以修集福德，所以通常諸佛以碎身舍利來廣作流布。

那麼，最後二句就是勸慰舍利弗尊者說：「這未來的華光如來也就是現在的你，所以你應該在自心裡面很歡欣而自我慶慰。」話是說給舍利弗聽，其實是同時鼓舞大眾。譬如我們同修會，如果從六、七年前開始，一直到未來我捨報爲止，一直都不可能有人眼見佛性，諸位會怎麼想，大約是想：「啊！我們眞的很差啦！都沒希望啦！所以大家都不用再努力了。」對不對？大家都想：「你看，三十年了也沒有人見性，四十年後也沒有，大家都不可能見性的啦！」是不是會這樣想？一定會這樣想啊！所以我們還是要設法再幫助一些人，看有沒有辦法再多一些人可以眼見佛性，那麼這就鼓舞了大家。可是有人求見性的報名表遞出去，老是沒有錄取。沒有錄取，就要去檢討爲什麼不會被錄取？要自我檢討啊！能夠檢討就會進步，有進步，不斷地進步，有一天因緣就會成熟。這樣，如果每隔二、三年就能有一個人看見佛性了，大家心裡面就想說：「原來我們還是有希望的，我拚拚看，也許我也有這個希望。」

佛陀這二句話就是這個意思：「未來的華光如來就是你，所以你舍利弗『宜應自欣慶』。」其他的大眾聽了就說：「原來我們也有希望成佛，所以我們大家也應該要努力。」那就不會懈怠了，這就是諸佛的方便善巧之一。諸位成佛的時候，這一套也要會用；要不然，你的正法時期就會縮短，像法時期也會更縮短。諸位就把這個印象種在你的心中，未來世你就會記得，就會突然想起來：應該如此。接下來，大眾如何反應呢？

經文：【爾時四部眾比丘、比丘尼、優婆塞、優婆夷，天、龍、夜叉、乾闥婆、阿修羅、迦樓羅、緊那羅、摩睺羅伽等大眾，見舍利弗於佛前受阿

耨多羅三藐三菩提記，心大歡喜，踊躍無量，各各脫身所著上衣、以供養佛。釋提桓因、梵天王等與無數天子，亦以天妙衣、天曼陀羅華、摩訶曼陀羅華等，供養於佛；所散天衣，住虛空中而自迴轉；諸天伎樂百千萬種，於虛空中一時俱作，雨衆天華而作是言：「佛昔於波羅奈初轉法輪，今乃復轉無上最大法輪。」爾時諸天子欲重宣此義，而說偈言：

昔於波羅奈，轉四諦法輪，分別說諸法，五衆之生滅。
今復轉最妙，無上大法輪；是法甚深奧，少有能信者。
我等從昔來，數聞世尊說；未曾聞如是，深妙之上法；
世尊說是法，我等皆隨喜。
大智舍利弗，今得受尊記，我等亦如是，必當得作佛。
於一切世間，最尊無有上；佛道叵思議，方便隨宜說。
我所有福業，今世若過世，及見佛功德，盡迴向佛道。

語譯：【這時四部衆，也就是比丘、比丘尼、優婆塞、優婆夷，就是在家二衆、出家二衆；以及諸天的天人天主、龍、夜叉、乾闥婆、阿修羅，迦樓羅就是金翅鳥，緊那羅是歌神，摩睺羅伽就是大蟒神，這一些大衆看見了舍利弗在佛前領受了無上正等正覺的授記，所以大眾心中大大地歡喜了起來，歡喜到踴躍起來，因此每一個人都把身上所穿的上衣——最好的衣服，脫下來供養釋迦牟尼佛。忉利天的天主釋提桓因，以及初禪天的天王等等與無數的天子，也各各都以天界所穿的妙衣和天上的紅花、大紅花等等，來供養於釋迦牟尼佛；而他們從天上所散下來供養的天衣就住在虛空中，在天上迴轉而沒有立刻掉到地上來；這時候諸天以各種音樂——百千萬種的音樂，在虛空中同時演奏了起來，並且又散布各種天華而這樣子說著：「釋迦牟尼佛往昔於波羅奈鹿野苑初轉法輪，今天竟然又轉無上最大的法輪。」這時諸天天子想要重新宣示這樣的道理，所以就這樣子說偈：

以前在波羅奈國鹿野苑中，運轉了四聖諦的法輪，為五比丘分別及演說種種法，開示五趣眾生的生滅無常。

今天又重新再來運轉最勝妙的，無人能超越的無上大法輪；這個無分別法無比深奧，很少有人能相信它。

我等眾人自從往昔以來，再三聽聞世尊說法；但不曾聽聞過像今天所說的，這樣甚深微妙的無上法；今天世尊演說這樣的無上妙法，我們諸天打從心中就跟著歡喜起來。

大智慧的舍利弗，今天能夠得到世尊的無上正等正覺印記，我們這些人當然也是像舍利弗一樣，未來也一定會作佛。

成佛之後在一切世間之中，是最珍貴而沒有人能超越的；佛道是非常難以想像和說明的，而世尊用種種方便善巧隨順著眾生的根基而便宜演說。

我們大眾所修集的所有福德善業，不論是今世所修集的、或是過去世所修集的，以及今天見佛聞法的功德，全部都迴向成佛之道。】

講義：世尊開示完了，諸位也可以設身處地想一下：假使你當時也在場，而你的證量跟舍利弗相當，跟他是師兄弟，這樣來體會就能體會出來了。

四部之眾，就好像我們今天一樣，比丘、比丘尼、優婆塞、優婆夷，這就是四部眾。可是諸佛說法並不是只有人類聽聞，同時也有諸天、天龍以及四王天的夜叉、天界的樂神、阿修羅、金翅鳥等等，同時也在當場聞法。當大家看見了舍利弗被 釋迦如來授記將來何時成佛的景況，心裡面想：「舍利弗有分，我們也有分啊！」譬如兄弟姊妹大家都在，父親從房間裡面出來，拿著一大盒糖果，他取了其中一顆給某一個兄弟姊妹，其他兄弟姊妹當然就知道說：「我們也會拿得到。」因爲又不是只有一顆，而父親的子女又不是只有一個人，當然是大家都會有。

如果是忤逆、不孝、不信，當然就沒分了！那是什麼人？那五千聲聞當然就沒分了。他們不聽父親的話就走了，父親都還沒開口，他們就走了，當然不給他們了。大家都留下來等著父親開口，當然就一定有分。這些人也是一樣，所以心大歡喜，踴躍無量，歡喜到踴躍。踴躍，你們有沒有看過？也許你們難以想像，不過你們可以從新聞報導裡面看得到，比如某某大明星來的時候，有一些少年少女不是就歡喜得在那邊跳躍嗎？這叫作踴躍。所以，踴躍就表示說他歡喜到無以復加；但這裡說的，不但是踴躍，而且是無量的踴躍。

想想看，假使你已經修到一個層次，跟你同一個層次的同修正在被授記成佛，你心裡面不是暗喜「我也會被授記」了？對不對？一定的嘛！這時心中那個歡喜要怎麼形容？當然是很踴躍啊！而且不可能才剛剛歡喜一下，幾個剎那就不見了，所以叫作「踴躍無量」。但是你可別想說：「這個跟我無關啦！」別這樣想，絕對不會無關，只是什麼時候輪到你被授記而已；因爲你既然進了內門，你就一定會在未來被授記。什麼時候被授記？當你成為大阿羅漢而迴心向大的時候，你一定可以取證初地；只要你眞的有精進努力，那就會成為初地菩薩。進入初地的時候就是被授記的時候，因為你未來成佛的時程與內涵已經確定。也有一些人，雖然尚未能入地，但由於證悟後心得決定，具有勇猛心，未來成佛的歷程也已經確定了，也會被授記。

那麼，諸位有沒有聯想到什麼？有沒有？都沒有嗎？有了呵！對啊！應該有。彌勒菩薩下生成佛的時候，你會不會成為大阿羅漢？會嘛！要有信心吶！怎麼只有一個人有信心呢？你會成為大阿羅漢，當你成為大阿羅漢的時候，那時龍華樹下聲聞法的說法三會，度了很多的阿羅漢，那都是九十幾億、九十幾億的人，每一會都是九十幾億人。想想看，第一會時你不在裡面，第二會時也不在裡面，第三會總有吧！每一次法會都九十幾億人成阿羅漢。好啊！那龍華三會過去了，你們屆時應該成為大阿羅漢了；接著就是轉無上法輪，就是要宣講佛菩提了，當然就會講般若，後面也會講唯識一切種智。那時候，你們努力跟著學就對了，到第三轉法輪說完妙法了，那時你至少是初地；可是如果以凡夫而繼續修行到那個時候，那時是以凡夫去成為阿羅漢，那可就不一定了，因爲不是大阿羅漢。瞭解這個意思嗎？也就是說，在　彌勒菩薩下生成佛之前，你就要先進入佛菩提的內門開始修六度了，不能繼續在凡夫位修習佛法而去到那個時候成阿羅漢，這樣才是叫作「善學菩薩道」，因爲不是成爲阿羅漢就一定能成爲初地菩薩，初地菩薩跟一般阿羅漢的距離是很遙遠的。所以當務之急就是趕快進入內門修菩薩六度，不要像那一些人繼續在外門繞。這樣把基礎打好，那時候成爲大阿羅漢，然後繼續進修就會被授記了，這樣快不快？這樣才快啊！

所以，不要想著說：「我要去極樂世界享福。」在那邊享福，人家這裡已經到了二地、三地去了，他還沒有入地。去那邊要有一個心態，就是這裡正法已經滅了，正法不存在了。當正法消滅而不存在了，咱們去哪裡？跟這一些五濁惡世眾生廝混嗎？當然不啊！我們可以去極樂世界留學，留學一段時間有能力了，憑自己的能力回來兜率陀天來跟隨　彌勒菩薩，就自己去作取捨。但是，一定要這一世先轉入內門去學，不要老是在外門轉。你已經先在佛菩提上面如實努力過一段很長的時間，因爲等到　彌勒菩薩下來成佛，五億七千六百萬年這些時間你繼續努力，然後也許過了十住位，也許過了十行位等等，到時候在龍華三會中成爲大阿羅漢了，彌勒尊佛再爲你說了般若種智，你不入初地也難吶！這樣才是最快速的成佛之道。

如果要像會外那些人那樣慢慢去混的話，老是無法證悟而不能進入內門廣修六度萬行，當然一定要三大無量數劫才能成佛。但那個無量數劫—阿僧祇劫—是可伸縮的，就是長劫入短劫或短劫入長劫的課題。如果像他們那樣混，無量數就會一直是無量數，一直延伸出去，越伸越長。你如果懂得如何努力，那個無量數——阿僧祇劫，就會縮短，這都看各人。但是這個道理沒有人懂，諸位今天要懂。若是以前沒有聽過這個說法，今天聽過了，回去時你可以去思惟、去檢查我說的是不是如實。你去思惟、去檢查以後，證明這是如實語時，會發覺今天晚上聽經這一趟來回，何止值回車票之價？這樣就懂得如何更精進努力，把長劫化入短劫中完成。

接下來說波羅奈初轉法輪。波羅奈初轉法輪是依建立僧眾而說的，也就是初次建立僧團，那時候還是聲聞僧團。然而，其實在聲聞僧團建立之前，就已經有優婆塞存在了，而且菩薩僧團是更早就存在了。也就是說，往世追隨 釋迦世尊修行的菩薩們，距離 釋迦世尊的證境是不會很遠的，這一些人有等覺、有妙覺，但是也有十地、九地、八地、初地等等，這些人是在 釋迦如來下生人間之前，他們就先來受生，已經把外在環境準備好了，就等 釋迦如來示現成佛，所以實際上菩薩僧團是早就暗中存在的，因爲菩薩不像聲聞四果聖者住在人間只有一世。

諸位也可以發覺到：菩薩戒不是只有一世受，而聲聞戒永遠只有一世受。聲聞戒是盡形壽受，形壽盡了戒體就不存在了。這表示什麼？這表示菩薩是生生世世跟著 釋迦如來修行，所以當 釋迦如來成佛時，這些菩薩一定同時會來人間等著的。菩薩既然來了，當然 釋迦如來成佛的時候，諸地菩薩組成的菩薩僧團就同時成立了，因爲他們一定會隨即前來 佛前報到，這是一定的道理。有沒有誰看見 文殊、維摩詰、觀世音、華德、藥王⋯⋯等大菩薩，是在何時由世尊爲他們說法以後開悟的？他們都是無數劫前就已是大菩薩了，也有人是成佛以後倒駕慈航前來助 佛弘法的，當然 世尊示現成佛時，他們前來報到就已經有菩薩僧團了。只有不懂佛法的人才會說：僧團是在五比丘成阿羅漢的時候初次建立。其實那只是一個示現的表相，而且那個初次建立只是聲聞僧團，不是指菩薩僧團。難道 釋迦如來成佛的時候，文殊師利菩薩等等聖眾都還沒有開悟嗎？觀世音、彌勒……等大菩薩眾都還沒有悟嗎？難道他們是從凡夫位中一悟就變成等覺、妙覺了嗎？不可能嘛！可是大眾都沒有想過這個問題，今天我還是得要講給大眾聽。

所以「**昔於波羅奈，轉四諦法輪，分別說諸法，五眾之生滅。**」講的當然是聲聞菩提。所以，聽聞 世尊說法的五比丘當時不是成為菩薩，只是成為阿羅漢。成為阿羅漢，當然就是聲聞僧團。但是 文殊、普賢、大慧等等菩薩，都是在他們成為阿羅漢之前就已經開悟了，就已經先來人間等待 佛陀了；所以 佛陀一成佛，菩薩僧團就已經成立了。不能夠說大乘法是後來才出現的，如果大乘法是後來由聲聞部派佛教演變出來的，那就表示說：「**那些阿羅漢們不是阿羅漢，也顯示佛陀沒有講過大乘法，阿羅漢們智慧反而比佛陀好，竟然可以講出更勝妙的大乘法來。**」聽了那些人這樣講的時候，我們只好質問他們：「**豈有此理！**」不然你還能講什麼？因為他們根本聽不進去。而你說的正理，他們也聽不懂，其奈他何！遇到那些人，只能唱台灣那一首民謠：「**三聲無奈！**」以外你還能說什麼？所以，這個時候所建立的僧團只是聲聞僧團，但是菩薩僧團需要建立嗎？不需要，因為菩薩們早都先來布局了，等釋迦如來一成佛，大家就來報到，菩薩僧團當場就存在了。

所以，從世間凡夫的立場、從聲聞人的立場，才說當時在波羅奈國鹿野苑中轉四諦法輪建立僧團；而那時所講的不是佛菩提，那叫作聲聞菩提。所以，聲聞菩提不談到實相法界的內涵，講的是「五眾之生滅」，就是五趣眾生都是生滅的，就是在講二乘菩提說的人無我。然後，接著宣說般若、宣說一切種智，都屬於法無我；到最後把大眾所不知道的諸佛的事相拿出來宣講，就是《妙法蓮華經》，所以才說：「今復轉最妙，無上大法輪。」但是這個道理太深奧了，沒有眞正進入到佛菩提中而且很深入去實證的人，沒有辦法信受的。

假使我是一開始就講這部《法華經》，你們聽了也不會相信。絕對不會信，一定會說：「哎呀！這蕭老師在講天方夜譚。」可是經過這二十年，我們把很多的法義鋪陳出來以後，諸位已經證實是如此，並且從明心、從見性、從悟後進修各種智慧而得到的那些整體現觀來說，我今天講了這個道理，諸位就會相信，否則是很難相信的。當然，假使只是依文解義，諸位馬上就信了。可是，這裡面隱藏著的眞正道理如果不講，以後還有誰會來講呢？恐怕機會不大，所以我必須要把這部經中許多隱藏著的眞實道理講出來，而這樣的道理確實是：「是法甚深奧，少有能信者。」

並且，這些四眾以及天眾們自己也承認了：「我們從往昔以來不斷地聽聞世尊說法，不曾聽到世尊像現在宣講這樣深妙的無上法。」因爲諸佛的這一些事情不會一開始就說，大家都不可能信受的；一定先把各種法義教給大家以後，到了入滅之前的那一段時間，大家智慧都很好、證量都很高了，才有可能說明。而大家修到這個地步，已經都完全信受了，所以聽到 世尊演說這些法的時候，當然大家就表示說：「我等皆隨喜。」因爲這是求之不得的機會，也因爲舍利弗被授記成佛，大家想：「我們跟著也要被授記了。」爲什麼不信？天下哪有那種傻瓜？

所以諸位也就期待著，未來世你們一定會被 彌勒尊佛授記成佛的。但是我有條件，不要把我講的前提給砍了，到時候卻說：「欸！蕭平實！你那時候說我們會被授記，可是今天我沒有被授記欸！」不要怪我！我講的是說，你要趕快進入內門，趕快進入到十住位、十行位去，那時候遇到 彌勒菩薩成佛的時候說完佛菩提道，你已經入地了，在最後宣講《法華經》時，你當然要被授記成佛。我有這個前提，你如果一直都不肯進入內門廣修六度萬行，悟後就懈怠而不精進了，到時候別跟我抱怨，我會回你這個前提的。今天講到這裡。

我們已經開始電視弘法的工作了，今天在佛教台上看到我們正覺電視弘法的第二集，因爲昨天我忘了，沒看到第一集，很可惜！我們會有很多位親教師上去說法，對於電視台來講，他們會覺得奇怪：「你們爲何有這麼多人上來講？」我們跟那些寺院法師們不一樣，他們是一個寺院只有一個人上去講，我們是每一個講堂就會有好幾位親教師上去說法。台北三個講堂有幾位，新竹、桃園等等也一樣，每一個講堂都會有好幾位。遺憾的是，沒有辦法讓每一位都上場說法。這意思是說，我們正覺有一個教團，而不是由單獨一個人來弘法的，所以我們就是有很多位老師上去電視說法。那麼，這跟一般的道場，是每一個道場只有一位弘法師能說法，是完全不一樣的。

我的想法是所有老師能夠全部上場說法最好，可是這一集某甲老師講，第二集就換某乙老師講，恐怕人家都沒印象了；所以目前大概就是十位左右上去說法，每一位可以講五、六集。以後看狀況怎麼樣再說。同時也要考慮有些老師的身分不方便公開，因爲身分特殊；有的老師則是沒時間，有的老師卻是剛剛接任親教師，自己也覺得不適合，所以有很多的考量，目前就是大概十位左右先上去電視說法。但是今天我已經開始洗耳恭聽、恭視了。我從頭看到尾，每天都會從頭看到尾，欣賞我們這些老師們的成績。

這是題外話，那麼回到《妙法蓮華經》來。上一週講到三十五頁的重頌，第一段已經說完了，今天要從重頌的第二段開始，要從「大智舍利弗」這裡開始，到最後一句「盡迴向佛道」。

「大智舍利弗，今得受尊記，我等亦如是，必當得作佛。」這是說當時與聞《妙法蓮華經》重要法會的諸天天子，他們表達了對《法華經》的讚歎之後，最後重說了這首頌。在這首頌的後半段中說：「大智慧的舍利弗菩薩，如今已經得到無上至尊的授記了，我們這一些跟隨著菩薩們從佛修學而證悟的天子們，也一樣會像大智慧的舍利弗尊者被世尊所授記，也自信將來必定可以作佛。」

諸位想想，這些天子們在　佛前宣稱自己將來也可以作佛；假使還沒有進到正覺同修會之前，或者進了同修會之後還沒有明心，你可能會想：「這些天子們好大膽，竟然敢在佛前說自己將來也會作佛。」在末法時代的佛教界，有三類人、兩種極端。三類人，是說最極端最有自信的人，是以凡夫之身而宣稱他已經成佛了；不是將來會作佛，而是宣稱現在已經成佛；但其實都是凡夫，因爲我見具足存在，連聲聞初果都沒有證得。第二類人不極端，這就是大部分的佛教徒，安分守己，從來不曾想過自己可以證得聲聞初果，更別說開悟明心成爲菩薩摩訶薩；這第二類人是最多數，全都安分守己；如果你告訴他說：「你也可以開悟。」他有可能會像以前那個布袋戲在演出的，一聽到某一個大俠名號以後就「蹬、蹬、蹬」驚嚇到立即退後三步。（大眾笑…）有沒有？對，這是一般的佛教徒，大都是這樣。你說：「你將來一定會開悟。」他就嚇一跳而倒退三步，這是絕大多數的佛教徒，安分守己，該護持正法就護持，該努力修行就努力修行，從來不起非分之想。但他們的過失就是根器太小，老是長他人威風、滅自己志氣。另外一種人是不管你怎麼說，他的想法是：「我三大阿僧祇劫以後還是個凡夫，只要不下墮地獄就行了。」這就是另一個極端。

所以一般人看到經中說，這些天子們竟然敢在　佛陀面前宣稱自己將來也可以作佛，這眞的是膽大包天；因爲他們已經是天了，這時當然要說他們的膽子比天還要大。然而我們不必這麼想，因爲實際上，作佛是每一個人必經之路，也是最後必然的歸宿，除非是定性聲聞。即使是一神教的上帝或者天魔波旬，將來也是要走上這一條路；只是遲走與早走的差別而已，無不是要走上這一條路的。即使下墮了阿鼻地獄以後，未來無量世也都還是如此。問題只是想通了沒有？假使有一天想通了，知道說「原來佛法才是最究竟的」，而佛法實修的最後果報就是成佛，所以最後還是要走上這一條路，那當然最後一定也會成佛，問題只是時間遲與早的差別。所以這些天子們既然明心證悟了，而且看到舍利弗尊者都被授記了，當然知道自己一定也會被授記，只有時間早晚的差別；所以他們當然有信心，在 佛前宣稱自己未來也可以作佛。

「於一切世間，最尊無有上；佛道叵思議，方便隨宜說。我所有福業，今世若過世，及見佛功德，盡迴向佛道。」這些天子們接著又讚歎說：「於一切的世間，不管是三惡道世間、人道世間、修羅道、天道的世間，也不論是三界十方的所有世間，最尊貴的、至高無上的境界，就是諸佛的境界；然而如何成就佛道，這個修行的法門是很難以思量和討論的，所以說『佛道叵思議』，」也許諸位今天覺得說：「佛道沒有什麼難思議的啊！就是十信位修集對大乘三寶的信心，修集四不壞信；十住位的前六位中是外門廣修六度萬行，然後資糧具足了，加行之後見道就進入第七住位，繼續進修到十住位眼見佛性，然後十行、十迴向、十地、等覺、妙覺就成佛了，這個次第我們都瞭解，有什麼難思議的？」

可是諸位別忘了，來到正覺之前，大眾不都是一樣渺渺茫茫的嗎？大家都說：「佛法三藏十二部經，浩瀚猶如煙海，無從下手啊！」還記得嗎？因爲以前學佛二十年、三十年之後，對佛法如何實證，內涵與次第是什麼，都還是渺渺茫茫啊！然後又看見佛教有這麼多的宗派，禪宗是禪宗，天台宗是天台宗，賢首宗是賢首宗，三論宗又是三論宗；這麼多的宗派，到底互相的關聯是如何呢？沒有人弄懂欸！來到正覺之前對於佛菩提道也是朦朦朧朧的。後來終於讀到正覺的書了，才知道原來各宗有各宗的定位，也有它的層次淺深廣狹差別，才終於弄清楚了。弄清楚了，在正覺裡面共修以後又證得如來藏了，然後知道佛道應該如何次第進修了，這時候才覺得佛道可思議，以前可眞的是「叵思議」，無從去瞭解。

但是自從瞭解了以後，從實證如來藏所得的般若智慧來看待佛菩提道的時候，才知道佛菩提道眞的很難說明。想想看，明心後所得的智慧已經能對三乘菩提有所理解，可是單單爲一般人宣說斷我見的內涵時，就已經很困難了；你如果要爲人解說阿羅漢所不懂的開悟明心的境界，要如何說起呢？衆生還眞的很難理解了義佛法啊！所以進正覺剛開始修學時，會覺得：「哎呀！這佛法容易啊！沒什麼難懂啦！」但是後來證悟了，在增上班進修了幾年以後，發覺自己跟一般的佛教徒距離越來越遠，越來越難以說得上話。因爲你所講的，自己認爲是理所當然，覺得是很淺的法，可是他們完全聽不懂。你一定會發覺到這一點，所以最後你當然還是要相信「佛道叵思議」。

就像我這一世剛出來弘法時也是一樣，我認爲佛法的實證就這麼簡單，爲什麼大家都不懂？所以剛開始主持共修的時候，我想：「這明心是很簡單的事情，眼見佛性也是很簡單的事情。」因此一開始共修時，就直接講參禪的事；可是發覺講到後來大家都一臉茫然，我不得不暫停，不講禪了，回頭來講無相念佛、作功夫。我自己帶出來的人都如此了，何況外面的佛弟子只憑著讀我的幾本書，當然是更難理解，所以佛道確實難可思議。這樣難思議的佛道，既然 世尊來人間示現成佛了，當然一定要講，不可以沒有把佛道講完就示現入涅槃。既然一定要講，該怎麼說呢？當然得要施設種種權巧方便，然後觀察眾生的根器而作各種便宜的說法，這也是不得不然。也因爲這個緣故，所以我們正覺首次在佛法電視台上說法，就得要作一個總體的介紹，因此才要宣講三乘菩提，讓大家對三乘菩提有一個概念，這樣才能夠實際上獲得聞法的利益。

都因爲佛法就是這麼難理解，所以弘揚了義究竟的正法就非常困難。我有一位哥哥，他跟我講過幾次：「你這些書爲什麼要寫這麼深？你不能寫淺一點讓人家一讀就懂嗎？」我也無可奈何，我說：「我已經寫得夠白、夠淺了。」問題是出在哪裡？就是出在了義佛法太難理解了。可以說，有佛教史以來，沒有人像我寫到這麼淺白的，你們看那些祖師大德們的註解，都是寥寥幾句就把許多重要的法義解釋完了，然後大家讀了等於沒讀，事實就是這樣啊！如今我已經寫得夠白，講得夠詳細了，可是仍然有人讀不懂，所以有些自以爲悟的人就說：「那簡單的一個佛法名相，被蕭平實註解了二十幾頁以後，我們讀起來反而更不懂。」（大眾笑…）何以至此？因為對方的層次差太多了！我既然能夠用二十幾頁來解釋那一個佛法名詞，就表示已經講得很詳細、很淺白了，可是為什麼他還是讀不懂？是因為那個法義太深奧了。

可是等你證得如來藏以後，你再來讀的時候，你會發覺：「哎呀！這蕭老師講得太淺白了。」以前讀了祖師大德的註解都還是不懂，現在悟後一看，二十幾頁一會兒讀完了說：「喔！原來如此。」而且可以一面讀、一面現觀。為什麼以前祖師大德註解的，你會讀不懂呢？因為那些註解的祖師大德往往自己也沒有悟，問題就出在這裡。所以你看《楞伽經》，好像有二種或三種註解，在《大正藏》裡面就有，可是我讀後很失望，就不參考它們；那些註解，總是才幾段就註解錯了，那我還參考它們作什麼呢？就不要參考了，乾脆自己來註解。可是我註解了以後，十幾年後的現在來看，我又後悔了，因為那時候不應該用那種接近文言文的筆法來註解，應該用白話文來註解才對。所以後來有人建議說：「老師！你是不是要重新再註解一遍？」我說：「那是不是要叫作《楞伽經詳解註》？」（大眾笑…）而且現在也沒有那個時間了，現在要忙的事情很多，所以後悔歸後悔，也許等未來世沒事作的時候，我再來寫個《楞伽經詳解註》，大概就只能這樣了。

這意思就是說，佛菩提道確實很難理解，不是三言兩語能夠講得清楚的。因此，諸佛來到五濁惡世宣揚佛菩提道，一定要施設種種善巧方便，然後觀察眾生的根器，隨順眾生的根器而作種種的便宜說法，否則無法宣揚。那麼，這一些天子們當然也知道確實是如此，因爲他們證悟後也已經修學很久了，所以看到大智舍利弗被 世尊授記以後，讚歎完了最後就作一個迴向：

「我們這一些天子們所有護持正法、修學正法的福德善業，這一切的淨業與福業，不但是今世的，包括過去世的以及過往無量世以來，乃至這一世見佛供養的一切功德，全部都迴向未來成就佛菩提道。」

這表示說，證悟之後一定要有迴向行，如果沒有迴向行，就不可能入地；不能入地就不太可能被授記成佛，授記成佛往往是入地後的事。可是要迴向時，到底是該迴向什麼？那就有十個層次的差別了，所以稱爲十迴向位。那麼這個十迴向位，我們這裡就不說，因爲不是《法華經》中的主題，諸位繼續閱讀隨後出版的《楞嚴經講記》，在後面就會講到。那麼，要把一切的福業、淨業、善業全部迴向佛菩提道的成就，總該先有一切的福行、善行與淨行吧？一定要有佛菩提道中這十個階段的努力實行，才有值得迴向的福業，所以還是得要先有十行位中的十行，然後才能到十迴向位；十迴向滿心了才能入地，往往是那時候才會被 世尊作出很明確的授記。然而，這些都不是定性阿羅漢之所能知，得要像舍利弗、須菩提、迦旃延、目犍連等等，迴心大乘而證悟之後入了地，才可能被很明確地授記。然而，要廣修十行之前，得要先有十住位的功德，可是要進修十住位的功德之前先要具信；也就是說，諸佛常住、法界常住、勝義僧常住、大乘法戒常住，這個信心必須建立。

如果不信有常住法，心裡面想：「佛入滅了就是灰飛煙滅了，什麼都不在了。」如果是這樣想，那表示他對三寶的信心還不具足。對佛不具信，對了義佛法就不具信了，所以當他聽到有人舉證經中的說法：「有常住法、本住法，是無分別法；法爾如是，恆恆時、常常時，如是如是不生不滅。」他聽了不信受，這就是對法不具信。然後聽說 文殊、普賢在佛世如何如何，他想：「文殊、普賢都是後人編造出來的，你還信呵？」這表示他對勝義僧也不具信。既然對大乘三寶都不具信，他如何能實修呢？當然不可能實修十住位的種種功德。

所以佛法有前後的次第性，這個次第性必須了知，證悟後才能夠進入通達位而成爲初地心的菩薩。如果這個部分不能了知，表示他對見道的內涵還不曾通達，那就不可能入地。我說句比較明白的話好了：入地不單如此，還得要先知道十地之道；也就是說，在通達位時是要瞭解如何次第到達佛地的，那才叫作眞的通達位。所以這些天子既然敢說：「我等亦如是，必當得作佛。」而且是在 佛前講的，這表示他們已經在十迴向位圓滿了。可是我今天這個說法，如果在二十年前就先說了，一定會被人家叮得滿頭包，因爲當時沒有人會信受。但是今天諸位一步一步走過來，有許多人明心，有人斷我見證初果，有一些人眼見佛性，也有人已經超過第十住位了，就這樣走過來以後可就相信了。因爲我從出來說法以來，二十年不曾打過誑語；我說的都是如實可證的，所以現在可以講這些道理了。那麼，這些天人這樣把所有功德迴向佛菩提道之後，接著舍利弗尊者聽到這麼讚歎，他怎麼說呢？

經文：【爾時舍利弗白佛言：「世尊！我今無復疑悔，親於佛前得受阿耨多羅三藐三菩提記。是諸千二百心自在者，昔住學地，佛常教化言：『我法能

離生老病死，究竟涅槃。』是學、無學人，亦各自以離我見及有無見等，謂得涅槃；而今於世尊前，聞所未聞皆墮疑惑。善哉！世尊！願為四眾說其因緣，令離疑悔。」】

講義：當這些天子們說完了重頌以後，舍利弗尊者當然馬上想到，有許多人不懂今天世尊為大家宣說的這些法義，到底其中的主旨是什麼？《法華經》有很多人讀過，也有很多人講過，也有很多人註解過，可是有人眞的懂《法華經》裡面在講什麼嗎？其實很少。這個問題好像很難以理解，其實不難，因為大家看這《法華經》裡面講的好像都是很淺的內涵，這些內涵大家讀了都懂，有什麼難懂的？可是諸位聽到今天，才知道原來有許多背後沒有講出來的意涵隱藏在裡面。那麼，舍利弗尊者當時自然也是想到：一般人不懂得 佛陀為什麼要說《法華經》，《法華經》所說的義理難道就只有「開、示、悟、入」四個字嗎？其實不然！我們前面講了這麼多，有許多內涵是諸位以前沒有想到過、也沒有聽過的。

語譯：【所以這時舍利弗為了那一些疑惑的人就向世尊稟白說：「世尊！我舍利弗今天不再有懷疑和悔恨了，今天親自在佛前獲得世尊授以無上正等正覺的印記。而我們這一千二百位迴心大乘而得到心自在的菩薩們，以前還在學地、還沒有證悟之時，佛陀常教化我們說：『我釋迦牟尼這個佛法能夠遠離生老病死，到達最究竟的涅槃。』當時我們這一些人或者還在有學位、或者到了無學位，當時也都各個自以爲離開了我見，也離開了有見、無見等等，都自以爲已經證得涅槃了；而今天在世尊座前，聽聞以前所不曾聽聞的這些法義以後，都墮入了種種疑惑之中。至善的世尊！希望您爲四眾解說其中的因緣，令四眾等遠離疑心和悔恨。」】

講義：舍利弗尊者這時說的當然是如實語，因爲以前這些阿羅漢們迴心大乘之後，明心了，有實相般若了，佛陀卻不曾爲他們授記，也不曾以菩薩的身分看待他們，只有對 文殊、觀世音、維摩詰等人，才用菩薩的態度看待他們。爲什麼呢？因爲 文殊、觀世音、維摩詰、彌勒，都是 世尊來降生之前，他們就隨順這個因緣次第來人間了。他們是往世很早、很早前就已經證悟了，早就是示現爲等覺、妙覺了，當然 世尊要以菩薩身分看待他們。可是舍利弗這一千二百位大阿羅漢，是這一世才成爲大阿羅漢，然後這一世才在 佛陀指導下開悟明心，但是還沒有入地之前，也因還有胎昧，或是所見還不能超過八萬大劫而不知更早以前隨 佛修學的緣故，佛陀只說他們是阿羅漢；一直到講了《法華》無分別法時，才說在因地也是以佛菩提道、用菩薩法來度化他們，而不是用聲聞、緣覺法度化他們，這時他們才終於相信原來自己也眞的是菩薩。可是有誰想像得到這些人成爲阿羅漢，然後又在 佛陀指導下開悟明心證得實相智慧以後，不敢向 佛請問說：「佛陀！我是不是菩薩？」有誰想像得到？沒有！但是，今天諸位在《法華經》中看到就是如此。

那麼，開講《法華》時也開始爲他們授記，如今舍利弗首先被授記了，就表示說，與舍利弗一樣實證了大阿羅漢位，而且迴心大乘開悟明心之後次第修學的同修們，當然同樣會被 佛陀授記。因此，他們這時候才終於瞭解，以前聽聞 世尊說「我釋迦牟尼佛的法能令人遠離生老病死，可以究竟涅槃而無所遺餘」，那時自己對 世尊的說法自以爲知，如今才知道原來是一場誤會。怎麼誤會呢？以前以爲證得有餘涅槃、無餘涅槃就是究竟了，這是因爲大家都想：「無餘涅槃是捨盡十八界，把蘊處界全部盡捨而成爲涅槃以後，那大家不都一樣嗎？」對啊！「諸佛如果入無餘涅槃，也是和大阿羅漢們一樣啊！也是盡捨蘊處界全部啊！菩薩們也是如此，就表示我們阿羅漢們證得的涅槃也是究竟的。」可是，到了今天才發覺不是這麼一回事。

可是，大多數人並不瞭解這個道理，近代佛教界第一次有人講出這個道理，就是十幾年前《邪見與佛法》剛出版的時候。我那時候不是講嗎：「阿羅漢沒有證得涅槃。」我也解說了那個道理：因爲阿羅漢把蘊處界滅盡以後，剩下的是第八識如來藏，如來藏獨存就是無餘涅槃，蘊處界都滅盡了。但是問題來了，阿羅漢並沒有證得如來藏，生前對第八識的所在迴然無知，也不知第八識的自性，而他將來捨報時滅盡蘊處界入了無餘涅槃以後，他們阿羅漢已經不在了，結果還是不知道如來藏在哪裡，所以如來藏獨住的無餘涅槃境界，他們當然一樣不知道。

因此我在《邪見與佛法》中說：「阿羅漢沒有證得涅槃。」那時大陸有人讀了就說：「原來有這麼好的佛書，學佛二十年以來都不知道的佛法現在知道了，以前那一些疑惑一掃而光。哇！這本書太棒了！」趕快印，當然我們不說他盜版，因爲他們印了以後也曾跟我報備了，而我那本書也是結緣書，無所謂版權，本來就公開的。他們就廣寄各寺院，結果當時有一些寺院僧眾才剛一讀：「啊！阿羅漢沒有證涅槃？這邪魔外道！」全部收起來燒掉，公開焚燒。可是，今天《法華經》也是這麼說，不但如此，我後來在《百論》讀到的也是這麼講，也是這麼說，所以表示這不是我個人的創見，而是 佛陀曾這麼說，菩薩們也曾這麼說。

所以舍利弗等到悟了以後才知道說：「原來世尊您以前教我們證有餘涅槃、無餘涅槃，那根本就不是證涅槃，因爲有餘、無餘涅槃證得之後，捨報了是要滅盡蘊處界而只剩下如來藏獨存，那才是眞實的涅槃。我們後來明心以後確定世尊您講的不錯，可是這時候才發覺：原來究竟的涅槃是佛地的境界，我們阿羅漢所證的有餘、無餘涅槃，仍不究竟。」這時候才終於懂得說：「我們這一些人還在聲聞道的時候，不論是成阿羅漢了，或者還在三果以下的有學地，那時候聽聞世尊常常教化說：『我釋迦牟尼的法能夠令人遠離生老病死，可以究竟涅槃。』原來那時候我們都以爲自己已經證得世尊所說的究竟涅槃了，結果卻是誤會一場，不是眞的究竟涅槃，是在我們迴心大乘之後，悟了般若才開始知道什麼是涅槃，那時候才算眞的證涅槃，但還不究竟。」

這意思在告訴我們什麼？告訴我們說：很多人讀了這一段《法華經》時

根本讀不懂。也就是說，以前在聲聞法中，不論有學位或無學位，所證的涅槃都還不是眞正的涅槃，那是 世尊方便施設的涅槃。因爲阿羅漢不須要證第八識，他只要把蘊處界我斷除就行，而斷除這個世間我，當然有兩個部分：第一個部分是所見，另一個部分是執著，就是我見與我執。斷我見、我執，不須要證第八識的。那麼捨報以後，當然就是剩下他的第八識獨存，那就是無餘涅槃的境界，可是在他們生前，你問他們說：「大阿羅漢啊！請問您捨報時，把自己滅盡而入了無餘涅槃以後，那涅槃裡面是什麼？您能不能告訴我？」你這麼一問，不管那阿羅漢有多大（慧解脫不算大，那俱解脫也不算大，三明六通最大了吧），你問三明六通的大阿羅漢，他也只能瞠目結舌，因爲他沒有證得第八識。

等到後來在佛陀座下明心了，成爲眞實義菩薩以後才知道：「我現在證得眞正的涅槃了，我可以現觀自己的如來藏獨住的境界，原來那裡面無色、聲、香、味、觸、法，無色、受、想、行、識，無眼、耳、鼻、舌、身、意，無眼界乃至無意識界，原來就是《心經》所唱誦的內容。」總而言之，就是把《心經》重唱一遍就對了，那就是如來藏獨存的無餘涅槃境界。哎呀！原來無餘涅槃是那樣，終於算是證得涅槃了；因爲可以現觀無餘涅槃中的境界了，這算是親證了。可是問題來了，親證涅槃之後卻又發覺不究竟，因爲還有很多佛法都不懂，看見 佛陀這樣不斷把勝妙法演說出來，都是自己聞所未聞，才知道：原來自己迴心大乘開悟證得涅槃以後，這個涅槃還是不究竟。終於知道了，所以才會這麼說：「是學、無學人，亦各自以離我見及有無見等，謂得涅槃。」

當時確實是這樣自以爲得涅槃，如今才知道當時是自以爲得涅槃，不是眞得。所以，今天於 世尊座前聽到所未曾聞的無分別法妙義以後，這一些人當然會墮入於疑惑之中；正因爲這個緣故，所以才趕快再來讚歎 世尊說：「善哉！世尊！」聽到讚歎的時候，當然你要知道人家有所求了。世尊當然知道，不過 世尊無吝於法，所以舍利弗怎麼讚歎都無所謂，因爲都可以滿他的願。舍利弗就讚歎：「善哉！世尊！願爲四衆說其因緣，令離疑悔。」

諸位看看這一段經文很簡單，對不對？每一個字都懂，文字的意思也懂，可是其中的涵義眞的懂嗎？不懂。其中的涵義，現代佛教界有誰講過？沒有。所以不要隨便看輕某一部經典哦！因爲其中文字所說的表相，大家都可以理解，可是你如果不知道當時的狀況，就往往產生誤會。誤會以後就自以爲懂：「那《妙法蓮華經》沒什麼，我知道了。」等到眞正懂的人演講出來以後，才會知道：原來自己以前所謂的知道，就像當時的舍利弗尊者講的一樣，都是自以爲知。所以我才會勸告大家說：「最好要學孔老夫子那樣：知之爲知之，不知爲不知，是知（讀作智）也。」他雖然是個凡夫，可是他很懂得這個道理：知道了就說知道，不知道就說不知道，不要強以爲知，這樣才是有智慧的人。如果以前誰敢宣稱說：「我註解《法華經》是最勝妙的。」好了，將來咱們講完了、整理出來，人家會拿去問他：「你還以爲你是最勝妙的嗎？」那時候他該怎麼辦？當然我今天也一樣，我也不敢說我所講的最勝妙，因爲講得最勝妙的是諸佛，有誰能比諸佛講得更勝妙？沒有人能自稱他所講的最勝妙，這道理是永遠不變的。那麼，舍利弗尊者這樣請求完了以後，世尊怎麼說？

經文：【爾時佛告舍利弗：「我先不言『諸佛世尊以種種因緣、譬喻言辭方便說法，皆爲阿耨多羅三藐三菩提耶』？是諸所說，皆爲化菩薩故。然舍

利弗！今當復以譬喻更明此義，諸有智者以譬喻得解。舍利弗！若國邑聚落有大長者，其年衰邁；財富無量，多有田宅及諸僮僕。其家廣大，唯有一門；多諸人眾，一百、二百乃至五百人止住其中。堂閣朽故，牆壁隤落，柱根腐敗，梁棟傾危；周匝俱時欻然火起，焚燒舍宅；長者諸子若十、二十或至三十，在此宅中。長者見是大火從四面起，即大驚怖而作是念：『我雖能於此所燒之門安隱得出，而諸子等於火宅內樂著嬉戲，不覺不知、不驚不怖火來逼身苦痛切己，心不厭患，無求出意。』」

語譯：【佛陀聽完了舍利弗的讚歎和請求，就告訴舍利弗說：「我先前不是已經講過『諸佛世尊是以種種因緣和譬喻、加上言辭的方便來演說佛菩提道』的嗎？我先前不是講過說『我所說的這一些法，全部都是無上正等正覺』嗎？而我所說的種種法，都是爲了度化菩薩的緣故。然而舍利弗！如今應當進一步以譬喻讓大家更深入明白這裡面的道理，一切有智慧的人都可以藉著譬喻而能理解我所說的道理。舍利弗啊！如果一個國家或一個大城市中、乃至一個大聚落之中，假使住著一位大富的長者，他的年紀已經老大，色身衰老朽邁了；但是他財富無量，擁有非常多的田地以及住宅，並且宅中還有非常多的僮僕。他的家宅很廣大，但是只有一個門可以出入；這家宅裡面有非常多的眷屬和傭人，總共有一百人、二百人乃至最多的有五百人住於這個大家宅中。但因爲他富有以來已經很久了，所以宅中的廳堂樓閣已經腐朽的緣故，以致牆壁也有一些荒頽而敗落，乃至房屋支柱的根部也已經腐朽敗壞了，屋頂的梁與棟也開始傾斜而有些危險了；不幸的是，這時候這家宅周圍突然間同時有大火燒起來了，開始焚燒這一片廣大的舍宅；而這大富長者有一些孩子，因爲妻妾多了，所以可能有十個孩子、二十個或三十個孩子住在這個朽宅之中。這位大富長者已經看見大火從四個方面燒起來，快要燒到屋子裡了，因此大富長者心中大大地驚慌恐怖，然後心裡面這樣想：『我雖然能夠在這一個被大火所燒的大門之中安隱逃離出來，然而我這一些孩子們在這個火宅裡面，竟因爲火還沒有燒到內裡去，所以還在裡面耽樂執著於各種嬉戲，不曾感覺也不知道、更不懂得驚慌和恐怖即將會有大火逼迫會燒到自己的身體，苦痛是非常切身而不可愛樂的；他們因爲不知道大火已經燒起來，所以心中對屋內的享樂都不厭患，沒有想要去尋求出離這個舍宅的意思。』】

講義：世尊先作了這個提示，因為《法華》之前講的是《無量義經》，《無量義經》之前是第二轉法輪講的般若以及唯識種智之學；這些全部都是無上正等正覺之法，並不是二乘小法，所以 世尊這時又先作出這個提示：「**我先前不是講過了嗎？『這些都是無上正等正覺』。**」這就是說，舍利弗尊者是為了要讓大眾瞭解，為何 世尊今天要說《法華》以及授記。然而 世尊當然有祂的用意，所以就先提示說：「**我先前不是說了嗎？諸佛世尊在各種不同狀況的因緣之中、種種的言辭隨著眾生不同的根性而運用許多的方便來說法，而我所說的無分別法其實都是在演說無上正等正覺。**」這就是說，世尊宣講二乘菩提的本意不在宣講二乘菩提，本意就是將來要宣講佛菩提，二乘菩提只是佛菩提中的一小部分；然而佛菩提難思、難議、難解、難證，必須要先攝受眾生斷除了我見、乃至我執之後，繼續修學久了而能實證，才容易理解佛菩提。如果我見具足存在而想要證悟佛菩提，根本就沒機會；所以必須要先幫眾生斷除我見，假使能夠再進斷一分、二分我執，當然更好。

所以，不能一開始就幫助別人見性或者明心，一定會退轉。假使有人不信，就以咱們的經驗來說吧！我以前度人沒有先要求斷我見，一開始就是開悟。最早是這樣，現在諸位還想不想這樣？不想呵！因爲知道有後遺症。那個時候，剛開始共修，連禪三也沒有舉辦。在平常共修時是一個鐘頭禮佛作功夫，第二個鐘頭說法；於是我就在大家禮佛的時間，一個一個調過來，就把他們弄出來了。所以，有的人來共修三個月就知道如來藏了，可是知道如來藏以後究竟是要幹嘛？都不知道！智慧出生了沒有？也沒有！有解脫功德受用嗎？都沒有！後來我發覺這不是辦法，就規定以後要先共修半年，先建立正知正見，然後再經由禪三才可以開悟。結果共修半年，去禪三悟了以後，還是沒有用，因爲正知正見與功夫都不夠，還是會退轉，怎麼辦？改爲一年。後來又改爲一年半，然後又改爲共修二年半。

但是共修二年半以後，悟了就不退轉嗎？還照樣會退！所以後來又改了：禪三一開始，先把大家的我見殺了再講，一個個都要先殺死了才行。若不殺死，悟了還會退轉，因爲我見具在，所以悟後我見又活過來了；然後想：「我到底要不要承認這個就是眞實心呢？」或者想：「也許我這個覺知心才是眞實心呢？所以應該是離念的覺知心才是眞實心。」就在那邊拉扯，一會兒認爲如來藏阿賴耶識是眞心，一會兒又轉過來認爲離念靈知才是眞心；所以今天如來藏贏了，明天覺知心贏了，就這樣拉來拉去，我見死不掉。後來想想，祖師們講的也眞對，如果不把這個假我打死，法身慧命還眞活不過來。所以，後來禪三才改爲先殺了我見再說；如果有人不情願被我把我見殺掉，他就永遠都沒有辦法通過考驗。

你看，光是一個明心，我們幫人證悟的過程就有這樣的演變。因爲我這一世沒有度眾的經驗、沒有師承，所以我就自己這樣摸索過來，最後果然證實經中所說的都是如實語：必須要次第來，都必須先具足次法才行。所以作好無相念佛功夫了，接著先殺了我見，然後再來明心，退轉的人就少之又少了。以前那一些看來很幸福的人，不必禪三就知道如來藏了，結果一個個都死光了，最後甚至連如來藏是什麼也都弄不清楚了，因爲沒有證悟前應有的基本條件及參禪過程的完整體驗。剩下來的，可就不曉得該叫作幾朝元老了，那種幾朝元老可就沒有幾位了。你想，光是明心都會如此了，如果要講到佛地那麼深遠的境界去，當然更要把二乘菩提先具足宣說了，而且大家都有實證了，然後才能講佛菩提。

所以 世尊來人間宣講二乘菩提的目的，不是爲了二乘菩提，而是爲了傳授佛菩提；只因爲佛菩提難知難解並且難證，甚至於因緣不具足的人證了以後，他還不信，所以眞的是難信，那當然只好先要求大眾斷我見、我執。如果我見與我執斷了以後，你叫他不承認那是如來藏，他還眞的不行欸！我見、我執斷了以後，剩下這個第八識，你要怎麼不認祂？你不得不認祂是如來藏了，不得不認祂是自己的本來面目了；因爲我見、我執斷了以後，就表示蘊處界的虛妄已經都現前觀察。然後，證得這個如來藏以後發覺：「我蘊處界不是父母生的，是我的如來藏生的。因爲父母是提供我這個因緣，讓我的如來藏可以出生我這個五陰身心；然後父母爲我乳撫長大，所以我應該感恩。至於對如來藏呢，不用感恩，因爲如來藏本來就是我自己的，我感恩祂幹嘛？」對不對？對啊！所以由這樣的實證、這樣的現觀，再回頭來看說：「我的父母是從哪裡來的？原來我的父母也是由他們自己的如來藏出生的，那我既然感恩父母，我是不是也要感恩如來藏？」喔！原來還是要感恩如來藏。這樣，法就貫通了。

原來，不斷我見與我執就不知道自己虛假，不知自己虛假的時候，即使找到了第八識，也不敢認祂是本來面目。所以確實觀察到自己一切都虛假，而找到的那個如來藏，你無法毀壞祂，並且現前觀察入胎之後全新的五蘊正是被祂所生——「我」是被如來藏所生的，當然如來藏就是最究竟法。就想：「既然是最究竟法，斷了我執以後滅了自己名為無餘涅槃，剩下的還是如來藏獨存。如果這樣子，我不認祂，還能認誰？當然要認如來藏，除了如來藏沒有一法可以認為是自己的本地風光。」那個時候再怎麼不情願，也只好鼻子摸一摸說：「算了！我就認祂了。」只好這樣嘛！好啦！這時候就叫作心死，因爲覺知心眞的死了，作主的心也眞的死了。心死了以後，願意認如來藏，就不退轉，這就是不退轉住的菩薩，滿足第七住位了。

所以，爲什麼親教師們都會要求諸位，一定要對五陰十八界作觀行，要現前觀察自己的每一陰、每一界都是虛妄法？爲什麼要這樣？因爲當你觀察到蘊處界的自己全部虛妄，可是如來藏呢，你無法滅祂；自己出生之前就是祂，自己死後也還是留下祂。總而言之就是祂，除了祂，沒有別的法，那就只好死心塌地認祂。死心塌地認了祂以後，你就不退轉了，然後實相般若就開始不斷源源流注出來，你就是實義菩薩，不再是假名菩薩了。但是有個前提必須記得，就是一定要先有次法的修學及未到地定來作支持，否則我幫你斷了我見也沒用，再幫你證了如來藏也沒用，甚至再幫你悟後作這些觀行以後，依舊沒有用，你都不會有實相智慧與解脫功德的。所謂次法，就是世尊在阿含諸經中說的「**施論、戒論、生天之論，欲爲不淨、上漏爲患、出要爲上**」，但是全都建立在未到地定的基礎上。

言歸正傳說，這時候你就會相信《法華經》中 世尊這一句話了：「**我先不言『諸佛世尊以種種因緣、譬喻言辭方便說法，皆爲阿耨多羅三藐三菩提耶』？**」你就相信了。也就是說，諸佛降生人間說法的目的，不是爲了演講二乘菩提，而是爲了教導無上正等正覺的妙法，否則那一尊佛就是居心叵測——吝法。爲什麼呢？因爲自己有法可以成就無上正等正覺，結果來人間一場給徒弟們的卻只有成爲阿羅漢、辟支佛的法。那祂不是吝法是什麼？就是吝法啊！如果有這樣的佛，你就說：「**謝了，我寧可等下一尊佛來時再學，我不要跟你學。**」應當如此，因爲天下沒有這樣的佛，他一定是假佛，一定是凡夫。

所以，佛陀一世又一世在因地攝受眾生的時候，到最後一世成佛時，那三大阿僧祇劫所攝受的眾生，就等於是祂的孩子一樣，慈愛的老父哪有可能對自己的兒子說：「我這麼多財產，我都把它丟了，都不給你們，我只給你們一點點沒價值的小東西就好。」沒有這樣的老爸吧？所以一定是把最好的全部都給孩子。所以，諸佛來人間給眾生的一定都是最好的，就是佛菩提道；不會只演說二乘菩提，因爲三界中沒有吝法之佛，也沒有不知佛菩提道的佛。

這樣說明了，意思在表達什麼呢？在表達說：「我釋迦牟尼來人間所說的一切法，不論是二乘菩提或大乘菩提，這一些法全部都是爲了使人實證無上正等正覺而演說的，全部都是爲了化導菩薩的緣故，不是爲了化導定性聲聞。」換句話說，那一千二百五十位大阿羅漢，其中的五十位就是附帶撿來的孩子，不是本來就想生的孩子，這樣說明就比較明白。然後，這一千二百位大阿羅漢迴心大乘實證之後，他們在弘法的過程裡面，當然也同樣會度一些徒眾證得阿羅漢果或菩薩果。所以，這一千二百位大阿羅漢們，他們每一個人也都各有菩薩種姓眷屬；他們的眷屬之中，有人成爲無學、有人還在有學位中，各不相同。

世尊這時候就是表明：「我所說的一切法，雖然共有三乘菩提，然而都是爲了化度菩薩們的緣故而說，不是爲了化度聲聞、緣覺而說的。可是這個道理，你舍利弗瞭解了，別人不一定瞭解啊！當然得要用譬喻重新把它說得更明白一些，那麼有智慧的人即使還在凡夫位聽了也能理解。」所以 佛陀才會講出這個譬喻：「舍利弗啊！如果有個國家、有個大城市或有個大聚落，這個大長者『其年衰邁』，但是『財富無量』，他的田地宅舍以及僮僕等使人非常之多。」表示說，他的家宅非常廣大，裡面住著或者一百人、或者二百人，乃至或者住著五百人。在這樣的大宅院之中，因爲已經住久而老舊了，所以有些衰敗；當木頭衰敗不堅實的時候，火要燒起來是很容易的，所以這時假使這個大宅院偏在外側的房屋突然間同時出現了大火，開始往內焚燒，住在裡面的十個、二十個或者三十個孩子們，由於宅院太大而不知不覺，所以依舊是樂著裡面的境界而繼續嬉戲。

這其實就是人間的寫照啊！尤其是現代末法時代佛教界的寫照，大家不都是這樣嗎？你想想看：一定是佛法大宅富麗堂皇，才能夠有這麼多的佛教大山頭興起，有的山頭資財一百億元台幣都不算啥；你看那些大山頭，如果他蓋了寺廟不上百億元的，那規模都已經不算大了；所以中部那個世界最高的寺院其實並不夠大，因爲它還不滿百億。再看其他三個大山頭，哪個不是

二、三百億元以上的？但是，這一些資源從哪裡來？正是從佛法中來的。如果不是因爲 佛陀的正法，那些大山頭能夠每年把鉅款用到國外去嗎？不可能！現在問題來了，那些大山頭們，大家各都弄個一、二百或二、三百億元資財，心裡都是好高興，日子過得好暢快、好舒服，那眞的是金鑾寶殿、金碧輝煌，哪像咱們寒寒傖傖，黑瓦白牆看不到一絲金箔？對不對？

人家都是建得金碧輝煌，那就像什麼？像一個佛法大宅院裡面「多諸樂具」，對不對？什麼是樂具？就是徒眾一堆。「哎呀！你看，我收了那麼多出家徒弟欸！」然後是：「你看，我這個金鑾殿多麼美、金碧輝煌。你看我的名聲多麼大，你看我不論到哪裡去，連政治人物都要來見我、求選票。」對不對？這就是佛門世俗法中的樂具。請問，那一些大山頭的堂頭和尚及心腹弟子們，是不是這一些孩子？而你們不是這一類的孩子呵！對啊！他們住在佛教大宅院中，從來不求出離，只懂得廣受供養及擴大名聲與徒眾等「樂具」，他們有誰在求出離呢？都沒有！連斷我見都不想，更不要說開悟明心；如果談眼見佛性，那就更甭提了。

他們全都不求斷我見，所以到現在仍然繼續堅持說：「意識卻是常住的，意識卻是不滅的。」有沒有？有啊！他們哪個大山頭曾經出來講說：「我們現在要改變了，意識眞是生滅法。」你們有沒有看到誰這麼講？那些大山頭們，且不說大山頭，只說那些小山頭好了，有沒有呢？也都沒有。然後都用佛法表相所獲得的世間五欲在那邊享受，這不正是火宅之中的孩子們嗎？他們在那裡面嬉戲，不知道五陰身心已經開始在毀朽了。都不知道啊！所以當上大法師已經七十幾歲、八十幾歲了，都還在說：「我覺知心常住不壞，意識常住不壞。」不然就說：「我清清楚楚明明白白的知覺性就是眞如佛性。」那麼既然主張意識常住不壞及覺知性常住不壞，就得要追求意識相應的境界了。與意識相應的是什麼境界？是六塵五欲的境界。於是就在六塵五欲之中貪著嬉戲，怪不得他們有人會暗中修習密宗的男女性交雙身法。

可是五陰身心已經有種種火燒燃著，他們竟都不知不覺。在六塵五欲中貪著的結果，一定會被這一些大火所燒，而他們仍然不知不覺。我們將近二十年來（編案：這是二〇一〇年三月所說）不斷寫書告訴他們：「火燒來了！火燒來了！」他們都不聽，是不是像長者這些孩子們一樣？一樣啊！你們諸位聽了，就知道火已經燒起來了，所以趕快要斷我見、趕快要明心，想要脫離火宅。脫離火宅以後還發願：「我們如今有能力了，要趕快進入火宅，繼續把眾生拉拔出來。」這就是諸位。那麼請問：你們是大人？或者他們是大人？喔！這就明白了。那麼你說，佛陀講這個譬喻講得好不好？好啊！可是有多少人眞的理解呢？縱使有人眞的理解了，只怕也不敢公開講啊！沒有人敢像我這麼講啊！因爲人家都是大山頭的大法師，你怎麼敢說他們是孩子？但我就說他們是孩子啊！因爲他們都在六塵五欲中嬉戲遊樂，不知道或不相信火之將至。好了，那麼諸位當然就得要當這個長者了，諸位現在有資格當了。

所以，這時長者看見這個大火從圍牆四面已經忽然生起來了，心中大驚怖啊！自己已經出在門外，心中想著：「我雖然能夠在這個被火所燒的門庭中安隱得出，不受傷害，可是我這一些孩子們還在這個火宅裡面愛樂貪著，依舊不斷地在嬉戲著；既不能覺察火已經來了，根本就不知道火已經燒起來，所以心中都沒有驚慌與恐怖之心，根本就不曉得將來被火逼迫燒傷以後，那個苦痛是如何切身，所以大家心中都沒有厭患，都沒有想要出離三界火宅的意思。」

諸位看看現在那些大山頭們，不論台灣與大陸都如此，乃至南洋也如此，他們有誰眞的想要出離火宅？沒有！可是他們嘴裡都說要出離火宅，甚至有的還把那個招牌弄得很響亮——出離火宅，可是都在火宅裡面嬉戲留連。這都是事實啊！好了，諸位瞭解到這個眞相，是不是要通知他們？對啊！應該要告訴這些火宅裡面的孩子們，雖然他們也許身體已經八、九十歲了，但其實還是孩子啊！因爲他們的心智沒有成長，對不對？諸位心智已經成長了，可是他們八十歲了，還是個孩子，還在六塵五欲中貪著嬉戲；甚至於白天冠冕堂皇，晚上學密修密搞雙身法，那該怎麼辦？那可就是內火、外火一起燒欸！可憐哪！所以你們既然出離宅院的門外了，要設法進去告訴他們，叫他們趕快跑出來啊！如果他們懂得趕快跑，內火、外火都燒不著，佛教就復興了；那麼諸位就是參與佛教復興這個輝煌盛事的一分子，這就可以使你成爲將來迴向入地的大憑藉。而他們那些人「心不厭患，無求出意」，結果長者憐愍這些孩子們該怎麼辦？且看　佛陀怎麼開示：

經文：【「舍利弗！是長者作是思惟：『我雖身手有力，當以衣裓，若以机案，從舍出之。』復更思惟：『是舍唯有一門，而復狹小；諸子幼稚，未有所識，戀著戲處；或當墮落，爲火所燒。我當爲說怖畏之事：「此舍已燒，宜時疾出，無令爲火之所燒害。」』作是念已，如所思惟具告諸子：『汝等速出。』父雖憐愍，善言誘喻，而諸子等樂著嬉戲，不肯信受；不驚不畏，了無出心；亦復不知何者是火？何者爲舍？云何爲失？但東西走戲視父而已。」】諸位聽了都在苦笑呵！

語譯：【「舍利弗！這位長者心中就這樣思惟：『雖然我的色身、我的手腳都很有力氣，我應當用我這一件大衣服，或者我就用宅舍中的小桌子作爲憑藉，把這一些孩子們從這個火宅圍牆之中救出來。』然後心中又思惟說：『我這個房舍就只有這麼一個門，而這個門也狹小，不是很大；我這一些孩子們年紀又小，而且心智很稚嫩，什麼事都不懂，只是貪戀執著於他們遊戲的那一些處所；有可能將會墮落而被大火所燒死。我應當爲這些孩子們說明恐怖畏懼的事情：「這個房舍已經被大火所燒，你們應當要在這個時候迅速地出離到房舍之外，不要使你們被大火所燒而被火害死了。」』他這樣子思惟了以後，就如同他所思惟的一樣，重新進入火宅之中，把一切火燒的具足景況告訴孩子們：『你們要趕快離開這個房子。』這位老父雖然這樣憐愍，並且以善巧的言語勸誘教令他們，而這一些孩子們全都樂著於他們嬉戲的境界之中，都不肯信受老父所說房子外圍已經被火所燒了；他們一點點驚恐怖畏都沒有，完全沒有想要離開這個房子之心；然後他們也聽不懂什麼叫作火？什麼是房子？怎麼會被燒掉燒壞？他們聽到老父勸誡的時候，只是在老爸的東西兩邊跑過來跑過去，一面玩一面看著老爸而已。」】（大眾笑…）

講義：諸位一定聯想到現在的佛教界了呵！才會笑起來嘛！否則你們在笑什麼呢？我們再三說明：蘊處界虛妄，終歸無常；但是有個法身無分別法，是常住、是清涼、是寂靜、是涅槃，不生不滅、不來不去，這才是究竟安樂之處；五陰舍宅不過是墮於六情之中的生滅法，墮於六情之中就不離五欲；五欲就是大火，而五陰既有無常大火在外面燒著，在五陰之內也有慾火在裡面燒著。我們不斷地寫書這樣告訴他們，有沒有用呢？顯然沒有用。只有對諸位有用，對他們全都沒有用。我們寫了，當然一定會有讀者，讀了以後就買了送給師父：「師父！這一本寫得不錯，晚上讀讀看。」可是呢，這師父怎麼說？「放著吧！」就沒下文了，連讀都不想讀。也有好一點的，安板以後把房門關起來，好好去讀，讀了以後想：「眞的嗎？五陰是假的嗎？不！

我覺知心這麼眞實，離念靈知應該不是識陰，怎麼會是假的？我還可以處處作主，怎麼會是假的？」你告訴他說：「內有慾火，外有無常火。」「火在哪裡？我也沒看見啊！」他們當大法師，除了名聞利養以外，甚至背地裡有許多明妃，很快樂啊！你告訴了他們時，他一方面玩著這些世間法，一方面看著你，就是這樣子。他們繼續玩，不肯放捨，就像這一些孩子們一樣；不管你如何善言誘喻都沒有用，這就是海峽兩岸的當代中國佛教界。

所以，我已經不期待有哪一個大道場會公開宣示說：「意識是生滅的，我們不再認意識爲眞心。」我已經不期待了，倒不如期待諸位，以及期待新學佛的人，或者期待即將出家、剛剛出家的僧人；我來期待這些人反而更快，期待那一些老孩子就沒有希冀之處了。因此我們還是要盡量把這個道理講出去，至於那一些老孩子們聽不聽，可就不管他們了，因爲我們已經盡了我們該盡的義務。我們的所知，已經爲他們說了；仁至義盡了，接著，要不要出離火宅？可就是他們自己的事。我們已經問心無愧，這就夠了。

但是對於還沒有聽到我們所說的人，得要設法讓他們也聽到；聽了不信的人就隨緣，還沒有聽到的人，我們說了，他們可能會接受。他們信了，於是就懂得出離火宅。可是那一些已經聽了十幾年、二十幾年的老孩子們聽不進去，那就跟我們無關了；因為我們已經仁至義盡了，可以問心無愧。所以將來捨報的時候，世尊來接引，我可以歡歡喜喜跟諸位say goodbye，不必擔心將來面見世尊的時候會不會被責備，這就是我們這一世應該要作的事。言歸正傳，既然他們「不知何者是火？何者為舍？云何為失？」長者該怎麼辦呢？且看經文中怎麼說：

經文：【「爾時長者即作是念：『此舍已為大火所燒，我及諸子若不時出，必為所焚。我今當設方便，令諸子等得免斯害。』父知諸子先心各有所好種種珍玩奇異之物，情必樂著，而告之言：『汝等所可玩好，希有難得，汝若不取，後必憂悔；如此種種羊車、鹿車、牛車，今在門外，可以遊戲。汝等於此火宅、宜速出來，隨汝所欲，皆當與汝。』爾時諸子聞父所說珍玩之物，適其願故心各勇銳，互相推排競共馳走，爭出火宅。是時長者見諸子等安隱得出，皆於四衢道中露地而坐，無復障礙，其心泰然，歡喜踊躍。時諸子等各白父言：『父先所許玩好之具，羊車、鹿車、牛車，願時賜與。』」】

語譯：【世尊繼續開示說：「這時候長者又這麼想：『這個舍宅已經被大火所燒，我進來舍宅以後連同這一些孩子們，如果沒有及時逃出去，一定會被大火所焚燒。我如今應當要施設方便，讓這些孩子們可以免掉大火的災害。』這位大富長者知道這些孩子們以前心中各有不同愛好的種種珍玩奇異之物，知道他們心中一定會對這一些有所愛樂和樂著，就告訴他們說：『你們所喜歡的各種遊玩之物，確實很稀有難得，你們如果沒有取得，後來一定會憂愁後悔；同理，猶如我所造作的種種羊車、鹿車、牛車，已經都放在門外了，你們都可以出去外面，搭著羊車、鹿車、牛車去玩。你們應該趕快從這個被大火所燒的舍宅之中逃出來，以後隨著你們所喜歡的，要羊車我就給羊車，要鹿車就給鹿車，想要牛車我就給你們牛車。』這時孩子們聽到老父說有許多珍玩之物也可以帶出去，不必空手出去，他們心中就很歡喜；而且帶出去以後，不但這些珍玩之物都還可以玩，而且還有三車讓大家自己來挑選，所以心中都很踴躍，大家就奮力起來，爭先恐後甚至互相推擠，全都急著要離開這個火宅。這時候長者等他們都跑出來了，都坐在十字街頭，知道他們不會被火所燒了，所以心中就覺得很舒泰、很安然、很歡喜地說：『我這些孩子終於都逃離火宅了。』當然這時孩子沒看見什麼車子，就會向他要：『老爸！你先前講的那一些好玩的東西，羊車、鹿車、牛車，我們都出來門外了，希望你給我們。』】

講義：這意思是什麼？諸位想想看啊！這就是說，諸佛來人間度眾生時，不能單說二乘菩提；你如果單說二乘菩提，大部分的眾生都不會喜歡，因為大部分的眾生尚且不肯斷我見、我執，何況是斷我所執呢？所以我如果出來弘法時只講二乘菩提，我想正覺同修會現在大概只有十分之一的人，不會有你們這麼多人；但是因為我們正覺的法太多、太豐富了，各種珍寶珍玩之物都有，你要什麼就有什麼。例如在增上班我曾經講過，說咱們正覺開的是黃金百貨公司，不只是賣金塊的金鋪；所以你要買原形的金塊也有，你要還沒有提煉的夾有塵沙的礦金也有；你如果想要髮簪、臂釧、項鍊、皇冠，也全都有，你想要買黃金打造的房屋或宮殿也有；正覺什麼都有，看你要什麼。事實上就應當要如此，如果不是如此，正覺這家黃金百貨公司早就倒閉了，因為那原形的黃金，人家買了覺得沒稀奇，買這麼一塊也就走了。可是咱們從 佛陀那邊繼承下來的很多寶貝，我就全部轉手給諸位，我也不留下來作什麼；因爲這顆如意寶珠可以不斷地生出許多寶珠，也不會減損什麼，我又何必吝惜呢？大富長者現在也是這個狀況，但是到底是什麼狀況，時間到了，只能下回分解。

《妙法蓮華經》，我們上週講到三十六頁倒數第一行，略述過了。今天繼續演說。這一段經文是講大富長者雖然告訴了孩子們火宅危險，但是這些孩子們都不知道原來的大宅爲什麼被叫作火宅；對於火災的可怕，他們並不知道，所以大富長者進入火宅中找他們時，他們只是看著慈祥的父親，卻繼續遊玩，並不想要離開已經被大火開始燃燒的大舍宅。那麼這裡有講到火宅，牽涉到這一個名詞應該先瞭解。什麼叫作「火宅」？當然顧名思義就是說，這個宅舍已經被火焚燒著，只是還沒有完全燒盡，所以叫作「火宅」。但是，諸位可能常常聽到有一貫道的講師們說「道降火宅」，有很多人聽過。這「道降火宅」的說法到底對還是錯？也不是三言兩語就能說清楚。

一貫道的說法是：自從中國禪宗六祖以後，宗門之道就只傳授於在家人之中，不再傳給出家人了。這事得要從頭說起，依照 佛陀的年代以及百丈增設叢林清規之前，寺院裡面是不生火的，都是要托缽受食的。自從中國禪宗百丈禪師設了叢林清規以後，才開始「一日不作，一日不食」，自己耕作，也在寺院裡面有了伙房。但是在之前，有伙房生火煮飯菜，是在家人才有的，佛門出家人是沒有自炊自食的事情；就只是三衣一缽，每天中午是要離開住所去村莊托缽，而且是過午不食。一貫道就以這個狀況來說佛寺不是火宅，在家人的家裡才是火宅。又因為只看見六祖惠能的得法表相，不看六祖後來也是出家了，就說六祖以後宗門之道已經傳到在家人手裡了，暗示說佛門出家人從那時開始沒有眞正的佛法可得了，所以叫作「道降火宅」；他們因此就說，佛法之道已經降於在家人的火宅之中，繼續跟隨佛教出家人是學不到眞正佛法的。

從表面上看來，他們講的好像對，但是現在哪個家庭能夠說不是火宅？如今每家寺院裡面也都有開伙，一樣也是一貫「盜」說的「火宅」。可憐的是因為明末、清朝乃至民國以來，如來藏妙法都沒有機會弘傳，一直都在被皇帝打壓的狀況之下，所以不管出家人、在家人，有道之士都沒辦法出來公開弘法；因為明知道出來弘法也是白忙一場，所以都是隱居著。那麼不論是隱居在深山或者隱居在都市叢林裡，算不算是火宅？也是火宅，所以一貫道說的「道降火宅」還眞講對。但我的解釋與他們不同，他們縱使嘴裡不想同意，心中也得同意我的說法才是正確的。但是從眞實義來說，「火宅」的意思其實是譬喻三界：三界無安，猶如火宅。這是說三界裡面的諸天、人間、三惡道所有境界，並不是恆常可愛而能永遠安住無事，猶如宅舍已經被大火在焚燒著，只是還沒有全面被燒，還沒有燒得很嚴重，所以說三界就是火宅，不是一貫道們說的家裡有開伙的叫作火宅。

這二年來，天災不是一直都在示現著嗎？尤其最近地震，那裡動完了換這裡動，都因爲眾生好動，所以大地也得要動。這是說眞話，不是開玩笑。你們有人以爲我是開玩笑的說法，其實不然，正因爲眾生需要動，當然大地就得要動。人間一切都要動，不能靜止；例如說，我們這個人間跟欲界天爲什麼會被大火所燒？因爲人間需要火，大家需要熟食的緣故；再加上人類心中被慾火焚燒，所以欲界就會被火燒，因此便難免火劫之災。例如初禪天、二禪天，在初禪天中都還會被火燒，爲什麼呢？是說初禪天雖然不直接被火燒，還是會被火烤；火雖然不會直接燒到初禪天中，可是初禪天正好是在欲界上方，所以火劫來的時候，人間及欲界天被燒的時候，熱氣往上熏，初禪天就被烤了。那麼，二禪天就沒有火劫之災了，因爲距離欲界很遙遠了；在二禪天中最重要的事情就是修定，但因爲定水滋潤，所以二禪天有時就會被水淹；當水劫來臨的時候淹不過二禪天，最多只淹到二禪天，三禪天就淹不到了。人間也會有水災，欲界天也會有水災，因爲這是二禪天以下的境界，既然眾生都需要水才能生活，所以就有水，有水時因爲人心不能靜止，有時就會生起水災。那麼到了三禪天都還會有風災，四禪天就沒有風災，所以風劫來的時候大風只吹到三禪天，把三禪天的所有宮殿都吹壞了。請問，爲什麼三禪天會有大風災？因爲三禪天人還要呼吸，有呼吸就一定要有空氣，有空氣當然就會有時生起風災；正因爲人心不平，動而不止，所以就會有風災。如果大家都不需要呼吸就能生存，也就不會有風災，因爲都沒有空氣了。所以我剛剛講的都是如實語，這可不是開玩笑；都是因爲大家好動，所以才會有地震、火災、水災、風災等事情發生；如果人類與動物們的身心都不動了，就不會有地震、火災、水災、風災了；換句話說，就是一切有情全部證得第四禪，大家都入定去了，也就不需要飲食、活動、繁殖……等。所以我剛才說的眞話，大家剛開始可能都當作我在講幽默話。其實不是！事實正是這樣。

那麼，三禪天、二禪天乃至欲界天、人間，為什麼也有風災？因為這些居住的處所必須具足一切：既要水、也要火、也要有空氣，所以當然人間也會有風災；但是人間的風災規模，大家所知的比較小，都還能生存著；假使大風眞的吹起來，從人間刮到三禪天的時候，就是風劫來了，就從人間一直吹到三禪天，不但人間全部被吹壞了，還把三禪天人的宮殿全部吹壞。至於四禪天可就安隱無憂了，因為四禪天的天人們都不呼吸，所以他們不需要空氣；既不需要空氣，生活在沒有空氣的地方，當然就沒有風災。有空氣才會有風災，你們想一想：如果人間沒有空氣，風要怎麼吹？當然都沒辦法吹了。

也許有人想：「**這都是你編造的吧？**」但是以我個人的體驗，確實是如此啊！譬如說初禪，初禪天身裡面都是如雲如霧，沒有五臟六腑；他們為什麼會有快樂的覺受？因為皮膚有毛細孔，每個毛孔內外相通，當你在呼吸的時候空氣出出入入（因為你不是完全不動），空氣在全身皮膚毛孔出出入入時就會有快樂的觸覺，表示初禪天人的境界還是要有空氣。以我的體驗來講，二禪天人也還是要呼吸；即使入了等至位，還是要呼吸，不單是等持位時得要呼吸。由這一些體驗，是可以把尚未實證的部分依於比量而加以認定的，所以這些都是眞實語，我沒有添加一點點自己編造的部分。

但是今天聽了我這一些說法，你們在外面是聽不到的。以前曾經有誰告訴你們說：爲什麼二禪會有水災，三禪會有風災？爲什麼四禪什麼災都沒有？就是因爲你在人間生活需要用火，需要溫暖才成熟萬物；人間也需要水，需要風，所以就會有火災、水災、風災，就只是如此。這是很直接的道理，但是外面的大師們對三災的事情只能用死背的來告訴你。我們不必用死記的，因爲我們知道那個原理。諸位今天聽了，也一樣知道這三災的原理，以後就不用再死記說：糟糕！火災是燒到哪一天？水災淹到哪一天？風災吹到哪一天？你就不用死背了。因爲你知道四禪天人不用呼吸，既不用呼吸就沒有空氣存在，沒空氣時哪來的風災？這道理就懂了。欲界呢？欲界一天到晚有慾火焚燒，也需要有火大來成熟萬物及炊煮食物，自然就會有火災。

那麼這樣看來，好像四禪天就很安穩了？因爲三災不及，火災、水災、風災都沒辦法到達四禪天，就可以永生不死？不是呵！四禪天人還是有壽命的，壽命到了還是得死，依舊在生死輪迴之中，也是無常。也就是被無常火所燒，但不是被火災那個火所燒。所以四禪天人的境界，說來還是在三界火宅之內。第四禪天總共有四種天人：福生天、福愛天、廣果天、無想天。在四禪天中還有五不還天的境界，但是所有四禪天人都看不見，無法住在那個境界裡面；是證得第四禪的三果以上聖者，或者證得第四禪的入地菩薩才能住在那邊。即使是五不還天的天眾，如果不是聖者（我是說假設不是聖者，當然不可能是凡夫），生到了五不還天中，也還是火宅；但因爲都是證得第四禪的三果以上或入地以上的聖者，所以那就不能叫作火宅；因爲他們雖然仍是住在三界中，但是隨時可以出離三界，就不說是火宅了。如果不懂這個道理，他從四禪天裡面（因爲他也看不見五不還天），就修四空定而在未來世生到四空天去了；在四空天，壽命最長的是非想非非想天，壽命八萬大劫——如果不中夭；生到非非想天，有的人一萬大劫就壽命終了；命最長的天人，也就是他的非非想定是最堅固的，可以窮盡壽命八萬大劫；但八萬大劫過完了，還是要下來輪迴，依舊是在人間甚至三惡道中，所以無色界天仍然有無常火，因此三界無一處非是火宅。佛陀這裡所說的「爲大火所燒」，講的是說整個三界都是火宅，所以一貫道只說在家人有廚房，每天生火煮飯燒菜而說是火宅，只是一場誤會。

佛陀作了這個譬喻：「這時候大富長者心裡面這樣想：『我這個廣大的舍宅被大火所燒，我和這一些孩子們如果不能夠及時出離的話，一定會被這些大火所焚燒。我如今應當廣設方便，令所有的孩子們可以免除被大火所害。』」這一些孩子們到底是指什麼人？欲界裡面三惡道的眾生，以及人間、欲界六天、色界十八天、無色界四天，都是大富長者的孩子，大富長者就是諸佛。對一般人來講，你對他說：「你住在火宅裡面，為什麼不趕快求出離生死呢？」他們會質疑說：「哪裡有火？我每天過得好快樂。」他們尚且不會覺得人間是火宅，何況知道三界都是個火宅？

就像大富長者那些孩子一樣，佛菩薩們一天到晚講：「三界無安猶如火宅，要趕快出離生死。」可是眾生不想聽。你如果說學佛，他們說：「我日子活得好快樂，為什麼要學佛？我活得很滿足，學佛卻那麼辛苦，又要打坐，又要修行，又要受戒，又不能吃肉，那還得了！」那不然，你告訴他們說：「那你這樣好了，既然嫌辛苦，不然只唸唸佛就好了。」「唸佛呵？我又還沒準備要死。」哎呀！你看一般人，你跟他們講學佛、或者唸佛，全都很困難，所以眞正想要出離三界生死的人是很少的。即使說他已經在學佛了，當你告訴他：「要趕快求悟啊！」或者只告訴他：「要趕快斷身見、證初果啊！」他還是不想。所以佛門弟子中的絕大多數人，都是自以爲學佛，其實只是在行善，並沒有眞的在學佛。

諸佛菩薩面對這些孩子們應該怎麼辦？當然得要巧設方便，所以先要判斷說：這些孩子們在三界中——就是生活在這個火宅裡面，「先心各有所好種種珍玩奇異之物，情必樂著」，所以佛菩薩有時候就說：「你們來學佛，將來有成就了，就會有天眼通了。」眾生心裡想：「天眼通好玩呵！那我來學好了。」有時候告訴他們說：「你們都因爲不知道人家在想什麼，所以常常被騙，那你好好學佛了，將來會有他心通，就可以知道人家想什麼，就不會再被騙了。」然後眾生就很高興說：「好，我來學。」但是有的人對這些沒興趣，你告訴他說：「等你學佛以後，未來將會變得很有智慧呵！人家以前辯論都贏過你，當你證得佛法以後就會輸給你。」他想：「這個好，我可以出一口氣了。」因此他也來學了。

有的人說：「這些我都沒興趣，我不想學。」那就告訴他說：「那不然，作聖人好不好？」「聖人？」喔！眼睛亮起來了，因爲他最喜歡在眾人之上，不想要跟人家一樣，他想：「可以當聖人，好啊！那我來學。」然後就告訴他：「學佛法，解脫道好好修，可以證初果、二果、三果、四果，就成為聖人了。」「可以證果呵！」他就有興趣了，於是就來了。有的人說：「證果，我沒興趣。」可是你講到開悟，喔！他就有興趣了：「開悟好，開悟好。」可是開悟是什麼，他其實不懂，只是聽到開悟兩個字就很高興，終於來學了。

他來學習以後，學到最後實證了，才知道被騙；原來還眞沒智慧才會被騙，騙到把他變成實證佛法而有智慧的人。可是這種實證的人，卻很甘願被騙，他們說：「我雖然被騙了，但我很高興，我還是寧可被騙。從頭再來十次，我也願意被騙十次。」就是這樣啊！為什麼呢？因為等到證果的時候，才知道什麼果都沒有，就只是把自己的我見捨掉，不然就是把我執捨一分、捨二分、捨三分，就這樣次第捨。原來什麼果都沒有，原來證得阿羅漢果就是有能力把自己和所有貪著全部丟棄，不再生死輪迴，什麼都沒得到。可是他卻覺得煩惱消失了，心中非常輕安，所以被騙得很歡喜。

菩薩也是一樣啊！「可以開悟？」喔！好高興啊！好，就去學學看；學到後來，很辛苦完成整個過程以後終於眞的開悟了，悟了以後說：「老師！

您也沒有給我什麼，我悟到無分別法這個心，還是我本來就有的啊！」可是後來想一想：「也對啊！我本來就有的才珍貴啊！如果是人家給我的，那就是本無今有，就會是有生滅的東西，原來還是自己本有的最好。」所以被騙了以後還是很高興，因爲那《金剛經》終於眞的懂了，《心經》不必再死背了，也終於懂了，終於知道自己以前所認爲的懂，都是沒有眞懂，所以他被騙也是很歡喜。佛陀就是施設這一些名目給眾生，因爲知道眾生心裡面喜歡這一些東西，覺得很奇特，一般人都沒有。眾生想：「我來人間，現在終於五子登科了，但我還要追求人家所沒有的。」於是他就爲了這些東西來學佛。這就是 佛陀施設了種種奇特之事，教導眾生說：「有這麼多好東西，你們要趕快來得啊！」所以眾生才終於來學習，就這樣開始了學佛的過程。

這一些道理是說，佛陀就是這位大富長者，祂知道眾生先前心裡面都「各有所好」，所以施設了這一些，然後也眞的教導了這一些，把這一些給眾生。例如有的人喜歡禪定，一般人如果看到人家一上座，三個鐘頭都沒下座；哇！就羨慕得很：「哎呀！這個人禪定好厲害，人家每一支香過了都要下來走一走，他一上座就不動了。」可是不動是好事嗎？如果要說能夠不動表示禪定最好，那死人就是禪定最好的，因爲死人可以永遠都不動。但問題不是，這個不動只是個表相，眞的只是表相啊！也許他只是爲了表現，所以腿很痛的時候，他繼續在那邊熬著，只爲了讓人家恭敬他，其實他心裡面每一剎那都在想：「今天是誰監香？到現在都還不敲引磬。」他心中哪有定？眞正入定了，就會忘了這一些，所以看那個表相都不正確。有的人可以一上座就雙盤，然後整整坐六個鐘頭；「哇！好厲害！」可是爲什麼他沒有初禪？他的初禪永遠都發不起來。你叫他談一談實證未到地定的內容，他也講不出來；這表示他只是裝模作樣，腦袋瓜胡思亂想，一大堆的妄想，那有什麼用？那還不如人家在外面隨便走路幹嘛都行——直接住在初禪中走路、作事，那不是遠遠地勝過他嗎？所以看表相都不準啦！

但是佛陀也會對初機學人說：「禪定是很勝妙的，你來學佛就可以修證禪定。」眾生想：「我很喜歡禪定。」於是他就來學。就這樣子，用各種的方便善巧來誘引大眾；這些方便善巧所說的各種境界相，就譬如「種種珍玩奇異之物」。眾生喜歡「種種珍玩奇異之物」，佛陀就教導這一些，然後慢慢引誘他們來斷三縛結，接著斷我執、我所執，乃至迴心大乘行菩薩道而證得實相；佛陀大富長者就是這樣，因爲知道眾生「情必樂著」。這大富長者也是這樣，就向孩子們說：「你們已經在玩的各種遊樂之具，確實也是稀有難得；那麼如果還有更好的東西，你們也應該要；如果你們不要的話，未來知道還有那些更好的東西，而你們竟然放棄不取，一定會懷憂悔恨。」

然後長者又說：「就像我現在爲你們準備了許多種羊車、鹿車與牛車，如今正在門外可以讓你們玩，比你們現在玩的都更好玩。」然後才告訴他們說：「你們在這個舍宅裡面，但是比較外圍的房子已經開始在焚燒了，你們要趕快出來；只要能離開到這個宅舍之外，不管什麼車，隨著你們喜歡，我都會給你們。」這些孩子們聽說還有「珍玩之物」比他們正在玩的那一些更殊勝、更好玩，他們很歡喜，因此一窩蜂就跑了出來，「互相推排」，大家都想要最先跑出去先得，恐怕後到的得不到，所以「互相推排競共馳走」，爭著要趕出那個火宅之外。

那就像什麼呢？就像　佛陀告訴眾生了以後，眾生就急著要實證三乘菩提了，大乘菩提不就是大白牛車嗎？緣覺菩提就是鹿車，鹿車可以拉上二、三個人。如果是聲聞菩提，那就是羊車，最多只能拉他自己一個人；並且，所拉的那個人還不可以是個胖子，如果他胖到二百公斤，那羊車也拉不動。所以大家「爭出火宅」，就是大家都爭著想要出離三界了。這時候，長者看見這些孩子們全部都離開火宅，來到「四衢道中」（就是十字路口）地上坐著；因爲那宅舍很大，跑出來很辛苦，累了就「露地而坐」。這時候當然就沒有障礙了，所以長者就很安心，非常歡喜地說：「我這些孩子們都跑出來了。」孩子們跑出火宅來了，現在接著就是他的責任，孩子們就要求：「父親您剛才允諾給我們好玩的、勝妙的那些玩具，所謂的羊車、鹿車、牛車，希望父親您現在可以給我們了。」

這就像佛陀告訴大家「世界悉檀」時，說世界的成住壞空。世界悉檀，就是從地獄講到諸天，把整個三界境界都講了，然後告訴大家：「三界無安猶如火宅，要趕快離開。」那麼，大家就不會繼續樂著於世間法，就願意開始修學三乘菩提正法。開始學法之後，當然就會要求：「佛陀！請您爲我說法，讓我證得初果。」有的說：「佛陀啊！讓我證得現法涅槃啊！」他要能夠自己確定是解脫生死的。若是菩薩，就請求 佛陀：「讓我證得實相啊！」等等，就要求了。這也就是諸佛在人間弘化的實際狀況，佛陀講的這個大富長者比喻，就是我剛剛講的那個意思。這三車交給孩子們，接著就是要教導他們如何駕御，這駕御的方法就是三乘菩提。這個比喻講完了，佛陀又怎麼說呢？

經文：【「舍利弗！爾時長者各賜諸子等一大車，其車高廣眾寶莊校，周匝欄楯四面懸鈴；又於其上張設幰蓋，亦以珍奇雜寶而嚴飾之，寶繩交絡垂諸華纓，重敷綩綖，安置丹枕；駕以白牛，膚色充潔形體姝好，有大筋力，行步平正其疾如風；又多僕從而侍衛之，所以者何？是大長者財富無量，種種諸藏悉皆充溢，而作是念：『我財物無極，不應以下劣小車與諸子等。今此幼童，皆是吾子，愛無偏黨；我有如是七寶大車，其數無量，應當等心各各與之，不宜差別。所以者何？以我此物，周給一國猶尚不匱，何況諸子？』是時諸子各乘大車，得未曾有，非本所望。」】

語譯：【「舍利弗啊！這時長者就給他所有幾十個孩子們，每一個人平等，同樣都有一輛大車；這一輛大車既高而且又大，並且都以種種寶物來裝飾得非常的齊整，而且每一輛大車四周都有圍欄，並且四面都懸著鈴鐺；又在四面欄楯上方張設了覆蓋烈陽的幰蓋，而且一樣用各種不同的珍奇寶物來做了許多裝飾，並且有寶繩交織成為網絡一樣，還有美麗的如同花朵一般的流蘇，這樣一層又一層綩綖的布置下來；在裡面也安置了丹枕——漂亮華麗的紅色的枕頭，可以在裡面歇息；而每一輛大車都以白色的牛，皮膚的色澤充滿而清潔，並且牛的身形體態都非常地美好，而且有很大的筋力，走起路來很平穩而且蠻快速的；然後每一輛大白牛車又有許多的僕人隨從來護衛著。為什麼大富長者要用這麼好的、這麼大的、這麼莊嚴的大白牛車給每一個孩子呢？因為這位大長者的財富沒有辦法計算，金藏、銀藏、珠寶之藏，各種的寶藏全部都充滿於庫房中，而且幾乎要放不下了，所以這位大富長者這樣子想：『我的財物沒有辦法計算，所以我不應該以下劣的、小的車子來給我的孩子們。如今這一些年紀還在幼童階段的孩子，都是我親生的孩子，我對他們的愛護是沒有偏心，也不會專愛其中的幾個孩子；而我所有像這樣裝飾了七寶的大白牛車，數目非常之多而難以計算，所以我應當以平等心，每一個孩子都給他們同樣的、最好的大白牛車，不應該有所差別。為什麼我要這樣子作呢？因為如果以我這樣的大白牛車來贈送給全國的每一個人，尚且都還送不完，何況是對我這幾十個孩子？』那麼大富長者這樣想。這時孩子們也都各各得到了這樣廣大姝妙的白牛車，所以各自都坐上了大白牛車，都覺得好好玩，因爲以前都不曾有過這麼好、這麼大的玩具，所以超過他們本來所期望的那個所謂的牛車，沒想到是這麼大、這麼好。」】

講義：這一段經文是在講什麼呢？這其實就是說，大阿羅漢們在世尊眼裡就只是小孩子。聽懂這個意思沒有？所以，沒有智慧的人才會說阿羅漢就是佛。自從佛世直到現在，從來不曾有眞正的大阿羅漢敢說自己是佛，甚至於大阿羅漢們都不敢想要跟菩薩相提並論，因爲互相之間相差太多了。只有凡夫等假阿羅漢敢說自己是佛，或者主張阿羅漢是佛。諸位來正覺同修會學這麼久了，次第實證了，終於知道蕭老師沒有說謊。我們剛開始弘法的時候，外面有好多人在私底下說：「這蕭平實是邪魔外道。」可是我這個邪魔外道弘法十年下來，講的法越來越寬廣、越來越深奧。他們聽不懂、讀不懂，知道自己沒有能力評論，所以不評論我們說的法義，後來就改口說：「這正覺同修會是個新興宗教。」新興宗教這四個字背後有一個等義詞，就是「十幾年後就不見了」。所有新興宗教都有這麼一個特性，就是只能存在十幾年，不滿二十年就會消失了。可是，咱們現在滿二十年了（編案：這是二〇一〇年三月九日所講），不但沒有消失，連一點點消失的跡象都沒有，讓他們大失所望。不過，有的人在大失所望之際卻開始在改變，開始購買正智出版社的書了；因爲他周遭的同修、同學、朋友們，讀了正覺與正智的書以後，說起法來頭頭是道。他聽不懂，挑毛病又挑不到，所以現在開始轉變而跟著買書去讀了，這叫作後知後覺。

可是還有更多的人竟然是不知不覺，也就是說，我們在弘法這二十年之中，把佛菩提與二乘菩提作了很清楚的界定，把相同以及差異的地方都講了出來。他們去比對經典以後才發覺：這正覺同修會講的沒有錯。確實如此啊！原來是以前自己讀不懂經典，經由很多年來向正覺的法義書籍之中挑毛病的結果，不知不覺把自己的佛法水平提升了。但還是有一些六識論的死硬派，他們其實也讀我的書，可是不能讚歎也不能認同，只能夠暗地裡開始攝取我們書中的法義；因爲如果認同與讚歎的結果，後面的後果要怎麼負擔？如果他們公開讚歎了、承認了、認同了，徒眾們會說：「師父！是不是可以把正覺同修會的書拿來當教材？我們大家來研究。」那怎麼辦？沒辦法接受啊！

所以佛教界那些檯面上的人物，不要寄望他們會改變，永遠不可能改變的；因爲即使他們想要改變，但他們下面那一些主要的出家徒弟們也不願意他們改變，一定會提出抗議說：「師父！你以前說你的法義是對的，所以我們跟你學。你現在說咱們的法不對，你這麼一改變，我們將來怎麼辦？那不是信眾都要走光了嗎？」

信眾大量離開可是個大問題欸！有一些山頭即使像今年這種冬天，它那個電費是每個月固定二十幾萬元或者四十幾萬元，誰來繳呢？南部有一個很有名的大山頭，冬天不開冷氣機時也是要繳四十幾萬元，因爲它的基本電費就是那麼多，那該怎麼辦？僧眾們要喝西北風嗎？不可能啊！所以再怎麼樣，都要繼續維持那個表相。但是其實他們都已經知道：正覺所說的法才是正確的。爲什麼？因爲連他們自己以前也都不知道佛法到底怎麼回事的人，現在竟然也眞的知道了，因爲讀過正覺的書而瞭解了，但是必須要維持自己道場的生存。我們也同意他們繼續維持生存，因爲我們這個法不是可以接引所有的人，大部分初機學人還是得要由他們接引。學佛有五乘，有很多人還得要先從人乘修起，然後修天乘，然後才修聲聞乘、緣覺乘，然後才修菩薩乘的成佛之道。我們正覺這個法是在金字塔的頂端，這個法是給在座你們學的，所以你們要知道自己的身分是什麼，不要再像以前那樣說：「我何許人焉？」不要這樣把自己給看扁了。

這就是說，實際上，以前佛教界所謂的實證，不論是否眞的實證，大家所說的實證果位，最多就是聲聞果，都是從初果到四果，但都還是錯證。以前不是常常有人說他是阿羅漢、他是三果、他是幾果嗎？對不對？眞的，那時證果的人滿街走。我十來年前在士林的美崙街，那時候有個師姊在那邊開個麵館子，我常去那邊吃麵。有一次夏天，有個男眾專門在那裡等我。我吃到一半，他闖了進來；他顯然知道我是甚麼人，就自稱他是阿羅漢。以前證果的人眞的是滿街跑啦！他說他是阿羅漢，我就稍微與他聊了幾句；一面吃我的麵，就一面跟他聊。結果他說，他就是清清楚楚明明白白，死的時候進入無餘涅槃之中還是清楚明白。我說：「你這個是意識，你住在意識境界裡面，這是我見還沒有斷，還是個凡夫，更別說是阿羅漢了。」他很不服氣，然後一來一往講個沒完，我就告訴他很多道理，最後我那一碗麵都還沒吃完，他說：「我不跟你談了，你眞的很會講話。」然後轉身就出去了。夏天都開著冷氣，因爲冷氣怕外漏，他出去時不是要把玻璃門關起來嗎？他出了玻璃門正要關起來時，正好就面對裡面，就對著我說：「但是我知道我是阿羅漢啦！」然後門關了就走了。也有這樣的阿羅漢啦！（大眾笑⋯⋯）所以我的故事其實很多，只是有沒有機會講。

那時候，滿山滿谷自稱證悟的人之中，有誰出來宣稱說「我是七住菩薩、我是十行、我是十迴向菩薩」？或者宣稱說「我是初地菩薩」？都沒有人這麼說，倒是自稱阿羅漢的人很多。我們出來弘法以後，證阿羅漢的人漸漸變少了。喔！後來好多阿羅漢都入涅槃去了！（大眾笑⋯⋯）當然不是眞的入無餘涅槃，是入本來自性清淨涅槃；因爲所有眾生本來都在自性清淨涅槃裡面，結果阿羅漢們就全都不見了。這表示什麼呢？表示三乘菩提的內涵，以前他們都不懂；他們所謂的佛法就是解脫道，並且對解脫道還是錯解錯證。

那麼，今天大家都開始懂得佛菩提道了，我們講這一段經文時就沒問題；如果我是剛出來弘法時先講這一段經文，一定會被大眾抗議。但現在大眾知道了：解脫道不涉及法界實相的親證，解脫道只是在現象界裡面觀修，譬如五蘊、十二處、十八界，這都是所生法；在這個所生法裡面，去觀察它的生滅無常、非我、非我所，只是這樣觀察，不涉及實相界。但菩薩的實證卻是要證實相法界，也就是要實證非三界中的無分別法，就是第八識如來藏。終於佛教界弄清楚了：原來大乘佛法中的實證是要證得這個實相心，而這個如來藏妙法不共二乘。如今佛教界終於懂了，可是雖然懂了，卻還不知道阿羅漢距離佛地有多麼遙遠。

阿羅漢如果往世作了許多布施，這一世出家前也作了很多布施，乃至出家後作了很多法布施，那麼他在持戒上面當然沒問題；精進當然也沒問題，忍辱也沒問題；禪定或者說靜慮，他也沒問題，但是他得要熏習般若。當他開始熏習般若的時候，不過就是六住初心而已，還不是住心或者滿心，他得要不斷熏習般若；熏習到圓滿了，聞所成慧、思所成慧、修所成慧都有了，他才有辦法開悟明心；這個開悟就要靠 佛陀的教外別傳，而 佛陀有許多的機鋒，只要常常跟在 佛陀身邊，時機成熟了就能開悟。這樣悟了以後，還得要 佛陀攝受，才不會退轉於般若。不退轉了，才終於成為第七住位的初心菩薩。在第七住位後面還有第八到第十住位，以及十行位、十迴向位；終於把這些也實證了，就可以跟 佛陀身邊的 文殊、觀世音、維摩詰等等大菩薩們平起平坐嗎？還不行，因爲在第十迴向位後面還有十地的修證，而那十地的內涵要修二大阿僧祇劫之久。縱使那二大阿僧祇劫修完了，就能跟 文殊、觀世音、維摩詰平起平坐嗎？還不行欸！因爲這時才不過是十地滿心，人家可是妙覺位的菩薩，十地滿心菩薩都還無法思議他們的境界呢。

那麼，諸位從這樣的修道歷程來看，阿羅漢迴小向大還沒有證悟之前，不過是六住滿心的菩薩；當他把般若都熏習完了，還沒有證悟如來藏之前，只不過是六住滿心位。就算是眞悟了，也只是第七住位；這第七住位離妙覺位，可不只二大阿僧祇劫，那是二大阿僧祇劫還要加上第一大阿僧祇劫的超過三分之二。那你想，如果妙覺菩薩、等覺菩薩是 佛陀已經長大的兒子，那麼阿羅漢們呢？正是幼童嘛！眞的是幼童欸！所以阿羅漢們迴小向大證悟，後來終於入地以後，都不敢說自己是大人，還認爲自己是個少年、小孩子而已；雖然已經不是幼童，頂多只是八、九歲或十歲左右吧！距離成年還早呢。所以眞懂佛法的人，絕對不敢說阿羅漢就是佛，只有凡夫才敢說阿羅漢就是佛，因爲他誤認爲自己就是阿羅漢。就是只有凡夫才會這樣啊！菩薩們也不會跟阿羅漢們拆穿，菩薩只會在法義上開示給他們聽，乃至告誡他們，但是不會拆穿。而且菩薩們並且都還推崇阿羅漢：「哎呀！人天應供。」一樣願意供養他們，可是菩薩很清楚：這只是個八、九歲甚至只是三、四歲的孩子，幼童嘛！

那麼，這一段經文講的正是這個道理：「今此幼童，皆是吾子。」是幼童啊！長者說這一些離開火宅的孩子們都是幼童。離開火宅就是已經出離三界了，出離三界的人就是阿羅漢；但阿羅漢還只是「幼童」，連少年都還稱不上，更別說什麼年輕的成人了。佛陀的意思也清楚地表明：不管哪一個眾生，只要願意聽我的話出離火宅，我都給他大白牛車。假使他一時嫌那個車子太高廣、太大、太華麗，不想要，但是最後還是要給他這個大白牛車，目前先讓他把羊車玩一玩，鹿車也玩一玩。當他玩慣了，他會覺得這個不好玩了，還是大白牛車好，那時就給他。本意就是要給他最好的那一些大白牛車，小車、中車並不是本意；因爲長者財富無量，眞的「種種諸藏悉皆充溢」。

你們想，以阿羅漢來比對諸佛的境界，阿羅漢證悟明心以後才只是第七住菩薩，就跟你們今天明心一樣是第七住位的菩薩，想要到達佛地，還要學多少東西呢？將近三大阿僧祇劫，那要學很多欸！而這些都是 佛陀想要給的，所以 佛陀妙法無量無邊，那當然就是「種種諸藏悉皆充溢」。每一個人都來跟 佛陀要了以後，佛陀也沒有減少，仍然是那麼多，這就是如意輪寶珠。密宗不是有個如意輪寶珠的咒語嗎？說只要誦那個咒、持那個咒，所求皆遂。佛陀就是有如意輪寶珠，眾生要什麼都可以給。所以，這樣看來，阿羅漢所得到的阿羅漢果，只是個小小的羊車，就拉著那麼一個幼童自己到處去晃。如果是個成人，不必很胖，那羊車可能就拉不動了；如果是個胖子呢？根本就沒辦法拉。

所以 佛陀財富無量、法寶無邊，阿羅漢迴小向大證悟以後，要進到初地都得靠 佛陀每天不斷地為他說法；跟在 佛陀身邊就是有這麼大的福報，成為大阿羅漢以後一世可以入地，這就是 佛陀的智慧與福德加持。所以法華會上的大阿羅漢們蒙 佛福蔭，當然很清楚知道自己距離佛地太遙遠了。因此你看，佛陀入滅的時候，沒有一個阿羅漢敢出來唱聲說：「我要紹繼佛位。」都沒有啊！因為即使是 彌勒菩薩被授記當來下生成佛，已經是一生補處的妙覺菩薩了，所說的當來成佛，都還是五億七千六百萬年後的事；至於其他的菩薩們呢？個個智慧如海，大阿羅漢們都沒辦法對話；而那些大菩薩們，個個都不敢說要紹繼佛位，大阿羅漢們敢嗎？那些不迴心的大阿羅漢「幼童」，對於佛法什麼都不懂欸！還敢說要紹繼佛位啊？可是這個道理，如今的佛教界有誰懂？沒有啊！也都只能夠依文解義。並且依文解義的時候，自己說的心中都不得決定，因爲他們心中也懷疑：「眞的是這樣嗎？」他們不能相信。爲什麼不相信？因爲他們不知道事實確實如此，也不知道爲何如此。但是諸位來到正覺講堂依照次第修學以後，你們這一些法熏習久了，內涵也知道了，自然就知道這一段經文講的確實如此。

所以世尊是沒有偏黨的，即使是二乘菩提的內涵也沒有偏黨，只要誰能得就給，所以那些大阿羅漢們都各有第一。是每一個人都有一種第一，不是只有十個第一。爲什麼不是讓他們每一個人都具足每一種第一？因爲不可能，因爲每一個人的根性、過去世的因緣都不一樣，所以各有第一。譬如須菩提解空第一，但是如果請他來講經呢，他又不如迦旃延了，因爲解釋經典最行的就是迦旃延。可是迦旃延能跟富樓那比說法嗎？那又不行，富樓那說法第一。富樓那雖然說法第一，他能跟舍利弗比嗎？那又不行，舍利弗是智慧第一。所以一千二百位大阿羅漢們各有第一，但並不是 佛陀故意這樣分配：你當什麼第一、你當什麼第一。一一加以分配，而在別的部分不許擁有太多。沒有這回事啊！而是大家的根性以及過去世的因緣就是如此，所以各有不同的第一。

有一個第一，我覺得並不是最好的第一，我也不喜歡，那叫作頭陀行第一。頭陀行的大迦葉，智慧不是頂好，說法也不是頂好，要來解釋經典時也不是頂好；這樣對眾生有大利益嗎？沒有什麼大利益。但是可以示現他修苦行：德行這麼好，年高德劭；而他是年輕 佛陀的弟子，這樣烘雲托月，在表相上作給眾生看：「**佛陀是我的師父。**」大家就信 佛陀，這一點倒是很好，還是有可取之處啦！

這意思就是說，其實 佛陀本來沒有偏黨，佛陀本來就是大富長者，法寶無量無邊；大家跟著學習，還得要三大阿僧祇劫才能學完；所以祂的法寶由著你挖，你挖不完。但是 佛陀並沒有偏黨，即使像提婆達多那樣，佛陀都還掛念著他。所以 佛陀確實是沒有偏黨的，而法寶是無量無邊並且挖不完，因為永遠都是具足的。所以，諸佛來人間的本意就是要把全部的妙法都給眾生，絕對不會施設某一個人只給他聲聞菩提，不給最勝妙的佛菩提；永遠都不會這樣施設，只要眾生願意當菩薩，就給他全部。因此，所有的大阿羅漢只要迴心大乘，就全部給他們大白牛車，而那些大白牛車都是高廣莊嚴的。

所以世尊眞是比喻得太好了：「以我此物，周給一國猶尚不匱，何況諸子？」大阿羅漢們就是 佛的兒子，從佛口化生；如果不是因爲聞 佛說法，就不可能成爲大阿羅漢，所以他們當然是 佛的兒子。但是迴入菩薩道之後，他們畢竟還只是幼童。也就是說，成爲大阿羅漢以後又證悟明心了，然後接著要幫助他們進入菩薩道之中。如果要講嚴格一點，這些阿羅漢們證悟之後，才剛剛入地的時候，只不過剛剛離開幼童位；得要眞的入地了，才算終於十幾歲了，可以當少年了，所以入地了才叫作少年。

少年，有一句說得好：「少不更事。」有沒有聽過？很多人讀錯了，我還得要讀錯的發音才行、才聽懂：「少不『庚』事。」那更字不讀作「庚」，要讀作「經」：「少不『經』事。」所以入地的菩薩常常還是會犯一些小錯，也是正常啊！因爲剛入地而已。要到了八地才說現在可以稱爲青年了。八地菩薩才叫作青年欸！還沒有具足長成欸！還不能「娶某（閩南語：娶妻）」就對了，才叫作青年而已。怎麼樣才是　佛陀所養的已經成長的兒子呢？得要是等覺菩薩啊！妙覺呢？妙覺就好像說已經訂婚了，準備要成家了，因為準備要來人間成佛了。所以經中說大阿羅漢們是幼童，真的不過分。如果你真的懂得佛菩提的內涵，也懂得佛菩提與二乘菩提之間的相同跟差異之處，漸漸就會懂這個道理。

如果有一個人，且不說見性，也不說明心，連我見都還沒有斷除，她說：「**釋迦牟尼佛是我生的兒子，我將來要把祂收回來理天。**」你聽了就知道這個人是個不懂佛法的外道，你沒什麼好跟她談的。因為你不論怎麼談，都談不入港（閩南語）——永遠都是談不進去，一定是雞同鴨講；你講這個，他聽不懂，他閒扯一堆；然後你聽來聽去，再要跟他講另一個法，他也不懂，他什麼都不懂。所以，世間外道們不知道三乘菩提的內涵，總以為　佛陀來人間就是要跟他們爭供養。佛陀需要爭供養嗎？他們根本不懂啊！所以佛陀有時候也不得不感嘆說：「**眾生愚癡啊！世間與我諍，我不與世間諍；外道與我諍，我不與外道諍。**」事實是如此啊！

且不說　佛陀那麼高的層次，就說我好了。我聽到有人說，密宗網站上那些喇嘛們都還在罵我們正覺，說我們是「阿賴耶外道」。阿賴耶識就是如來藏，又名眞如，證阿賴耶識的人會是外道？由此你就知道他們根本什麼都不懂嘛！因爲佛菩提的證悟就是要悟得阿賴耶識，經中也說證悟阿賴耶識的人就成爲聖人，也說諸佛都因爲證悟阿賴耶識而漸漸成佛。他們說證悟阿賴耶識的人是外道，那還有什麼人是佛門的內道？所以你先聽這一句話就知道：「唉！不可與語。」眞的沒辦法跟他講話。所以密宗有些人（現在比較少了），前些時候有些密宗的人大罵：「蕭平實根本沒辦法跟我對話。」我聽了都很認同，（大眾笑：…）因爲我眞的沒辦法跟他對話，雞同鴨講啊！這意思就是說，這一部《法華經》裡面講的這一些道理，我只能跟諸位說，只有你們是我的知音。我就算是要跟那一些密宗外道講，根本講不進去；跟那些南傳佛法的人講，也講不進去，那些人只好期之於未來世。

世尊又說：「是時諸子各乘大車，得未曾有，非本所望。」想想，如果你是當時的大阿羅漢，本來想：「能夠出離火宅就很好了，得到羊車了；沒想到佛陀除了給我羊車、鹿車以外，還給我那麼大、那麼莊嚴的大牛車，而且有幾條大白牛幫我拉著，走得很平穩又很快。」哎呀！太好玩了，眞的好玩，因爲法樂無窮。所以菩薩在人間弘法時，雖然有許多的橫逆，乃至有時不免殺身之禍而轉去下一世，可是菩薩仍然覺得法樂無窮，因爲菩薩對世間法並沒有企圖與追求。所以，像那些大山頭們要金鑾寶殿、要無量錢財或寶物，菩薩可都沒有興趣。不說那些大菩薩們，單單我就沒有興趣了。雖然我現在住在山上，可也是老房子；我也不想裝修，就這樣一天混一天；等到眞的不能用了，那時候再說吧！因爲每天在作事情的時候都覺得法樂無窮，有好多的勝妙法讓我玩，還有什麼需要起心動念去追求的？就不需要了，都是在菩薩道上所需要的才會去追求，如果跟菩薩道無關的那些世俗法，根本沒興趣。

所以，如果現在有什麼好機會可以再賺上幾億元，我也沒興趣。如果突然間天上掉下一件龍袍來，我也不想穿，因爲那都帶不到未來世去。可是我們在法上所得的那些種子都會繼續存在，讓我可以一世一世次第成佛，這不就是大白牛車嗎？但是剛剛學佛的時候何曾想望如此？從來不曾想像過說「我可以有這麼多的財寶」，不曾想像過。但是這一些財寶，如果有誰說要用世間法來買：「你這一個法寶賣給我，賣給我以後，你就沒有這個法寶了。」

就說每一樣賣一千萬元，我都不賣。如果眞賣，可要賣得很多、很多億了，但是賣了以後得到的錢財，能帶去未來世嗎？都不行。可是我們這些法寶一世一世都在，就這樣一世一世邁向佛地。

如果以大阿羅漢們當時的想法來說，本來的想法只是出離生死證得涅槃而已，卻沒想到成爲大阿羅漢能入無餘涅槃了，佛陀給的竟然遠不只如此，竟然是那麼高大的牛車，附帶了幾條大白牛來拉著，走起來四平八穩而又快速，還有一群隨從。隨從是什麼呢？這很大、很莊嚴的牛車，就譬喻你的眞如與佛性；大白牛車四面有很多的隨從，譬喻禪定之樂、四無量心、五根、五力、七覺支、八正道、四無所畏、四無礙辯，十力、十八不共法等等，這就是大白牛車旁邊的僕從，來侍衛著這個眞如與佛性，就這樣譬喻。那麼你想，這些都等著要給你；你什麼時候能得到，那就是你自己的事了。

所以說，像這樣的法，我們當然要啊！大家要把心量擴大，不要老是想著說：「我能證得阿羅漢果就很好了。」在以前是可以這樣想，因爲以前沒有人能幫你去獲得以及教你去駕御大白牛車。以前連羊車都沒有，因爲以前人家給的那個羊車都是用紙糊的，你根本坐不上去。更多的是什麼？弄個木板，一個板凳然後旁邊畫了羊車貼上去，大家坐在板凳上面大聲呼叫：「喝！喝！」但它就是不走，原來只是坐在畫著羊車的板凳上，不是眞的羊車，這就是以前的佛教界以聲聞法當作佛法的時節——當時他們全部都把聲聞法誤解了。自從正覺弘法以後，既有眞的羊車，也有大麋鹿拉著鹿車，可以坐上三、四個人，大麋鹿也拉得動；然後也有這種很大的牛車，好幾條大白牛幫你拉著，並且還有很多的侍衛。既然是這樣，你要選哪一種，就看你自己的心量了。你如果心量廣大了，就說：「我要大白牛車，再也不要鹿車跟羊車了。」因爲羊車走不了多遠，鹿車雖然走遠一點，也是不久就壞了，可是這個大白牛車可以讓你坐上三大阿僧祇劫。三大阿僧祇劫以後還是永遠不壞，你還可以繼續坐下去，隨你要坐多久。無窮無盡永遠不壞而且四平八穩的莊嚴牛車，只有諸佛造得出來，咱們就要這樣的車子。這樣子很清楚說明了以後，佛陀又怎麼說呢？

經文：【「舍利弗！於汝意云何，是長者等與諸子珍寶大車，寧有虛妄不？」舍利弗言：「不也，世尊！是長者但令諸子得免火難，全其軀命，非爲虛妄。

何以故？若全身命，便爲已得玩好之具，況復方便於彼火宅而拔濟之。世尊！若是長者，乃至不與最小一車，猶不虛妄，何以故？是長者先作是意：『我以方便令子得出。』以是因緣，無虛妄也！何況長者自知財富無量，欲饒益諸子，等與大車。」

語譯：【世尊又開示說：「舍利弗！在你的意下，你認爲如何呢？這位大富長者平等贈與所有的孩子們莊校了各種珍寶、有許多條白牛所拖拉的大車，這樣難道還會有虛妄嗎？」舍利弗回答說：「不虛妄啊！世尊！這位大富長者單單是教令這一些孩子們可以免除於大火的災難，讓他們保全了身體與性命，就已經不是虛妄的了。這是什麼原因呢？假使已經保全了身體與性命了，就已經同時保住了他們原來的各種可愛玩好之具，何況大富長者還巧設了方便，在那個被火所燒的舍宅之中，將他們拔濟於火難了。世尊！我如果是這樣的長者，乃至教令這些孩子們出離火宅之後，甚至連一輛最小的羊車也不給他們，這樣作都還不算是虛妄，爲什麼這樣說呢？因爲這一位大富長者，他先前所作的想法，意思是說：『我要以方便法，令這一些孩子們得以出離火宅。』在這樣的前提下，以這樣的因緣來引導孩子出離火宅成功了，就已經是沒有虛妄的事情了！更何況這位長者自己很清楚知道財富無量無邊，而且都想要饒益每一個孩子，都想要平等地給與他們大白牛車。」】

講義：這意思是說，世尊度化聲聞人成爲阿羅漢以後，並且幫助他們證悟佛菩提，就是給他們大白牛車，這是不虛妄的。大白牛車並不是說：你證悟之後馬上就具足了。假使這個幼童眼光如豆、個子矮小，他進了大白牛車以後，只能看見大白牛車裡面好多好玩的玩具，可是他看不見整個大白牛車的整體；那窗戶欄楯有一定高度，他也無法探頭上去看，因爲他還只是幼童啊！他還無法從那些窗戶看出去，所以他看不見大白牛車外面如何，也看不見車子外面有許多的隨從護衛著，他全都看不見，只能看見正前方的大白牛拉著車子前進。這就是說，假使有人悟了以後，向 佛陀請求說：「世尊！您不是說開悟以後有六神通，有四無量心，有四禪八定，有種種三昧，有十力、四無所畏，我爲什麼都還沒有？」有些人就會這麼問嘛！對不對？一定會這樣問：「不是說見性成佛嗎？我如今看見佛性了，爲什麼還沒有這一些妙法呢？」對啊！心裡面難免有所懷疑。

也許你想：「哪有這回事情？我能夠明心就已經很滿足了。」你很滿足，因爲心地很忠厚，但也有人不滿足啊！所以二〇〇三年那一批人退轉時，不就是這樣嗎？他們說：「證悟之後，一悟即至佛地，開悟就是成佛了，見性就是成佛了，所以開悟時就是證得佛地眞如了。」他們就要求要這樣。當然後來又改了：「悟了就是初地菩薩。」然後我說了初地的實證內涵以後，他們最後只好承認全部歸零，從頭修起，原來吃了龜苓膏啊！（大眾笑…）好，問題來了，所以他們的想法是說：「我們悟了就是要當下成佛，就是跟諸佛一樣。」所以他們提出一個主張：「若是眞的證眞如了，那就是說，當你身體被刀子割了很痛，那你叫眞如讓它不痛，就可以立刻不痛；你想要止血，祂就馬上可以幫你止血。」喔！原來他們的成佛是這樣的世間法。他們的成佛原來不是智慧，是世間法欸！這叫作愚癡嘛！

不過他們最後還是得要回到阿賴耶識來，雖然他們以前否定阿賴耶識。這是我在二〇〇三年就直接公開講出來，並且也寫在書上流通出去了。後來事實也證明就是如此，因爲除了阿賴耶識，他們哪裡去找眞如？眞如就是阿賴耶識顯示出來的，沒有第二個法可以有眞如法性。這是我早就斷言的，當他們離開二週後，確定不回正覺來了，我隨即公開唱說：「他們只有二條路：

第一條就是退回離念靈知落到意識去，另一條路就是後來發覺這一條走錯了，還是要回到阿賴耶識來。但是偷偷回歸阿賴耶識的眞如法性以後，對外絕口不提，偷偷回來。」結果已經證明眞是如此嘛！因爲除了阿賴耶識，就沒有眞如可證了。所以，如果悟了發覺說：「我同樣是證得眞如了，爲什麼還沒有佛地的境界？」這樣的懷疑也是正常的，但不會是諸位有這樣的疑；因爲諸位安分守己、心性淳善，所以你們不會這樣。但是曾經有人如此，我就把他們提出來說。

當然是有人會這樣想，所以 世尊事先就把這個事情處理好，免得以後有人再來問，所以就先問舍利弗：「你的意下怎麼樣呢？這位大富長者平等地給所有孩子們各有珍寶的大白牛車，這樣算不算虛妄？」因爲有的人眞的會亂講話，人在福中不知福，你給了他大白牛車，他反而跟你告狀：「你不是說要給我羊車嗎？怎麼不給我羊車？現在給我什麼大白牛車？」（大眾笑……）就是有這樣的人啊！以前也有人這樣，這是我度眾親自的經驗；我給他菩薩法就是大白牛車，結果他說他不要，他只想要證阿羅漢果。證阿羅漢果只是小小的羊車，他就是只要羊車，我給他大白牛車，他反而不高興。就是有這樣的人，那叫作愚癡人。

大富長者雖然允諾給孩子們羊車，但是等他出離火宅之後給他大白牛車，這個並不虛妄。譬如有的愚癡人，你昨天答應他說：「我明天要布施一千元給你。」到了明天，因為你突然間得到一筆財富，幾百億元的財產你根本花不完，結果你不是給他一千元，而是給他一千萬元，沒想到他竟跟你抗議說：「你昨天不是說要給我一千元的？今天怎麼給我一千萬元？你騙人！拿一千元來，我不要你一千萬元。」有人就是這麼愚癡，而我度眾的過程中就曾經遇到過。我給他明心開悟實相般若，他嫌不好，竟然抗議說：「我只要證初果就好。」或者「我只要證阿羅漢就好。」就是有這樣的愚癡人。

但是真要說起來，道理可就明白了，所以舍利弗說：「這位大富長者僅僅是救度這一些孩子出離火宅，就已經不虛妄了；即使連小小的羊車都不給他，也不算虛妄。因為目的就是要他們出離火宅，就是要他們解脫生死，所以羊車不給他，也都不虛妄，何況給了大白牛車！」而且這大富長者不是沒有資財，就是說諸佛不是沒有法寶，而是無量無邊的法寶，給孩子那一輛大白牛車，也只是大海中之一滴而已。既然有這麼多的財富，雖然說有羊車、鹿車、大白牛車，後來卻是全部給了大白牛車，這有什麼過失呢？何況還有很多要給的，就只是他們還沒有能力得到。因此 佛來人間雖然剛開始給了羊車、給了鹿車，後來還是給了大白牛車，完全沒有過失。

但是大白牛車不等於大富長者的所有，那大白牛車只是一個小意思而已；就等於說，當大家都出了火宅之外了，給他個見面禮，說穿了大白牛車就是見面禮。可是在咱們正覺同修會弘法之前，單是開悟這個見面禮，他們都不敢要，而且他們都說：「不可能啦！末法時代了哪有人眞的能開悟？」所以我曾經親自把法爲一位師兄送上門去，都還跟我扣帽子呢。這又是一個故事，我就不談他的姓名，因爲他還沒離開人間，講了就不好意思，我也曾經在增上班隱名講過。所以末法時代不比正法時代，而正法時代就已經有這樣的事情存在了，末法時代當然更會有這樣的事情存在，所以諸位要接受現在佛教界的怪相。咱們正覺出去到處就是要送給人家大白牛車，可是他們從來不想要，他們反而譏笑說：「你們正覺這個大白牛車是紙紮的。」可是當代佛教紙紮的羊車，他們卻當作是眞正的大白牛車，這就是目前佛教界的怪相。但是大家要見怪不怪，因爲未來世還有九千多年，咱們要繼續弘法，就得先爲佛教界建立正確的觀念：見怪不怪、其怪自敗。咱們就這樣繼續弘法下去就行了。

話說回來，這個譬喻其實絕非偶然，有它的背景，佛陀的時代就已經這樣：若不用這樣的誘喻之法，大乘法就無法弘傳。假使二十年前我出來弘法時公開說：「你們只要來跟我學習，悟了就會有六通。」一定會有很多人來學。可是有智慧的人他來學了，悟了以後，他發覺受騙時，依舊會很歡喜。沒智慧的人可就不一樣了，就大大不歡喜說：「蕭平實騙人！爲什麼我沒有六通？」好了，等到哪一天忍不住了，來問我，我就告訴他：「你觀察一下，你悟的這個眞如心，有沒有在你六根之中互通啊？」觀察了一下：「嗯！有。」「那不就是六通了嗎？」「喔！原來你講的六通是這個喔！」這時候終於願意上當了，我說這個人就是笨啊！

聰明的話，悟後解三回到家中，想一想：「六通？對啊！都在六根全部通流，怎麼沒有？這就是六通啊！」他就接受了。如果他夠笨，過一段時間就會來問。還眞的有人來問我，我就告訴他：「那眞如不在你六根之中通流嗎？」「喔！原來老師講的六通是這個喔！」我說：「不然你要什麼六通？」

證眞如是如此，眼見佛性也是一樣，佛性在六根中全部通流，這也是六通。但是我有沒有過失？我假使提出一個宣傳說：「來我正覺學法開悟了，一定有六通。」我也沒過失，因爲未來進修到第三地即將滿心之前，還是會有六通的；那時六種神通還是會有，但是我現在說的六通依舊沒有過失，只是沒有明講是哪一種六通而已。但其實還是有六通，我還是沒有騙人，所以這仍然不是虛妄。

這就是說，要怎麼樣在佛法中實證，並且懂得說：「我被騙了，但我被騙得很高興；因爲自己眞的實證了，這才是重要的。」即使是修學眞正的二乘菩提，難道不也是被騙嗎？實證了出火宅的正法時，就是被騙；眾生本來在火宅中生老病死，被火燒死了也燒死得很高興。被火燒死都是很高興被燒死，爲什麼呢？因爲被燒死以後，眾生又都急著投入火宅中。眾生不就是這樣嗎？有哪一個眾生在火宅中被燒死以後，就想要出離三界火宅？沒有啊！每一個都是說「我要再去投胎」，那不是又投入火宅嗎？都是這樣嘛！所以出離火宅是不容易的。

但是要拔濟眾生於火宅之外更困難，因爲懂得要離開火宅的人永遠都是少數。以古印度來講，想要出離火宅的人確實很多，可是那一些自稱出離火宅的人，他們其實也都不想出離火宅。佛陀剛開始弘法時，很多很多的外道們都自稱是阿羅漢，自認為已證涅槃；可是那些「阿羅漢」們，他們的想法是死了以後或者進入初禪中安住，或者就是一念不生的心，或者是在欲樂之中的覺知心常住，要重新去保持著；那麼等而上之，就說「我要保持著二禪中的覺知心」，乃至「保持四空定中的覺知心」等等，他們以為那樣就是出離火宅、證涅槃了。

但問題來了，如果那樣就是出離火宅，那他們當時應該已在三界外了，可是他們所說的那一些境界都是有意識心繼續存在，都不離三界；而且等而下之，那就是「我現前五欲中的覺知心真實存在，我將來就住於這個領受快樂的覺知心境界之中不生不滅，這就是涅槃」。他們說要出生死，不斷地主張說要出生死，也主張說那樣就是出離生死，認為自己未來不會再受生了。可是嘴上說不願再受生，到了死後中陰身出現時，為了要保持那一個在五塵中享受五欲的覺知心繼續存在，他們又不得不重新再去受生；所以他們都是口說要出離生死，實際上的作為是要繼續流轉生死。這正是心中想要離開火宅，可是死了以後又繼續投入火宅，因爲火宅的範圍他們都不知道，就是說他們還不懂《阿含經》中說的「生天之論」等次法，住在火宅裡面卻都不知道那就是火宅。

甚至於火正在燒，他們也不知道火正在燒，還覺得很快樂。那個時候如此，延續到今天還是如此。所以密宗喇嘛們以及那一些暗中修密的佛教大道場，白天爲了名、爲了利，外火所燒，五陰中的無常火也不斷地在燒；然後晚上要暗地裡與女人合修樂空雙運，又被內火所燒。你看他們內火、外火再加上無常火，那不都是火嗎？可是他們卻認爲說樂空雙運時就是出離火宅的成佛境界了。所以他們都是口說要出離火宅，實際上愛樂於火宅裡的境界。因此，諸佛來人間要度化眾生出離火宅是非常困難的，雖然設下了羊車、鹿車、大白牛車之譬喻，說要給他們三車；然而 世尊只要他們能出離火宅，就算連羊車都不給他們，其實也不虛妄，因爲他們已經被誘導而出離火宅了；但是既出火宅以後，可就全部都給大家大白牛車，這就是 佛來人間最重要的目的。所以等大家證得二乘涅槃之後，其他的佛菩提無上妙法，就一步一步再給他們，這就是大白牛車。

上週《妙法蓮華經》講到三十八頁第一行，今天要從第二段開始：

經文：【佛告舍利弗：「善哉！善哉！如汝所言。舍利弗！如來亦復如是，則爲一切世間之父。於諸怖畏、衰惱、憂患、無明闇蔽，永盡無餘；而悉成就無量知見、力、無所畏，有大神力及智慧力，具足方便、智慧波羅蜜，大慈大悲常無懈惓，恒求善事利益一切而生三界朽故火宅，爲度衆生生老病死憂悲苦惱、愚癡闇蔽三毒之火，教化令得阿耨多羅三藐三菩提。見諸衆生爲生老病死憂悲苦惱之所燒煮，亦以五欲財利故受種種苦；又以貪著追求故，現受衆苦，後受地獄、畜生、餓鬼之苦；若生天上及在人間，貧窮困苦、愛別離苦、怨憎會苦；如是等種種諸苦，衆生沒在其中歡喜遊戲，不覺不知不驚不怖，亦不生厭，不求解脫；於此三界火宅東西馳走，雖遭大苦，不以爲患。」】

語譯：【佛陀告訴舍利弗說：「你講得很好啊！你講得很好啊！」爲什麼這麼說呢？正因爲舍利弗完全認同世尊的說法，所以世尊接著說：「就像你所說的這樣。」接著又呼喚了舍利弗：

「舍利弗啊！諸佛如來也都是像這樣子，都是一切世間眾生之父。於種種的恐怖畏懼之事、以及衰損煩惱之事、各種憂患、甚至於各種無明黑暗遮蔽的所有愚癡無明，如來已經永遠滅盡而沒有絲毫的遺餘；而且全部都成就了無量的所知所見，具足了十力、四無所畏，有難以信受的大神力以及智慧的力量，具足了方便善巧波羅蜜，也具足了智慧波羅蜜，對於三界一切眾生總是大慈大悲而永遠沒有懈怠或厭倦的時候，永遠尋求以各種善事來利益一切眾生，爲了這個緣故而受生於三界這個老朽腐敗被火所焚燒的宅院之中，是爲了度化眾生離開生老病死憂悲苦惱、以及愚癡闇蔽等等三毒之火，教育及化導而想要使眾生親證無上正等正覺。如來看見所有眾生們被生老病死憂悲苦惱所燒所煮，也因財利五欲的追求而領受種種的苦痛；又因爲貪著財利和五欲的緣故，在貪求時、追求時，現前就是正受種種的痛苦，不幸的是追求而獲得之後還要再領受地獄、畜生、餓鬼道的種種痛苦；那麼如果生在人間又不免有貧窮困苦，假使生在人間乃至生在天上又不免有愛別離苦、怨憎會苦；像這樣有種種數不盡的痛苦，而眾生不覺不知，沉沒在三界六道之中，在裡面痛苦地歡喜、痛苦地遊戲而不能覺察，也不了知痛苦的事實所以既不驚慌也不恐怖，並且根本都不對三界六道的境界產生厭離心，所以不求解脫於三界的八苦、三苦；這些眾生們就這樣在被火所燒的這個三界宅院之中，忽而向東忽而奔西來去馳走，雖然往往遭逢很大的苦痛，卻不覺得這是災患。」】

講義：這正是三界眾生的寫照！也許有人想：「那是一般眾生，咱們佛門裡面的修行人就不是這樣啦！」但是我卻要反問「眞的嗎」，後面再加上一個斗大的「？」問號，我們就來看看是不是眞的如此。如來就像那個廣大豪宅被火所焚燒的大富長者一樣，因爲他富可敵國，難以記數他的財富，諸佛如來正是如此。想想看，菩薩們努力隨佛修學三大阿僧祇劫才能學完。譬如以華嚴 善財大士五十三參來說，從凡夫地初信位開始，這樣一位善知識又一位善知識一直親近修學，然後第五十一參才來到 彌勒菩薩的大寶樓閣中。這大寶樓閣裡面表示什麼？表示佛法珍寶無量無邊，但是 彌勒菩薩把這個授給他了以後，卻又指引他回到 文殊菩薩那裡去。這是什麼道理？也就是說，後面第五十二參時，他仍然要回歸到智慧，這樣才成爲等覺圓滿的大士。

所以 善財童子不是小孩子，很多民間信仰畫 觀世音菩薩時，有畫竹林觀音，把 善財童子畫成一個小孩子。但「童子」不一定是指小孩子，而是說他修童貞行，所以他終生都不結婚。而且，善財五十三參參完了以後已經是個大士，怎麼還像那個不懂事的小孩子一樣？所以民間信仰是有很多奇奇怪怪的不如法事情，那就不談它。話說回來，善財大士經由這五十三參—這五十三參是參訪五十二個階位的善知識—那麼他這樣參完而成爲等覺大士，諸位有沒有想到一個問題？讓他成爲等覺大士的這五十二位善知識是不是都跟著諸佛在學法？（有人答：是。）正是囉！善財大士這樣示現是告訴我們什麼道理？是告訴我們說：三大阿僧祇劫是跟隨所有的善知識學，就是直接以及間接追隨於 世尊學法。因爲學法的過程中，不可能每一個人都一天到晚跟著 世尊。如果每一個人都跟在 世尊身邊學法，全部都親自跟著學，那 世尊如果一天排五個弟子開示，這一些徒眾們很多人等到 世尊入涅槃了都還排不上。這就是說，諸佛在人間示現是有很多因緣的安排，絕對不容易。

或許你們想：「妙覺菩薩最好了，就是閒著沒事，專等著人間因緣成熟就來成佛。」錯了！他等著要來人間示現成佛之前，眞是忙得不亦樂乎，不是閒著沒事；因爲他第一次要來人間成佛的時候，所該具足的各項因緣，以及所有的人事都要先安排好。他必須先安排一些等覺大士、十地菩薩、九地、八地等等菩薩眾，全都要預先安排好，然後來人間示現的時候才有這些人幫著他作事，這樣才有辦法示現圓滿的八相成道。所以妙覺菩薩都很忙，不是到了等覺、妙覺菩薩位就沒事，只等成佛。那麼，當　善財童子這樣子一一參訪善知識之後成爲等覺菩薩了，這個過程一樣是隨佛修學，而他所參訪的所有善知識們也都是跟著佛學，何曾有一人不隨佛修學呢？所以，如來有直接攝受的眾生，有間接攝受的，也有輾轉攝受的，但是都以平等心視一切三界有情如子，所以說如來「爲一切世間之父」。

但是如來與阿羅漢不一樣，如來無所怖畏。以前提婆達多去聯絡阿闍世王，約好了：一個要當新王，謀害父王；一個要當新佛，謀害舊佛。他們約好了，所以有一天提婆達多從山上推下石頭，那一顆大石滾下山來——雖然他有神通而推了下來，當然不可能砸到　佛陀，不過碎石倒是砸到　佛陀的腳趾頭，所以流血，當然提婆達多便因此下阿鼻地獄，但這個還不足以顯示　如來的離諸怖畏。隨後阿闍世王依照計畫，把一頭大象灌很多酒，又在象牙上面綁了鋒利的刀子，最後是在象尾綁了草、上了油、點了火，向 佛陀衝過來。那大醉象尾巴燒了火很痛，當然一直往前衝；牠已經心情迷亂了，向 佛陀衝來。那些阿羅漢們有神通的都飛到天上去，沒有神通的轉頭就趕快逃跑，只剩下阿難一位跟在 佛身邊動也不動；因為阿難對 佛有絕對信心，佛陀的威德他看多了。那麼大醉象衝了來，佛陀只是伸出五指，那大醉象便驚嚇到糞尿齊下，癱在地上。

大家也許想：「那只是神話啦！你也信？」假使哪一天你被 佛陀召見的時候，你就知道那個威德。那還不是故意要用威德示現給你知道的，如果是特地示現威德時呢？也就可想而知了。後來 佛陀跟那大醉象講了幾句話，大醉象突然就清醒了、懺悔了，然後隨即死了。當場死了，好不好？好啊！因為牠馬上往生四王天去當天人了，你說好不好？對 佛一念之善就是這樣啊！凡是有善心於賢聖，暗中都會得到好處。由此看得出來，佛陀無所畏懼，可是三明六通的大阿羅漢飛到天上去了，就飛得高高的，在七多羅樹的高度看著 佛陀有沒有被撞。

那你說，大阿羅漢們有沒有畏懼？有啊！其實阿羅漢們本身不是怕死，那個畏懼是因為怕死的習氣種子還沒有滅盡，這個習氣種子要到七地滿心才斷盡。所以，如果八地菩薩看到大醉象衝來，他也不會怕，因為他也足以降伏那隻大醉象，為什麼呢？因為習氣種子已經斷盡，於相於土自在了。由此看來，在事相上來說，佛陀是無所怖畏的。那麼再從法上來說，八地菩薩能降伏一切；可是且不說八地，就說乃至九地、十地、等覺的菩薩們，大家見了　佛陀時都恭恭敬敬不敢放肆。但是誰敢放肆？凡夫！凡夫就敢放肆。證量越高的人見了　佛就越恭敬，因為深知不如。凡夫卻不是這樣想的，凡夫想的是：「佛陀還不跟我一樣每天要吃飯？」他想的是這樣，但不知道　佛陀的本質。可是菩薩們證量越高就知道得越清楚，就越發知道自己距離佛地是多麼遙遠。

所以說，如來一切的怖畏永盡無餘。那至於衰惱呢？更不用說了。為什麼會有衰而生惱？衰，閩南語叫作「衰（讀作雖）」，也就是倒楣的意思。如來沒有衰惱，因為已經福德圓滿了，怎麼會有衰惱呢？但是為了度眾生，為了示現因地那一些事情必定會產生的因果事實，是可以示現的，但那只是一種示現。因爲阿羅漢就可以離開因果報應了，當他入了無餘涅槃，那一切果報就及不上他了，全都到不了他身上了，何況是如來呢？所以如來的衰惱永盡無餘。

又譬如說憂患，是爲什麼而有憂患？阿羅漢也沒有憂患，因爲他一心想著要入無餘涅槃。可是阿羅漢一旦迴小向大，行菩薩道而且永無休止時，他的憂患可就一大堆了，因爲不許入無餘涅槃。好了，未來世該有些什麼福德、該修些什麼法道、該證些什麼智慧三昧和禪定三昧等等，都得考慮了，那他就有憂患了。也許你說：「那是阿羅漢還沒有入地，入地以後就沒有了。」其實不然，入地以後還有入地後的憂患，而各種憂患都要到七地滿心時才斷盡。所以七地滿心進入八地，這是一個大關卡，而三賢位要進入初地，也是一個大關卡，這是三大阿僧祇劫的佛道中的二個大關卡。那麼，入地以後要進入四地，那就是一個小關卡，爲什麼有關卡呢？是因爲福德。因爲想要滿足三地心而入四地時，那要很大的福德，這也是一個關卡；但是不像三賢位入初地，也不像七地入八地那麼難。所以各有各的憂患，可是如來的憂患永盡無餘。

那麼，眾生都是無明闇蔽，阿羅漢的無明闇蔽消除了一部分，就是分段生死的現行已經斷盡了，可是煩惱障所攝的習氣種子，阿羅漢們可都具足存在；所以這也算是無明的一種，不能說他無明已經永盡無餘。譬如，你們看正覺的親教師們在電視台上弘法有講了什麼？畢陵尙慢。我們可以講另外一個好了，難陀比丘「尙」什麼？尙貪。難陀比丘有三十種大人相，只是比 佛的大人相差很多，不很明顯而已。但他最喜歡女眾，有時候一大早，他就到村落裡，看人家女人剛剛起身，在後院刷牙洗臉衣服不整的樣子，他喜歡看，但他卻是大阿羅漢。你們看到了，也許罵說：「那叫什麼阿羅漢？一天到晚都喜歡看人家女人衣服沒有穿好。」但他眞的是阿羅漢，這是因爲他很多世以來一直都是跟女眾在一起，大家都呵護著他，他跟女人在一起慣了，所以習氣一直留著。

可是難陀也最有慈悲心，他見了女人都想幫忙，所以他未來成佛的時候會有很多人跟著他，因此在法上有所實證的人就很多。他很有慈悲心，就只是這個貪難斷；可是他不會起現行，只是習氣種子還在。所以如果哪一天，誰畫了一位阿羅漢比丘在城裡，看人家女人剛起床刷牙洗臉衣衫不整或者坦胸露背的，眼睛睜得好大，你就不要罵說：「誰這麼缺德？把阿羅漢畫得這麼不值。」但那阿羅漢如果是難陀，可就是眞的。其實難陀的尙貪，律部還有記載的其他事情，也有些像優陀夷證阿羅漢果以前的事，那就不在這裡講，因爲妳們聽了會臉紅，這就是說阿羅漢各有習氣種子還沒有斷盡。那表示什麼？煩惱障所攝的微細無明仍然還在，所以這個無明闇蔽還在。

三明六通大阿羅漢總不會有無明闇蔽了吧？不！就算他迴心大乘證悟明心了，還是有一大堆的所知障所攝的無明闇蔽。也許有人想：「入地就沒有了。」入地還是一樣一大堆的，只是不像阿羅漢那樣；乃至到了八地、九地、十地、等覺，都還有無明闇蔽。也許有人不信，咱們講一件事好了，如來四智圓明，其中有一個成所作智，那是八識心王每一個識都可以獨立去運作的，這八識心王一一心所法也獨立去運作的。等覺菩薩無法想像，甚至於妙覺菩薩即將成佛前的那一剎那，也都還無法想像，這表示仍然是有無明闇蔽，所以唯有如來的無明闇蔽是永盡無餘的。

這些話，如果我是二十年前講，那外面的人聽到了，一定罵翻了，大概會說：「這蕭平實在講夢話。」一定會說我講夢話。但是今天大家不會這樣，因爲知道佛菩提確實不同於二乘菩提；至少就我們所寫出來的這一些書裡面的解說，他們只能信受而無法推翻。因此說，如來於諸怖畏、於諸衰惱、於諸憂患、於諸無明闇蔽，確實永盡無餘；正因爲這一些煩惱都永盡無餘，所以能夠成就無量無邊成佛所應知的所知與所見，因此而具足了十力，具足了四無所畏與三不念，也就因此而有了大神力和大智慧力。所以，後面這一些都要先有前面的所修因，後面的這一些所證果才能夠成就。

那麼，具足了方便波羅蜜，這是在七地滿心時就圓滿成就了。阿羅漢證俱解脫以後要入滅盡定，得要上了法座，然後由初禪入二禪，二禪入三禪，一直轉進到無所有處定，才轉入滅盡定。然而，七地滿心菩薩念念入滅盡定，阿羅漢無法想像，但這個不是從修定來的，而是因爲智慧得來的。且不說這個，單說三地菩薩可以轉變人家的內相分，二地滿心菩薩可以轉變自己的內相分，所有大阿羅漢們都不能想像；因爲這是他們迴心大乘再證悟以後，還要繼續修學很久才能獲得的，除非是　佛加持；何況是七地菩薩的念念入滅盡定，他們怎能想像呢？七地菩薩有方便善巧波羅蜜，再進修一大阿僧祇劫以後成佛的　如來難道不會有嗎？當然更殊勝啦！

還有呢，智波羅蜜。這是進入八地後，九地再繼續修，圓滿四無礙智而得力波羅蜜，然後在第十地滿心才能圓成的智慧波羅蜜，這時候才能夠說法如雲如雨、永不中斷，這都不是大阿羅漢們能想像的；因爲不迴心的聲聞大阿羅漢們，光聽到第七住位明心菩薩所說的實相般若，他就很費思量了，怎麼想也想不通，更何況是入地以後再進修二大阿僧祇劫，成爲十地滿心的智波羅蜜，如何能想像？也許有人不信，那麼譬如說，哪一天一個阿羅漢來問禪師：「如何是佛？」禪師也許就像雲門那樣說：「綠色的瓦片。」那阿羅漢絕對聽不懂。也許你想：「那還不懂，太簡單了，綠色的瓦片，我怎麼聽不懂？」問題是，弦外之音聽出來了沒有？綠色的瓦，當然大家都聽懂，小學生就聽懂了，但是弦外之音呢？因爲人家來問：「如何是佛法大意？」或者來問：「如何是佛？如何是如來？」雲門說：「綠瓦。」有時候也許覺得這個人沒有緣，不太喜歡，就跟他講：「乾掉的大便。」就是「乾屎橛」啊！那你說阿羅漢怎麼能懂？所以有人來問：「如何是佛？」雲門說：「胡餅。」奇怪了！佛竟然變成胡餅啊？可是有的人不服氣說：「那些禪師們都是自由心證，沒一個標準啦！」問題是，同樣證悟的禪宗祖師們，一個人說一個樣，可是標準卻是同一種，只是沒有悟的人看不出標準在哪兒。

所以雲門那個胡餅講出至今一千多年，依舊沒人懂得。雪竇禪師當年說：「胡餅䂖來猶不住，至今天下有淆訛。」我卻說：「胡餅䂖來已千年，學人至今有淆訛。」䂖，是祝賀的祝，下面加個泥土的土；這個字，現在台灣的河洛話都還在用。䂖，就是直直地丟過來；例如一支長的棍子或者箭，筆直地丟過來，叫作䂖。所以，雲門那一個胡餅就這樣子直直地䂖過來，已經䂖了一千年；我的意思是說，從雲門那時把胡餅䂖出去，來到現在已經超過一千年了，可是當代的人經過這麼久了都還弄不懂，所以大家各自解釋胡餅，一個人說一個樣，眾說紛紜淆訛不清。這表示什麼？表示禪師們認同雲門那個「胡餅」。可是，雲門答人家的不只「胡餅」欸！例如花藥欄啦、露柱啦……，他答得太多了。可是，為什麼證悟的禪師都認為他所答的都一樣呢？這表示其中是有一個標準在的，這就不是自由心證了。

然而「如何是佛？」假使你正在吃燒餅油條，你就告訴他：「燒餅。」阿羅漢一定聽不懂；既然他聽不懂，你就說：「外送一根油條。」阿羅漢還是聽不懂，可是菩薩在旁一聽就知道了。所以智慧，同樣是智慧，就像閩南語說的「三不等」，好壞之間相差太多了。諸佛同樣是證得智慧，等覺菩薩也是智慧，十地、九地、八地、初地也是智慧，十迴向、十行、十住乃至七住位菩薩也是智慧；可是不同地的智慧，其中的深妙與廣大就很不一樣。單單最淺的七住菩薩的智慧，不迴心的阿羅漢們就聽不懂了，那你說十地滿心的智慧波羅蜜多，阿羅漢們如何想像呢？且不說阿羅漢，就算大阿羅漢迴小向大證悟了，佛加持他成爲初地菩薩了，也還是無法想像十地菩薩的智慧；但是，十地菩薩及等覺、妙覺，也都無法想像如來的智慧。由這裡來看，你就知道那一些人成天大聲地說「阿羅漢就是佛」，一定是三乘菩提全都不懂的凡夫。眞正懂的人可不敢隨便講欸！因爲菩薩們的這一些位階，只差一階就差很多了。

所以如來的智慧波羅蜜不可想像，因爲十地滿心菩薩都無法臆測等覺、妙覺的智慧，而等覺、妙覺都不能臆測如來的智慧。雖然是這樣子，如來卻是「**大慈大悲常無懈惓**」。如果是一般凡夫的想法卻是說：「**好極了！我成佛了！現在就是坐享其成，收割的時候到了。**」問題是，祂要收割什麼？沒有什麼可以收割的。因爲自己的福德圓滿了，何須要期待於眾生的福德，而自己的福德也已經具足圓滿了，那祂還要再收割什麼？譬如說，給你一個大卡車好了，你卡車都裝滿了，你還能再多載什麼？路上再有黃金，你也不必多載一些，因爲你卡車都已經裝滿黃金了，再也裝不下了。所以如來這樣的境界，卻是無所求於眾生的，因爲智慧也圓滿了，不必從眾生那裡求任何智慧；福德同樣圓滿了，也不須要跟眾生求什麼福德。但是卻因爲智慧與福德圓滿，所以恆生大慈大悲之心，一直都把三界所有眾生當作自己親生的兒子一樣看待。這個心態是常，而且永「無懈惓」；常就是永遠不改變，因此自始至終都是「無懈惓」。「無懈惓」是要幹什麼呢？是「**恒求善事利益一切而生三界朽故火宅**」，永遠都是爲了尋求造作一切善事來利益一切有情，爲了這個緣故而不斷地受生於已經腐朽的、很老舊的三界火宅之中。

三界世間爲什麼叫作火宅？因爲諸佛常常發大心受生於人間，但人間是欲界世間，不但有風災，有水災，更有火災。在欲界是被自然的火以及內火所燒的境界，是最煩惱的世間，而如來都無所畏懼，爲了我們特地受生於欲界中。但欲界還是三界裡的境界，常常會朽壞；且不說欲界，整個三界其實都是「**朽**」而又「**故**」，也就是腐朽而又很老舊。以前一神教徒很迷信，他們說上帝創造世界至今以來有六千多年。現在他們當然不敢再講了，因為地上隨便一顆石頭，科學檢驗出來的結果大多是幾十億年前形成的，所以他們現在不敢再講世界生成至今六千多年了。你如果到深山裡去，有時候往往遇見一棵樹，那一棵樹就是一千年、二千年。山上很多東西一化驗的結果，都是好幾億年；但他們的上帝創造世界才只有六千多年，顯然地上的石頭不是他創造的，那他怎麼叫作萬能的造物主？因此說這個世界眞的很老舊，「故」就是老舊。

你想想看，在山上，當你爬山的時候不小心踢到了貝殼，那是從石壁上剝落下來的；然後抬頭一看：「欸！石壁上都還有嵌著貝殼呢！」哪裡來的？是因為滄海桑田，那石壁在幾億年前還是在深海底下的，海獺或什麼動物吃完貝類以後，把貝殼丟棄沈在海底，然後泥土一直累積，時間久了就被壓在泥土裡面，連泥土都變硬成為水成岩了；後來地殼不斷地變動，幾億年以後就被拱高變成山上去了。有時候種桑的田裡，挖土時不小心也掘到海生貝殼，眞的叫作滄海桑田。那塊地原來是海底，從海底升上來，那是多久的時間？至少也得幾百萬年吧？且不說幾億年，單是幾百萬年就算很舊了；因為很舊，所以很多東西都破破爛爛，因此才要不斷地新蓋房子，肥了現代的營造業。如果房子都不壞，他們還賺什麼錢？所以三界就像這樣子，眞的是「朽故」，而且終究會被劫火所燒；而欲界中更加有內火所燒，所以眞的是「三界朽故火宅」。

如來明知道三界中是朽故的火宅，爲什麼還要來受生示現？無非就是爲了度化眾生超越生老病死憂悲苦惱，來度化眾生滅除愚癡闇蔽的三毒之火。眾生無非就是貪瞋癡，因爲有癡有瞋也有貪，所以不斷地生在欲界中，除非你是乘願再來。那麼，一般眾生是乘著貪瞋癡的煩惱而來，是沒有辦法離開欲界的，所以說你們都是再來人，沒有一個人不是再來人。我書上寫了這個道理，後來發覺密宗喇嘛們有在讀我的書，也學了這一句去了：「誰不是再來人？」還說得理直氣壯。可見他們有被我洗腦洗了一點點，雖然他們心中還是不服氣。好了，如果沒有貪，但是有癡也有瞋，那就不離色界；如果沒有貪、瞋，可是還有癡，也就不離無色界。

總而言之，欲界是三毒具足，色界有二毒，無色界有一毒，所以三界無非就是貪瞋癡。眾生有這一些痛苦，有三毒之火，如來就是爲了度化眾生離開這一些痛苦、滅掉三毒之火，才要這麼辛苦來受生於人間。來到人間之後就是教化眾生來證得無上正等正覺，那一些主張說「阿羅漢就是佛」的人，他們有沒有看見過哪一位不迴心大乘的大阿羅漢宣稱自己證得無上正等正覺？他們沒辦法舉例。所以他們講話是不負責任的，不但對眾生不負責，也對自己不負責。不負責有兩個道理：一個是不願意負責，另一個是不知道該怎麼負責，因爲他們沒有智慧。

「**教化令得阿耨多羅三藐三菩提**」，那麼，無上正等正覺，一定是第一義諦中才有，可是二乘解脫道只是世俗諦。那一些凡夫大師們連世俗諦都不懂，卻敢自稱說：「**我是八地、我是九地菩薩。**」哇！膽子好大！所以，假使哪一天有誰來說：「**老師啊！你可以宣稱是十地了。**」我說：「**免了！你別害我下地獄。**」只有不懂的人才會亂說。這就是說，他們是連世俗諦都不懂的，所以宣稱入地或成佛的大法師，她怎麼解釋世俗諦的呢？她對二諦的解釋很有趣呵！她說：「**法師們把佛法教給眾生，這就是第一義諦；眾生用財物回報供養法師，這就是世俗諦。**」所以你們讀她的書，千萬別在吃飯時讀。你說那樣的大法師解說佛法，可笑不可笑？這還是聚眾幾十萬，信徒號稱有一千萬的大法師欸！這就是末法時代佛法可殤之處。有的人好一點，他說：「你實證了如來藏，有了實相智慧，就是第一義諦；敘述這一些第一義諦的語言文字，就叫作世俗諦。」也有人這樣講啊！你們都覺得可笑，可是人家不覺得可笑，他還講得理直氣壯。

這就是說，唯有證得阿耨多羅三藐三菩提—唯有證得無上正等正覺—的無分別法，才能夠說他學的是佛菩提，否則最多終究只是二乘菩提而已。什麼是無上正等正覺？一定是所證的這個法在三界中無有一法能上於祂，沒有一法能與祂相提並論。換句話說，這一個無分別法，祂就是三界的根源、宇宙的本源，是一切有情眾生的本地風光、本來面目。這樣的無分別法，三界中是沒有一法可以超越於祂，沒有一法能夠比祂更高，這樣才叫作無上。而這個法是本來就無分別的心，證得這樣的法，祂是平正而無法加以月旦或者增減，所以叫作正等。要有這樣的覺悟，才是眞正的覺悟。那麼，三界有什麼法是這樣的法呢？就是無分別法第八識如來藏。所以必須證如來藏，才能夠說是證得無上正等正覺。但是證得這個無上正等正覺，並不等於已經究竟圓滿了，後面還要繼續進修。

而如來爲什麼永遠都是「大慈大悲常無懈惓」呢？正因爲看見諸眾生被「生老病死憂悲苦惱」所燒所煮。你們常常會看見左鄰右舍，有時候甚至是自己家裡：「哎呀！又添了個金孫了，又添了個千金了。」哇！好高興呵！可是沒有一個人想到說：「他不曉得是十個月前在哪裡死掉？」對不對？都沒有想過這個問題。如果你有智慧，例如媳婦幫你生了個金孫，你有智慧，你就會想：「可憐呵！不曉得他十個月前是在哪裡死了？那時是否死得很苦呀？」對吧？那時候你還會歡喜踴躍嗎？不會啦！就當作平常事了。喔！所以你看，那一些有錢人爲孩子辦個滿月，那樣大肆花費，我就說：「愚癡！」因爲他沒有智慧，看不清那孩子前世死後今世來生這背後眞相。有生就因爲是有死，如果不是十個月前他在別的地方死了，今天爲什麼能被人家來爲他慶祝出生滿月呢？所以有智慧的人都覺得這是平常事，臨死的時候微笑跟大家 say goodbye 就行了，未來世有緣自然就再三相聚。若是此世結了惡緣，那麼來世就少相聚，或者不相聚也沒關係，因爲沒有好緣嘛！有緣自然會再度生在一起。

這就是說，眾生在生老病死當中不斷有各種憂悲苦惱；可是這一些痛苦，眾生自己並不知道，所以在生老病死當中常常被燒煮。也許某個大戶人家生了個兒子，那個兒子上一輩子是被人家殺了煮了吃掉的，只因爲業報盡了，所以因剩下的福報來生到他家；但這孩子生到他家來是要來幹什麼？來收債，因爲那孩子往世欠了人家的大筆債得要先還，還完了以後，這一對父母曾經欠了這孩子，那麼就生來他家收債。他的父母不知道他上一輩子被人家殺了燒了煮了，現在因爲他的出生又去買了一些眾生來殺了、燒了、煮了，就這樣互相殺來殺去、煮來煮去、吃來吃去。還記得嗎？寒山大士看見人家娶親時，不是說過嗎：「六道輪迴苦，孫兒娶祖母；牛羊席上坐，六親鍋裡煮。」前世的父母呢？如今竟然是「鍋裡煮」。對不對？對啊！《楞嚴經》也這麼講啊：「羊死爲人，人死爲羊。」就這樣子互相吃來吃去啊！所以吃人家一斤肉，未來世也得要還人家一斤，很公平啊！因果就是這樣啊！

可是近來好像有人想要超越因果，最近不是常常在討論要不要廢除死刑？請問：在因果律裡面，殺了人未來世要怎麼樣？要還命啊！你看，安世高就是爲了還命，他想要提前還，這樣修道比較容易：他來受生的目的就是爲了還命，所以故意跑去往世被他誤殺的那個人後面走著，那人挑著擔子，繩子突然斷了，扁擔往後面一耙打過來，打壞他的腦袋，當場死了。這就是償還往昔宿業而顯示出因果律。不同層次的眾生，都各有往世不同的業因。譬如 佛講的無量劫以前，有一世當小孩子的時候，人家撈了魚，那漁網裡有一條大魚活蹦亂跳，他就去拿了棍子在大魚頭上敲了三下，那魚死了，結果 世尊成佛以後，顯示出來的因果就是頭痛三天，這就是因果律。如果被害的對方一樣是人類，某甲殺了人，未來世就要還對方人身一命，這就是因果律。如今他們覺得自己很厲害，想要超越因果律，主張惡意殺人者可以免除死刑。我是沒有那個能耐的，我覺得自己不厲害，他們顯然比我厲害。

話說回來，這就是說，眾生都逃不過因果，都在三界中生老病死而且被憂悲苦惱所燒所煮。正憂傷的時候、正苦惱的時候，那不就像是被三界火所燒煮嗎？也許有人不相信說：「我賺錢賺得很快樂啊！沒有被憂悲苦惱燒煮啊！」賺得很快樂，眞的嗎？譬如說，假使他的薪水很高，一個月二十萬元好了，好不好？這算很高薪水了，在經濟不景氣的現在。但他是不是得要朝九晚五？要啊！下大雨也得出門，大太陽也得出門，寒流來了乃至下雪了，他都得要出門，這不辛苦嗎？所以他是這麼辛苦才賺來的。一個月領到二十萬元，也別太高興啦！要想想：「我是一個月這麼辛苦才賺來的。」是啊！很辛苦啊！這就是說，爲了追求財利的時候就已經在受種種苦了。

可是這樣看來，我更笨，因爲我受種種苦而竟不求財、不求利，眞的是傻瓜一個。可是傻瓜才是有智慧的人，因爲如果藉著弘法獲得財利，那是把這個善業因果作小了；你若是全部用來弘法而不藉正法獲得財利，福德留到未來世去，那個果很大欸！這是特大號的蘋果，絕對是世所罕見；結果他在這一世把它實踐，就好像只有這麼一顆蘋果而已。這就是說，有智慧的人不從一世來看，而從三世連貫來看，所以我從來沒有覺得我傻，因爲知道那個因果在那裡。不信因果的人就想：「我在同修會裡開悟了，我可以藉此來搞一些錢財。」對啊！就是這樣啊！就是有這種人，我都說他不是深信因果的人，因爲他只看這一世的財利，那叫作愚癡人。

如果你有一個年息百分之十八的存款，你爲什麼不把它留著，偏要說：「我要改爲每一個月『月領』，只要年息百分之一就好。」不信因果的人就像是這樣啊！信因果的人是永遠都存在那裡，是要永遠領百分之十八的年息。可是佛法中的利息不只百分之十八，那是百分之一千八百。你如果信因果，眞的信得過，就不會想要在這一世去實現那個世間福德。從表面上看起來是很笨，實際上這樣子才是眞聰明，因爲已經看見三世因果了。眼光短淺的人就只看短短這一世，也只看到一寸遠；眼光深遠的人看到幾十公尺外、幾百公尺外去，諸佛呢？不但看到幾十萬公里以外，而且沒有距離限制，對因果的看法就是應該這樣。所以眾生不曉得因果，都在財利的追求上面領受種種痛苦，可是自己不知道苦之所在。

那麼如果爲了追求五欲呢？不擇手段、詐欺擄掠，然後晚上去酒店花光，明天又開始幹惡事，人間就是有這種人。但是當他在幹惡事的時候，不也是受苦嗎？正在騙人家的時候，心裡面也是心驚膽顫啊！所以他的眼光要不斷地瞄：有沒有警察來啊！那也是一種苦，可是他不覺得苦。但如果是不擇手段的人，貪著及追求五欲和財利的緣故，不但是現世已經心驚膽顫受苦了，晚上睡覺的時候都不安穩，都要時時提防警察是不是查到他家來，這已經是現世就受痛苦了。僥倖沒有被抓到、判刑，捨報以後還要受地獄、畜生、餓鬼之苦，可是那些人信不信？不信。不信的人才會墮落三惡道，信的人就會設法自我控制，不幹惡事，就不會墮落三惡道。可是墮落三惡道以後，他有眞的覺得痛苦嗎？譬如你遇見了一隻貓、一條狗，你問牠說：「你痛苦不痛苦啊？」牠不覺得痛苦，只要你給牠食物，牠就好高興呵！牠不覺得苦欸！只有主人看不順眼，敲牠一記，牠才會覺得苦。如果有食物，牠馬上又忘了，牠不覺得苦。老實說，你問牠苦不苦？牠也聽不懂，根本不知道什麼叫作生存之苦，因爲苦這個意涵，牠心中是不存在的，牠只有在感官上直接受痛的時候——遇到苦苦時，牠才知道苦。牠們只知道境界受的苦，沒有思想層面所知道的苦；畜生道大約是如此，人類只是五十步與一百步之別，差不了多少。

如果生在天上，生在天上就會有愛別離，也有怨憎會，也是有苦啊！所以欲界天人五衰相現的時候，那對他眞是苦欸！譬如說，生到天界去當天子好了，天的兒子也就是當天人；中國皇帝不都叫作天子嗎？他就是想要當天人，才會有一后、二妃、三宮、六院、七十二嬪妃，他就是要當天人，所以自稱天子。好了，莫說他不是眞的天子，就算眞的去當天子了，五百天女奉侍他，每一個天女各有七個婢女，夠他享受了，但是後面的苦已在等著他：當他的福報享盡，壽命終了的時候，五衰相現，沒有一個天女願意靠近他，大家都離得遠遠的。眞無情呵！但不能怪她們無情，因爲接受不了，眞的太臭了！老實說也眞的很髒。

所以天人五衰相現時，自己是苦，眷屬都遠離了，對他來講，心裡更是苦啊！也許有人說：「**他還沒有到五衰相現之前呢？不就都沒有苦嗎？**」那也不盡然呵！好啊！阿修羅王派了一大堆兵士來侵犯，戰爭的時候缺了胳膊、斷了腿的天人多的是，也是苦啊！得要過一段時間才能逐漸復原過來。然後也有在世的時候，討厭的人因爲行善也生到天上來，他又不得不常常遇見他，還是怨憎會的苦啊！好啦！最大的苦叫作愛別離：「**我好好一個天身，現在要捨離了。我捨離了這個天身就要下墮去了，我喜歡的天身不得不別離。**」這就是愛別離。那麼，想想看，天界尚且如此，這就是天堂的眞相啊！一神教說的「生我的國」，他的國就是天堂，但天堂裡有這些苦，上帝卻是不瞭解的。

那麼人間呢？當然更免不了，而且人間還要加上貧窮困苦。貧窮困苦，表示他的福德不夠，這一世想要進入正覺就很難了。因爲三餐不繼，爲了五斗米得要折腰，每天四處奔忙，你說這是不是苦？貧窮困苦眞的苦欸！所以才說貧窮夫妻百事哀，一對夫妻奮鬥了三、四十年以後，都還是既貧又窮，人家都看不起，既無錢又無勢，那貧賤夫妻眞的百事哀；家徒四壁，要什麼沒什麼。像這樣的苦，在三界中是很多的。

所以在色界天、無色界天呢？也都是愚癡之苦。愚癡的苦是最難了知的，可是愚癡人表現在外看來都很聰明，這是司空見慣的事。不說世間人，說學佛人好了。有的人覺得自己很聰明、不愚癡：「佛法？佛法我都知道啦！」等到看了咱們親教師在電視上說法以後，卻想：「怎麼這些我都不懂？」終於不敢再說他都懂了。可是我們這些節目還沒有上檔之前，佛教界很多初學人都說他們很懂，認爲自己很有智慧，一點兒都不愚癡。可是後來被人家介紹了，好好聞熏了正覺的三乘菩提幾集以後，才轉變說：「我看呵，這全世界大概就是正覺蕭老師最厲害了，你看他的弟子們都這麼厲害，我學佛這麼久了都還聽不懂他教出來的弟子所說的法。」以前他什麼都懂，現在變成不懂了。這就表示說，以前他愚癡的時候不知道自己愚癡，現在才知道自己愚癡，卻是開始增長智慧的時候，這就是咱們那一些親教師們的功德：教化他們懂得自己愚癡。

所以，眾生對自己的狀況其實不瞭解，有苦不知苦，有瞋不知瞋，愚癡也不知道自己愚癡。像這樣種種的苦，大致歸類就這八種，再歸類成爲三種：三苦。那三苦再進一步歸類，其實就是五陰熾盛苦。可是這些苦細分下來就無量無邊了，種類難以記數，但是眾生都不知道，都沉沒在其中歡喜遊戲。所以你可以看得見，眾生們有一件事情很高興，他們說：「我家要娶媳婦了，我這兒子長成了。」然後爲了娶媳婦，他可就累癱了，可是他心中很快樂。這是很常看見的事情，他眞的是在苦中「歡喜遊戲」，他把兒子成家的事情當作最歡喜的事情來看，在那裡面當作遊戲，不知道、也不能夠覺察到那是多麼苦。他其實累到一塌糊塗，半夜終於躺上床睡覺時，他心裡還在高興，可是他對於苦都沒有感覺到。你說眾生哪有智慧？

世俗人如此，學佛人難道不也如此嗎？你看那些大法師們，要營建一個大山頭，得要募款幾十億、一百多億、二百多億，然後白天開會，晚上也開會，一直有開不完的會議。開到後來受不了說：「我去美國休息。」離開了半年以後再回來台灣，這樣就不必每天熬夜了。有的法師笨，不懂得去躲，所以經年都在台灣，白天忙，晚上也忙；忙到後來有大名聲了，大山頭也建立了，徒眾好崇拜。好了，他想：「現在功成名就了，山頭也都蓋好了，我該幹什麼？啊！對了，我這道業還沒弄好，可是我怎麼樣都悟不了，聽說密宗有法——喔！無上瑜伽多棒！既可以出家受人供養，又可以享受在家人的五欲娛樂，多好！」出家受供養、受恭敬禮拜了，又可以同時擁有在家法，所以每天晚上他都要「歡喜遊戲」——修歡喜佛，太棒了！但那又變成內火所燒了。

可是他有覺知那是苦嗎？他知道那是苦嗎？他對那個後果有驚怖嗎？有恐懼嗎？完全沒有！一直到後來正覺同修會寫了《狂密與眞密》等等，現在心裡面有十五個吊桶擱著，可是表面上還是覺得很安祥，什麼事都沒有；等到每天晚上睡覺的時候，七個上去、八個下來。喔！終於知道有那麼一點點的驚怖了，這就是我們大家的功德，讓他們及早懸崖勒馬。如果不這樣作，你要他對人間五欲生厭還眞的難啦！可是如今他們不求解脫，爲什麼？因爲後面有一個很重、很粗大的東西，他還努力拉著不放。他拉著後面那個粗重、很大的東西是什麼呢？是名聞、利養、徒眾；他把這些拉著不放，想要往解脫的方向跨進一步都沒辦法。想想，也眞的可憐，連斷我見都很困難，更不要說佛菩提的無上正等正覺。他們現在發覺沒有辦法作什麼，因爲即使要拉下老臉來，人家也不讓他們拉，因爲徒弟們會一起抗議：「**師父！你要否定自己以前的開悟，我們將來怎麼辦？**」徒弟們考慮到將來他們道場能不能生存，所以他們想要拉下老臉公開承認自己悟錯了，也作不來，所以眞的只好不求解脫了。在這個情況下，當然這一世捨報了，要跑到哪裡去？三惡道。

如果僥倖，一生出家都安分守己，不聚斂錢財，也不去搞雙身法，一生老老實實安分守己唸佛，捨報以後生到極樂世界去，這算是好的。可是去極樂世界，在那七寶池裡面要待多久？不會算，那不曉得是地球人間幾年。眞的沒辦法算，十個手指頭都沒辦法算，再加上十個腳指頭也沒辦法算。啊！只能聽雞鳴，聽懂沒有？對啊！那閩南語叫作「咕！咕！咕！」連下三個「久」啦！那問題來了，等他在七寶池中，就算上品中生好吧！一個晚上終於蓮華開了，等於娑婆世界半個大劫。半個大劫，留在這裡的人，彌勒菩薩來成佛的時候大家都成爲阿羅漢了。如果這一世有明心的，那時候成爲大阿羅漢，不久再二轉法輪、三轉法輪，又有許多人入地了。可是他才剛剛花開見佛，那你想，這差多少？所以有智慧的人說：「**我證悟了，等末法時期過去了，**

我再去極樂世界；然後彌勒菩薩成佛的時候，因爲我在實報莊嚴土，隨時可以回來。」他不是三輩人裡面的中品或下品生，沒有被關在蓮華裡面，那道業當然很快成就。

如果是一般人，就不一樣了，得要「東西馳走」，這一世因爲某一個業在這裡死了，也許生到另外一個星球；那邊死了，也許又生到另外一個地方去；總之就是沒有一個定準，十方世界來來去去受生啦！且不說未來世、過去世這樣十方世界來來去去流浪生死，就說這一世好了，在人間就已經是「東西馳走」。現代更具體了，今天在歐洲，明天在亞洲，後天又到了中國來，然後可能又要去非洲；反正五大洲就這樣來來去去當空中飛人，雖然他那麼有錢，卻正好是「東西馳走」。我覺得說，還不如就這樣一生都住在台灣，什麼地方都不用去，這不是很安穩嗎？道業就不斷地往上提升，都不必「東西馳走」；可是，眾生一直都是在三界火宅中「東西馳走」沒有停止過。

也許有人不信：「我生在這裡，我怎麼知道往世住在哪裡？」等你有一天知道往世的每一世在哪裡的時候，你已經是距離成佛不久了——不會超過一大阿僧祇劫。那個時候，換你來說別人「東西馳走」。其實有的菩薩，三地滿心發起意生身就能看得見這一些事情了；可是看到眾生這麼愚癡，就這樣「東西馳走」，遭逢種種大苦難時卻是「不以為患」。身為菩薩，應該說：「我為了正法去作事情而被刺殺了，都遠勝過在世間流浪。」如果你下定決心說：「我為了正法久住，即使被人家殺害了也划得來。」為什麼呢？因為那福德大呀！這表示說，你為正法奮鬥的那個時劫是極惡劣的時劫，在越惡劣的時劫為正法奮鬥的功德就越大，福德也跟著更大。就好比說，如果你有一群老同學，他們現在都是千萬富翁，你手裡有幾百億元，每一個人送他二千萬元；你去修那個福德，不如去送給一條狗一個肉包子；因為對牠來講，那是救命；但你送給老同學每人二千萬元，那是錦上添花。

這就是說，你要怎麼樣懂得在佛法中，以更長遠的過去世和未來世，來看待你應該修的道業；但是這卻是最困難的事情，因為這必須要深信因果。然而，深信因果有很多個不同的層次，親眼看見自己的過去世、別人的過去世，跟來聽受而相信的情況相比，那又大大不一樣了。信心具足、具有菩薩性而深信因果，跟一般人因恐懼而信因果，那也是不一樣。所以一般人，你為他講這一段經文時，大約是聽不進去。有的人會信是因為他親自看見業的成熟，那個業已經熟了就逃不掉，他親自看見時就會絕對相信。

有時候從平常無關善惡報的事情中，也可以看得出來。例如常常有人作夢，夢見說：「我今天去了哪裡，我遇見誰，講了什麼話。」他覺得好奇怪，爲什麼會這樣？然後，他就記住了夢裡的全部對話，特別留意說：我今天是不是眞的會遇到他？果然遇見了，然後一開口，他想要改變夢中說的那個話題，但改變不了。結果他跟對方講的那些話，以及對方回答的話，跟自己夢中所夢見的完全一樣，一句也改變不了，而且每一個字都不差。這表示什麼？表示這一個無記業已經成熟了，就必然要實現。不但善業、惡業等有記業有這種情況，無記業也是同樣的情形；當業種成熟了就不可改變，所以你夢見的情況，醒來以後去觀察的結果，竟然與夢中完全一樣。有過這種體驗的人，假使想起這個經驗來，他也會相信因果：「哎呀！眞的有這因果。」至於其他的，那就各人自己去體驗了。如果體驗不到，無妨就信受善知識的解說，因爲人家已經親自體驗過來了。

那麼這樣看，如來爲了度化眾生，紆尊降貴而來人間受生，眞是慈悲啊！人間是很臭的地方，也許又有人要抗議了：「哪有？花香鳥語，多麼好！」

花香鳥語很好，但花香鳥語的背後就是花會掉下來爛掉，鳥會叫就表示牠會排糞。可是眾生都是用鋸箭法，都只看一半，有智慧的人卻不是這樣看；有善報就一定也會有惡報，有惡報也就一定有善報。想想看，假使你是一個欲界天人，欲界天中沒有那一些爛臭的東西，但欲界天人看見人間在享受的美食，都覺得臭。也許有人說：「你看，我這個是什麼魚、什麼魚，多麼好吃。」欲界天人說：「那眞是臭死了，你還喜歡？」他們不吃這東西，他們吃甘露，但不是密宗那個甘露。密宗那個甘露是最髒的東西去製造的，用上師的尿糞去製造的，哪能叫甘露？他們都亂講。

所以，欲界天人對人間都不愛樂。佛陀是遠超過阿羅漢的，祂來人間降生，當然是爲了給眾生利樂，不是來求人間的不淨之樂；所以天人不願忍受的，祂能忍受，都是因爲大慈大悲。可是眾生愚癡卻反過來說：「哎呀！佛陀！你都來跟我們搶名聞利養。」你看，眾生笨不笨？且不說佛，單說普通的菩薩摩訶薩就好了，他們可以生在色界天中，都不必來人間受生的，他來人間只是爲了使大家有解脫與智慧，可是眾生卻在罵：「這菩薩來人間跟我搶名聞利養，還打壓我，說我的法不對……等。」菩薩是跟他爭什麼嗎？都沒有啊！菩薩早就可以不必來人間的，因爲菩薩根本也不貪人間的法，早就可以在色界天中繼續修他的道；那他爲什麼要來人間受苦？無非就是因爲悲願。可是凡夫會知道這一點嗎？凡夫不知道。

等到別的菩薩爲他點了出來：「人家菩薩有禪定，早就可以不必來人間生活，而且也有智慧，更可以不必來人間。」可是那些凡夫眾生會信嗎？還是不信，所以叫作愚癡。有的愚癡人爲了向菩薩找碴，把菩薩寫的書，一本又一本買來一直讀，一一作筆記：「這裡可能錯了。」就寫下來，「那裡可能錯了。」又寫下來，寫了一堆「錯誤」的內容。過幾年，他從頭再來讀那些筆記中記載的錯誤，想要開始批判菩薩的時候卻想：「咦！好像沒有錯欸！好像都沒有錯呵！」終於接受了，可是又想：「這菩薩說法，壞了我的名聞利養。」他還是不願意接受，還是要罵菩薩，就爲了一世短短二十年的名聞與利養。可是，菩薩何曾跟他爭過名聞與利養呢？以前有好多人罵我，說我爲了名聞、爲了利養。可是我又不用本名，我求的是什麼名聞？我又不受供養，寫的書賺了錢也都全部捐出去，都用在正法上，求的是什麼利養？所以他們現在不罵了，因爲這二點都罵不通，人家都知道他是亂罵啊！

同樣的道理，諸佛視眾生如子，何曾跟眾生計較過？連阿羅漢那樣淺的證境都不屑於人間五欲了，何況是人天至尊？阿羅漢「幼童」所崇奉的如來，怎麼會貪著於人間的名聞利養呢？可是眾生不懂。那麼眾生不懂，諸佛都不會跟眾生計較，因爲諸佛很清楚知道：眾生不離「生老病死憂悲苦惱」，也一直都住於無明闇障漫漫長夜之中，所以諸佛始終不曾與眾生計較。如果有人說：「你們在謗佛，佛會處罰你呵！你們對佛不恭敬，我就生起佛慢來降伏你！」你聽了就知道，那叫作凡夫或者外道，他們根本不懂佛法。因爲他們連菩薩的境界都不懂，連阿羅漢乃至連初果人的智慧都沒有；這樣的人正是住在「三界朽故火宅」之中歡喜罵人的愚癡人，正是經中說的「眾生沒在其中歡喜遊戲，不覺不知不驚不怖」，對於生老病死種種大苦眞的不覺不知，對於三界火宅無常之火也是「不驚不怖」；甚至他們對於三界火宅的各種恐怖的事相也不生厭，而且是苦中作樂不求解脫，這就是眾生。

不幸的是，這一種眾生已經在現代佛門中很普遍存在，甚至往上蔓延，已經傳染到佛教界的高層人士了。所以現在我們如果不繼續努力，海峽兩岸的大乘佛教道場就被密宗的外道法統一了。當密宗四大派把佛教統一完成的時候，就是天竺佛教滅於密宗的故事又在中國重演了一遍；所以《法華經》這一段講的內涵，眞的很須要把它傳揚出去，讓佛教界都能瞭解。當佛教界瞭解了這些事情，才會懂得反省，佛教才有未來，眾生才眞正有向上提升的力量可言，而這正是我們大家要作的事。所以，我們要設法把這一些正知正見，往佛教界的底層散播出去。我們散播出去以後，他們依舊不會來正覺學法；我們也不期待他們都來學，也怕他們一窩蜂都一起湧過來，我們只想要他們提升應知應見的佛法知見，使邪知邪見逐漸消失於佛門。我們希望密宗那些邪知邪見可以離開佛教之外，佛門弊絕風清，濁水開始淨化，這就是我們要達成的目標。而這一些事情，諸位都參與了一分子，這就是你們將來成佛之道很大的助緣。

經文：【「舍利弗！佛見此已，便作是念：『我爲眾生之父，應拔其苦難，與無量無邊佛智慧樂，令其遊戲。』舍利弗！如來復作是念：『若我但以神力及智慧力，捨於方便爲諸眾生讚如來知見、力無所畏者，眾生不能以是得度。所以者何？是諸眾生，未免生老病死憂悲苦惱，而爲三界火宅所燒，何由能

解佛之智慧？』」】

語譯：【「舍利弗！諸佛看見眾生被無明所籠罩所以不斷受生於三界中，不知道那是已經被大火所焚燒的老故朽宅，並且還在裡面貪愛不知道出離，所以心中生起這樣的想法：『我是眾生的父親，應該要拔除眾生們的種種苦難，給與無量無邊諸佛所擁有的智慧與快樂，讓眾生們都可以住在諸佛智慧裡面以法爲樂而作遊戲。』舍利弗！如來接著又生起這樣的想法：『如果我只是以威神力和智慧力，而不運用各種方便善巧來爲眾生來讚歎如來的所知所見、十力、四無所畏，那麼眾生將不可能因爲如此而可以度到生死的彼岸。爲什麼是這樣的呢？因爲這一些眾生們無法免除生老病死憂悲苦惱，就在大火所燒的三界朽故老宅之中無法脫離而被大火所燒，何況能夠理解諸佛所擁有的智慧呢？』」】

講義：這就是說，如來在五濁惡世的世間，既然認爲自己是眾生的父親，看待一切眾生猶如自己的親子一般，想要利樂他們。但是利樂眾生的時候，並不是要給與世間法層面的快樂，而是應該給眾生獲得諸佛如來同樣擁有的具足圓滿三乘菩提的快樂，以這樣的智慧所引生的法樂而在其中遊戲，也就是遊心於性海之中。但是在這方面眞正作起來卻是有困難的，因爲佛法至深至妙，成佛的智慧與境界，對眾生而言，距離太遙遠，不可想像，眾生無法信受的。這就好像說，妳對一個三歲孩子說：「假使你今天很乖，明天就給你一輛玩具車。」他會接受。妳如果跟他說：「如果你這一整年都很乖，過年時給你一輛更好的玩具車。」他心想：「這也許沒有把握。」然後又想說：「一年呵！那要多久？到時候媽媽會不會忘了？」三歲的他無法去理解。妳如果跟他說明天的事，他就會接受。可是如果一個人已經成長了，在社會上作事了，這老闆說：「你如果好好爲公司奮鬥，二十年後，我給你一大筆退休金，讓你年老無憂無慮。」他會接受。可是如果有一個人說：「你如果好好奮鬥，我會在下一世給你十億美元。」保證他不信受，對不對？一定不接受。

眾生就像是這樣子，這三乘菩提妙義，你得要如法施設，因爲你如果說：「你離開了這個火宅，我有羊車給你玩。」他想：「這老爸大概不是騙我的，因爲只是羊車，以老爸的能力一定沒問題。」如果你說的是鹿車，那得要他對你的信心更大以後才行。如果是幾頭健壯白牛拉著的大車，那得要他對你的信心與善根都非常深厚，否則他無法信受你的說法。這就是說，對一般人而言，在二千五百多年前，你只要告訴他說：「你來出家好好用功修行，可以證得初果乃至四果。」他們會接受；但你如果一開始就對他們說：「你來佛教中出家修行，很快就會得到緣覺果。」他心裡面可能會打個問號說：「可能嗎？」你如果對他說：「你來佛教中出家，三大阿僧祇劫以後，你一定可以成佛。」他心裡面想：「你是來騙我的。」他心裡一定不認為你對他說的事情是眞的，他會覺得你可能是在欺騙他，當作他完全不懂事。在二千五百多年前，佛陀剛出世弘法時就已經是這個模樣了。

如果現在你告訴外面那些所謂的學佛人說：「來正覺學法，二年半、三年就可以斷我見、斷三縛結、證初果。」他們心裡面也是想：「你足夠臭屁。」（台語）他一定說你講話誇大其辭，不可信，爲什麼呢？因爲幾十年來，他們的師父們都這樣教：「證果，那是大菩薩們的事；現在末法時代了，證什麼果？」都是這樣講啊！所以你告訴他們說：「來正覺啊！三年、四年、最遲五年，一定可以斷三縛結、證初果。」他們絕對不信。那麼二千五百多年前是沒有現在這麼嚴重，但是你如果一開始就說：「你來修行三大阿僧祇劫以後可以成佛。」大家也都不信。莫說大眾不信，佛陀在鹿野苑雞園中最初度化的那些阿羅漢們就不會相信了；爲什麼呢？因爲現前生死憂悲苦惱都免不掉了，竟然談到三大阿僧祇劫以後的事，誰都沒有辦法想像，也無法接受。

所以，雖然心裡面想的是要把諸佛所有的各種法樂，全部都教給這些如同親生子一樣的眾生，可是眾生一時無法信受、也無法理解。譬如說，一個剛出生才滿週歲的孩子，你對他說：「美國大峽谷多麼雄壯，大陸錢塘潮多麼洶湧澎湃。」他聽懂嗎？你單單是跟他說：「那個冰淇淋多麼好吃，可是你不能吃。」他就聽不懂了，別說什麼美國啦、大陸啦，他更是聽不懂的。所以，父母親總是想要給孩子最好的，但問題是孩子有沒有信心？他在理解妙法上的智力夠不夠？他學習的能力夠不夠？比如說，他現在才剛學會走路，你說：「你好好學開車，我明年送你一輛法拉利，或者送你一輛蓮華。」一方面，他聽不懂法拉利是什麼、蓮華又是什麼，他聽不懂。就算聽懂了，他就能學得起來，他就能開車嗎？那距離對他而言眞的太遠了。

就像這個道理，眾生距離佛地太遙遠了，無從理解，如果一開始就爲眾生講解難知難解的佛法，他們沒有辦法信受，也沒有辦法去實修；因此得要施設方便，先把他目前的問題解決。就像一個三歲小孩子，他肚子正餓，妳對他說：「過年的時候，會有很多種好吃的，這也好吃，那也好吃。很多、很多、很多。」妳形容了一大堆，他卻說：「媽媽！我現在肚子餓。」結果妳說的是半年、七個月後過年的事，緩不濟急。對他而言，那些都沒有用，他也無法理解。他現在最需要的，就是解決目前這個餓肚子，只要一個麵包就夠了，不必滿桌佳餚，所以只好先來解決眼下的問題。

因此，如來會這麼想：「我如果只以神力和智慧力，直接爲眾生演繹講解如來的所知所見、十力、四無所畏，眾生聽不進去。」一方面聽不懂，另一方面也沒有辦法相信，因爲那眞的不可思議，眾生才剛要開始學法，怎麼可能會相信呢？也許有人想說：「你講得太誇大了吧？」那不然，我們就說最簡單的法；七住菩薩開悟明心時說：「如來非知非不知。」阿羅漢能懂嗎？不懂啊！因爲阿羅漢不曾證得如來藏，怎麼會知道法身如來非知非不知呢？所以想來想去，總是想不通：明明有知的時候就不可能不知，不知的時候就不可能有知，如來怎麼會是非知又非不知的？他沒有辦法想像啊！因爲阿羅漢所知道的知或不知，就是識陰的境界：識陰在時就有知，識陰不在時就不知，沒有一個什麼東西是可以非知又非不知的。

那麼你想，七住菩薩明心時這個不落二邊的智慧，阿羅漢們就已經都不知道了，那你如果要把阿羅漢所不知的諸佛境界來講給凡夫們聽，凡夫怎麼能聽懂？一定聽不懂，當然更不相信啊！那就無法攝受他們了。所以一定要用各種方便來讚歎如來的所知所見，不可以「捨於方便為諸眾生讚如來知見、力無所畏」等等。因此，一定要有方便施設，眾生才可能由淺入深而能得度。所以最後說：「是諸眾生，未免生老病死憂悲苦惱，而為三界火宅所燒，」這是眼下最重要的事情，得要先解決，才能談到「佛之智慧」。

譬如這孩子肚子正餓，你只要有一碗白飯，把糖水澆上去，他很快就吃完了，肚子很餓的問題就先解決了。這時候你再來對他說：「明天我準備什麼好的佳餚。」他才聽得進去。他現在正餓，你不給他先解決眼前餓的問題，卻跟他說明天的妙好佳餚，他沒辦法聽進去，根本就無心來聽。所以，當他們「未免生老病死憂悲苦惱」的時候，首先要作的就是用聲聞菩提來為他們解決「生老病死憂悲苦惱」，這就是眼下要先作的事。那麼，當他們的「生老病死憂悲苦惱」被　如來幫忙解決了，而這是別人無法為他解決的，他就會轉而相信：「如來一定是有能力幫我成佛，因爲我眼下的問題，祂有能力解決，而別人以前說有能力幫我解決，結果都是假的，所以如來所說一定可信。」他這樣就能眞的相信了，這時候才有辦法漸次引入佛菩提慧中。

所以，弘法一開始就講大乘法，那就像咱們剛開始弘法那十年，沒有人要相信我的說法，爲什麼呢？「因爲你講這個佛法，我們都聽不懂。我們講的證果，是初果到四果，是要斷我見、斷我執；你講的是第八識如來藏，你講的證果是菩薩五十二個階位。我們之間根本沒有交集，要怎麼對話？我們講的是把覺知心清淨了，離開煩惱好自在；你講的是第八識，又說第八識離見聞覺知，那是什麼東西，我們也不知道，那我們雙方要怎麼對話？」眞的無法對話啊！所以確實沒辦法與佛教界對話。後來我想想，這樣也不行，才動了個念頭說：我得要寫一些阿含系的法義。

要先把四阿含諸經中說的道理講給大家聽，這樣大眾才比較容易接受。因爲已經先幫他們把我見斷了（縱使他們讀了以後不肯斷我見，至少也能承認自己的意識覺知心是假有的），願意接受聲聞解脫了嘛！既然願意接受了，知道意識是假的，就會知道五陰也都是假的，十八界、六入全都是假的，無一是眞；又看見我舉出阿含聖教中說的「阿羅漢入無餘涅槃時是滅盡五陰十八界，永遠不受後有」，那時又怕會落入斷滅空中，該怎麼辦？只好承認要有個第八識如來藏才行，聲聞解脫道就不會落入斷見外道的邪見中了。

這就是說，我剛出來弘法時，是沒有用什麼方便善巧的。因爲我想：我就是這樣走過來的，大家也應該跟我一樣走得很順才是；我沒有比別人聰明，所以我既然行，大家應該和我一樣行。沒想到是我行，眾生們不行，那怎麼辦？所以只好改變一下了。我早期弘法時這樣走過來以後，眞是慘痛的經驗，後來就改變了策略：度眾生時，一定要先把三縛結給砍了；三縛結砍斷了，再開始進行禪三的過程，這樣問題就少了一些。從那時以後，正覺同修會的弘法就依照這樣的次第來作，一定要先在禪淨班裡教導大家具足瞭解五陰十八界，也觀行五陰十八界全部虛妄，打禪三前再一次把大家的我見先殺掉，然後證悟了如來藏就比較不會退轉了。

否則這個諸佛所知所見的無分別法如來藏，還眞的很難使人相信；若是一開始就幫大家找到如來藏，大家會想：「那我找到這個心，對佛法的修行有什麼作用？我以後是要幹什麼？」不知道啊！就想：「開悟就是找到這個喔？這個是要幹什麼的？」對啊！早期就有好幾個同修問我：「老師！我們開悟找到這個，到底是要幹什麼？」啊！眞是好笑。有的人眞是笨，我就反問：「不然呢？」就只好罵他：「你沒有這個，還能活著嗎？現在知道自己是從哪裡出生的，這樣不就夠了嗎？你還要什麼？」因爲他實在沒有辦法起用，智慧還起不來，都是我送得太輕易了，於是只能告訴他：「沒有這個，你就死掉了，你要不要把祂找出來？」「要。」至少這樣安住下來，知道自己的本來面目了，這也算好啦！

這就是說，一定要先施設方便把我見殺掉了以後，再來證悟這個本心如來藏，並且一定要先有一段正知正見聞熏的過程，先把三乘菩提與這個如來藏之間的關聯講清楚，然後悟了就立刻知道該如何繼續努力修行。所以佛菩提不是那麼容易理解的，正覺同修會弘法也二十年了（編案：這是二〇一〇年三月十六日所說），我們的書也出了那麼多了，而且我寫的書就像夜市老闆說的「大碗閣滿墘」（台灣諺語，意謂不但裝在大碗中，而且高級的食材充滿其中），賣得很便宜啊！你看，我們那一些經典詳解，一大本，內容非常豐富，才賣二百元而已。現在書店都在漲價，我們堅持不漲價，書裡面的勝妙內涵又塞到滿滿的。不像有一些大師寫書，他們書裡的字是橫排的，橫排時的字數本來就很少，然後又是一行只有一個字、兩個字。譬如說到對話式的事情時，答「是」，連「答」那個字都沒有，接下來的幾行都只有：「是」、「不是」，「同意」等幾個字。一個字、兩個字也可以成爲一行。他們眞的「很行」，那稿費太好賺了。（編案：後來鑑於成本不斷提高，於二〇一五年起調整書價。）

但我們不是，我們講得又深入又廣，而且內容又多。但是我們講了這麼多，佛教界就能夠理解佛菩提的內涵了嗎？也不盡然！因爲我們所說的妙法，接觸到的人還是太少。也因爲現在的人習慣用聽的，不習慣用讀的。用聽的呢，那是免費的，也不用花錢買；書呢，要花錢買，還要花眼力閱讀，因此導致整個佛教界的水平沒有辦法很普遍地提升。只有比較深入在學而且願意閱讀的人，是被我們提升的。這一些人，我的判斷，在台灣號稱一千二百萬佛教徒之中不到十分之一，能有百分之一就很不錯了。所以整個佛教界的水平是無法全面提升的，你要他們如實理解佛菩提就更難了。

所以，我們現在要換個方向，除了以書本攝受這些比較深入努力學法的人以外，還要走上電視弘法的路。這是針對一般的佛教徒，提升他們的水平。

這樣作要花掉不少錢，也要花去很多的心力；但是作這些事情，從世俗法的觀點來看，叫作肉包子打狗。這句話的歇後語懂不懂？就是「有去無回」啦！我們不可能從電視弘法裡面得到什麼資財或幫助，因爲我們從來不在電視節目上打出我們的劃撥帳號給聽眾匯款護持，反而是打上電視台的劃撥帳號，請大家護持宗教電視台。但是，這可以快速而廣泛地提升佛教界一般大眾的佛法水平，雖然對本會沒有什麼利益，我們還是得要作。

我們可以作傻瓜，但是傻瓜才是聰明人，因爲我們相信的是無量世的因果，不是只看這一世。我們這一世作了，未來龍華三會的時候，彌勒菩薩那時成佛了會說：「你們這一些人可以成爲阿羅漢，然後現在又可以成爲菩薩了，這是五億七千六百萬年前，那時有個正覺同修會，花了很多錢和精神利益你們、幫助了你們。那時候爲利益你們，上電視說法的就是現場的某某菩薩、某某菩薩……。」那時被指稱的菩薩，你們可就有分了。這是可以預想得到的，只是我們現在作的時候，自己沒有感覺到怎麼樣；但是說句老實話，我自己很清楚我們現在正在幹什麼，我們現在所作的事情，在二千五百年的佛教史上，會是一個很重要的里程碑。這是大乘佛教復興運動的發機，這個佛教復興運動就是由正覺作出來的。我們只要把佛教界大眾的佛法水平全面提升就夠了，他們的證果開悟卻不是這一世的事，而是未來世的事，但我們這一世先要爲他們種下那些種子。雖然對我們正覺同修會在電視弘法上面不會有什麼世間利益的回報，只會一直花錢出去；但是只要能夠利益大家，讓佛教正法的基礎更鞏固也就夠了。

大家不要以爲說：「喔！現在佛教好像很興盛。」其實就像是一棵本來很雄壯的樹，開了很多美麗的花，但那只是由樹幹的養分支持出來的結果；而大眾都只看到表相，事實上深入泥土裡面的根已經被人家破壞，已經開始在爛了。那個導致開始爛根的毒素就是密宗四大教派；所以這棵佛法大樹的根已經開始爛了，但還沒有影響到樹幹，所以在樹幹的養分支持下，花仍然繼續在盛開；但這花只要一謝了，樹幹也就中空了，最後就是倒下。現在的佛教界就是這個情況，所以我們現在是向下紮根，教育整個佛教界的基層信眾，想要把他們的知見水平全面提升上來。這樣的話，邪知邪見不再能立足於佛教界中，泥土裡面的樹根以及地面的樹盤就整個穩定了。這個作法，對同修會本身沒有什麼利益；因爲收看那些節目的大多數是初機學人或者新學菩薩，他們想要證果或者開悟，是未來世的事情，而且是未來很多世以後的事情。但是我們現在先作了，以後龍華三會時，彌勒佛座下就會有一大堆的阿羅漢，數不盡；因爲龍華三會的每一會都是九十幾億人證阿羅漢果，你能怎麼細數？而這裡面將會有很多人，在第二轉法輪的時候迴小向大，算算看，那時的菩薩能有多少？到那時，娑婆世界就有很多很多的證悟的菩薩，一世又一世不入涅槃，繼續在十方世界的天界、人間弘法利樂眾生。那個因，是我們現在就把它種下去的，這個才重要。所以，雖然每一年都要花掉四、五百萬元，我也覺得划得來。表相上不可能有回收，但是一定划得來；因爲你如果從未來無量世的效果來看，這眞是划得來的。

這就是說，由於佛菩提確實很難理解；你如果純說佛菩提，一定會像我早期剛開始弘法時一樣，對我所說的法不懂；或者就像今天佛教界大眾，對著電視機播放的正覺弘法節目，很用心聽著看著，都還有許多法義是聽不懂的。但是聽不懂的人，今天聽不懂，明天聽不懂，後天他就不收看了；那要怎麼辦？所以我們得要由淺入深來說，因此我們現在設計的三乘菩提，就是由淺入深來講，盡量講得很淺，讓大多數人都能聽懂。可是諸位偶爾收看時，心裡以爲說：「這些法看來不是很深，給外面的人聽應該剛好。」錯了！因爲你所知道的很淺的法，外面有好些人依舊聽不懂。本來他們以爲說：「佛法，我都懂了，有什麼不懂的？你們正覺還要講什麼妙法？你們講的那些法，我用不著聽聞。」然而人家再三推薦，他終於看了一集，卻想：「我怎麼都聽不懂？」結果，他那個傲氣就不見了，原來他們連這麼淺的基礎佛法也聽不懂。

所以，看來還是有效果，因爲把他們的傲氣給殺了，終於願意歇下心來，好好聽個幾集，想要再聽聽看。如果願意聽，聽出味道來，他們就會很快進步了。你看，即使我們故意施設很淺的內涵來說，如今也才剛剛把聲聞菩提講完而已，會外很多人已經覺得那些法義太深了。其實不深，但是爲什麼他們覺得深？因爲他們以前都沒聽過。以前大法師們講的是些什麼呢？例如存好心啦！說好話呀！作好事啊！不然就是說「放下煩惱」啦！又例如：「我這個月生意不好沒賺錢，一堆煩惱。」「沒關係，放下啦！」「明天米甕裡已經空空如也。」「沒關係，也放下啦！」這樣也能叫作佛法哦！可是他們一直認爲這樣就是佛法，對於什麼叫作我見，什麼叫我所執，什麼叫初果的內涵，什麼叫作三縛結，從來沒講過或者沒聽過，所以對他們而言，這麼淺的法就變成很深了。但是，我們準備買時段再把它重播一遍，第一遍聽不懂的人，第二遍收看就可以聽懂一半了吧？那麼佛法知見的水平就會提升了，然後我們再來設計比較深一點點的，一步一步來。

所以說，佛菩提眞的難以理解；單單是聲聞菩提，現代的學佛人都覺得很困難了；乃至現代南傳佛法他們所謂的阿羅漢，也不懂什麼叫作三縛結，我見都還在。沒想到現代竟然有不斷我見的阿羅漢，眞厲害啊！連南傳佛法奉爲最標準的教材，奉爲根本論典的五世紀時覺音論師寫的《清淨道論》，那部論中所說的都不能使人斷我見，因爲覺音論師自己就沒有斷我見了，他所說的法義，與斷三縛結、斷五下分結、五上分結都不相干，就只是把那一些五陰十八界等名相，以及四聖諦、八正道作個表層的解釋而已，卻是這五百多年來，南傳佛法奉爲根本論的最重要著作。他們對《阿含經》——南傳佛教稱爲《尼柯耶》，是讀不懂的，他們都只讀那部凡夫論；可想而知，我們這些老師們講的聲聞菩提，今天如果覺音論師來聽，一樣聽不懂。你想，單單聲聞菩提就無法聽懂了，你如果要跟他說佛菩提，那要怎麼說呢？所以這一段經文講的，說佛菩提甚深難解、難知難證，眾生被無明所遮障而無法瞭解，完全都是事實。

可是幾十年來，台灣佛教界、大陸佛教界都一樣，因為不知道三乘菩提互相之間真正的差異性，所以他們讀了《法華經》，都認為說：「這《法華經》講得未免太誇張了，這根本就是後代的人寫來貶抑阿羅漢的。」這是他們的看法，可是實際上，淺如聲聞菩提，他們就很難理解了，那你說佛菩提，他們更不能想像。所以 世尊說的這一段話，沒有一點點的誇大，完全是如實語。當眾生還沒有辦法免除「生老病死憂悲苦惱」的時候，你為他講解佛菩提、佛地的境界，他們如何聽得進去呢？他們又如何相信？因為佛菩提道的完成，並不是這一世就可現前驗證的，而是要寄託身心於三大阿僧祇劫以後，所以眾生無法信受。你如果讓他們這一世當前就解決了「生老病死憂悲苦惱」，他想：「以前我跟著我的師父修學解脫道，證得阿羅漢果，後來我師父死了。可是今天遇到了釋迦牟尼佛，結果我們的阿羅漢果都被證明是錯證了，然後釋迦牟尼佛教導我們如何證阿羅漢果，卻都是真的。那麼，顯然釋迦牟尼佛說的是絕對可信的，因為我師父達不到的，我也達不到的，我們都弄錯了，但釋迦牟尼佛都幫我們證得了。」於是就對大乘三寶有信心了。所以必須要先施設羊車，也就是聲聞菩提，讓眾生可以實證；因為這一世現前就能驗證的，當然是可以親自作證來為大眾作證明。

大家不要以為說：「佛來人間說了法，大家都會完全信受。」不是這樣的，必須要有那些大阿羅漢們信受了，然後證明阿羅漢果確實可證，出三界不是難事，然後眾生才會信。這就好像說，如果我出來弘法二十年，只有我可以開悟明心，什麼人跟我學都沒有辦法開悟。這樣會有可信度嗎？一定沒有可信度嘛！所以，如果我弘法二十年，而弟子們都不是窮凶極惡、也不是福德很欠缺的人，那一定會有人開悟；如果弟子們個個都是扯爛污的人，那當然不可能放手給他們。因此，今天我之所以能被佛教界普遍承認說「那蕭平實真的有開悟」，原因就是因為你們一個一個跟著證悟，年年都有人證悟而由你們出來作證。

同樣的道理，佛陀要度化眾生，要給他們　佛的所知所見，可是眾生難以信受：「因為你說的是三大阿僧祇劫之後的事，我這一世根本不可能證驗，至少總要有這一世可以證驗的解脫生死法吧？」那就是聲聞菩提、緣覺菩提，就是羊車、鹿車，所以才告訴大眾說：「你們只要能夠跑出火宅，我就給你羊車。」結果孩子們爭先恐後跑了出來要羊車，可是統統給了羊車、鹿車以後，又再給了大白牛車，孩子們當然是喜出望外。本來心裡面希望的只是一輛小小的羊車，沒想到又可以得到鹿車與大白牛車。所以諸佛不會只給羊車，可是若要一下子就給大白牛車，他們無法信受，因此得要先給羊車、鹿車——先講聲聞法、緣覺法；可是畢竟有幾個孩子是心量大、智慧也能夠理解，所以後來便告訴他們說還有大白牛車，他們也願意接受，這就是諸佛來人間必須要考慮的一點。

所以剛成佛的時候，想一想：「佛菩提這麼深、這麼妙、這麼廣大，眾生如何能信受？哎呀！弘法眞的很困難。算了！乾脆入涅槃。」這是很正常的想法。可是大梵天等了好久才等到你成佛，怎麼可能讓你就入涅槃去了？當然要來請轉法輪。所以，如來應允以後才施設了羊車、鹿車與大白牛車，宣演三乘菩提。因此，一定要有方便善巧來弘法，若沒有方便善巧，弘法就很辛苦；就像我前十年一樣，始終都很辛苦，大家無法理解而不能信受，所以不得不講密宗的錯誤，也講四阿含諸經的正理等等，就一樣一樣慢慢地講出來。

當我剛開始宣揚大乘佛法時，是完全沒有作用的；後來爲了要證明「爲何正覺這個法是正確的」，我隨後不得不講唯識，就把唯識經典中的聖教量拿出來，證明這個第八識眞如才是眞的佛法，離念靈知等等都是識陰所攝的生滅法，可是效果也不很大。所以，後來想一想還是得要講阿含諸經中的解脫正理，才不得不去寫《阿含正義》；因爲這個跟眾生的道業有切身利害的關係，也是大乘佛法的基礎，只要大家讀了以後，如理作意去觀行的結果，發覺自己眞的可以證初果、眞的可以斷三縛結，他們對佛菩提道講的第八識眞如才會有信心，否則是很困難的，大家都不敢相信眞如是可以實證的。諸佛也是這樣，所以 釋迦如來當然亦復如此，這就是這一段經文所說的意涵。

（〈譬喻品〉未完，詳續第五輯。）

佛菩提二主要道次第概要表——二道並修，以外無別佛法

佛菩提道——大菩提道

十信位修集信心——一劫乃至一萬劫

資糧位

初住位修集布施功德（以財施爲主）。
二住位修集持戒功德。
三住位修集忍辱功德。
四住位修集精進功德。
五住位修集禪定功德。
六住位修集般若功德（熏習般若中觀及斷我見，加行位也）。

外門廣修六度萬行

見道位

七住位明心般若正觀現前，親證本來自性清淨涅槃。
八住位起於一切法現觀般若中道。漸除性障。
十住位眼見佛性，世界如幻觀成就。

一至十行位，於廣行六度萬行中，依般若中道慧，現觀陰處界猶如陽焰，至第十行滿心位，陽焰觀成就。

一至十迴向位熏習一切種智；修除性障，唯留最後一分思惑不斷。第十迴向滿心位成就菩薩道如夢觀。

內門廣修六度萬行

遠波羅蜜多

初地：第十迴向位滿心時，成就道種智一分（八識心王一一親證後，領受五法、三自性、七種第一義、七種性自性、二種無我法）復由勇發十無盡願，成通達位菩薩。復又永伏性障而不具斷，能證慧解脫而不取證，由大願故留惑潤生。此地主修法施波羅蜜多及百法明門。證「猶如鏡像」現觀，故滿初地心。

二地：初地功德滿足以後，再成就道種智一分而入二地；主修戒波羅蜜多及一切種智。滿心位成就「猶如光影」現觀，戒行自然清淨。

解脫道：二乘菩提

→ 斷三縛結，成初果解脫

→ 薄貪瞋癡，成二果解脫

→ 斷五下分結，成三果解脫

入地前的四加行令煩惱障現行悉斷，成四果解脫，留惑潤生。分段生死已斷，煩惱障習氣種子開始斷除，兼斷無始無明上煩惱。

近波羅蜜多

大波羅蜜多

圓滿波羅蜜多

修道位

三地：二地滿心再證道種智一分，故入三地。此地主修忍波羅蜜多及四禪八定、四無量心、五神通。能成就俱解脫果而不取證，留惑潤生。滿心位成就「猶如谷響」現觀及無漏妙定意生身。

四地：由三地再證道種智一分故入四地。主修精進波羅蜜多，於此土及他方世界廣度有緣，無有疲倦。進修一切種智，滿心位成就「如水中月」現觀。

五地：由四地再證道種智一分故入五地。主修禪定波羅蜜多及一切種智，斷除下乘涅槃貪。滿心位成就「變化所成」現觀。

六地：由五地再證道種智一分故入六地。此地主修般若波羅蜜多——依道種智現觀十二因緣一一有支及意生身化身，皆自心眞如變化所現，「非有似有」，成就細相觀，不由加行而自然證得滅盡定，成俱解脫大乘無學。

七地：由六地「非有似有」現觀，再證道種智一分故入七地。此地主修一切種智及方便波羅蜜多，由重觀十二有支一一支中之流轉門及還滅門一切細相，成就方便善巧，念念隨入滅盡定。滿心位證得「如犍闥婆城」現觀。

八地：由七地極細相觀成就故再證道種智一分而入八地。此地主修一切種智及願波羅蜜多。至滿心位純無相觀任運恆起，故於相土自在，滿心位復證「如實覺知諸法相意生身」故。

九地：由八地再證道種智一分故入九地。主修力波羅蜜多及一切種智，成就四無礙，滿心位證得「種類俱生無行作意生身」。

十地：由九地再證道種智一分故入此地。此地主修一切種智——智波羅蜜多。滿心位起大法智雲，及現起大法智雲所含藏種種功德，成受職菩薩。

等覺：由十地道種智成就故入此地。此地應修一切種智，圓滿等覺地無生法忍；於百劫中修集極廣大福德，以之圓滿三十二大人相及無量隨形好。

究竟位

妙覺：示現受生人間已斷盡煩惱障一切習氣種子，並斷盡所知障一切隨眠，永斷變易生死無明，成就大般涅槃，四智圓明。人間捨壽後，報身常住色究竟天利樂十方地上菩薩；以諸化身利樂有情，永無盡期，成就究竟佛道。

七地滿心斷除故意保留之最後一分思惑時，煩惱障所攝色、受、想三陰有漏習氣種子全部斷盡。

←

煩惱障所攝行、識二陰無漏習氣種子任運漸斷，所知障所攝上煩惱任運漸斷。

←

斷盡變易生死成就大般涅槃

圓滿成就究竟佛果

佛子蕭平實 謹製

（二〇〇九、〇二 修訂）

（二〇一二、〇二 增補）

佛教正覺同修會〈修學佛道次第表〉

第一階段

* 以憶佛及拜佛方式修習動中定力。
* 學第一義佛法及禪法知見。
* 無相拜佛功夫成就。
* 具備一念相續功夫—動靜中皆能看話頭。
* 努力培植福德資糧，勤修三福淨業。

第二階段

* 參話頭，參公案。
* 開悟明心，一片悟境。
* 鍛鍊功夫求見佛性。
* 眼見佛性〈餘五根亦如是〉親見世界如幻，成就如幻觀。
* 學習禪門差別智。
* 深入第一義經典。
* 修除性障及隨分修學禪定。
* 修證十行位陽焰觀。

第三階段

* 學一切種智真實正理—楞伽經、解深密經、成唯識論…。
* 參究末後句。
* 解悟末後句。
* 透牢關—親自體驗所悟末後句境界，親見實相，無得無失。
* 救護一切眾生迴向正道。護持了義正法，修證十迴向位如夢觀。
* 發十無盡願，修習百法明門，親證猶如鏡像現觀。
* 修除五蓋，發起禪定。持一切善法戒。親證猶如光影現觀。
* 進修四禪八定、四無量心、五神通。進修大乘種智，求證猶如谷響現觀。

佛教正覺同修會 共修現況 及 招生公告　2016/1/16

一、共修現況：（請在共修時間來電，以免無人接聽。）

台北正覺講堂 103 台北市承德路三段 277 號九樓 捷運淡水線圓山站旁 Tel..**總機** 02-25957295（晚上）（**分機：九樓**辦公室 10、11；知客櫃檯 12、13。 **十樓**知客櫃檯 15、16；書局櫃檯 14。 **五樓**辦公室 18；知客櫃檯 19。**二樓**辦公室 20；知客櫃檯 21。）Fax..25954493

第一講堂 台北市承德路三段 277 號九樓

禪淨班：週一晚上班、週三晚上班、週四晚上班、週五晚上班、週六下午班、週六上午班（皆須報名建立學籍後始可參加共修，欲報名者詳見本公告末頁）

增上班：瑜伽師地論詳解：每月第一、三、五週之週末 17.50～20.50 平實導師講解（僅限已明心之會員參加）

禪門差別智：每月第一週日全天 平實導師主講（事冗暫停）。

佛藏經詳解 平實導師主講。已於 2013/12/17 開講，歡迎已發成佛大願的菩薩種性學人，攜眷共同參與此殊勝法會聽講。詳解 釋迦世尊於《佛藏經》中所開示的眞實義理，更爲今時後世佛子四眾，闡述佛陀演說此經的本懷。眞實尋求佛菩提道的有緣佛子，親承聽聞如是勝妙開示，當能如實理解經中義理，亦能了知於大乘法中：如何是諸法實相？善知識、惡知識要如何簡擇？如何才是清淨持戒？如何才能清淨說法？於此末法之世，眾生五濁益重，不知佛、不解法、不識僧，唯見表相，不信眞實，貪著五欲，諸方大師不淨說法，各各將導大量徒眾趣入三塗，如是師徒俱堪憐憫。是故，平實導師以大慈悲心，用淺白易懂之語句，佐以實例、譬喻而爲演說，普令聞者易解佛意，皆得契入佛法正道，如實了知佛法大藏。

此經中，對於實相念佛多所著墨，亦指出念佛要點：以實相爲依，念佛者應依止淨戒、依止清淨僧寶，捨離違犯重戒之師僧，應受學清淨之法，遠離邪見。本經是現代佛門大法師所厭惡之經典：一者由於大法師們已全都落入意識境界而無法親證實相，故於此經中所說實相全無所知，都不樂有人聞此經名，以免讀後提出問疑時無法回答；二者現代大乘佛法地區，已經普被藏密喇嘛教滲透，許多有名之大法師們大多已曾或繼續在修練雙身法，都已失去聲聞戒體及菩薩戒體，成爲地獄種姓人，已非眞正出家之人，本質只是身著僧衣而住在寺院中的世俗人。這些人對於此經都是讀不懂的，也是極爲厭惡的；他們尙不樂見此經之印行，何況流通與講解？今爲救護廣大學佛人，兼欲護持佛教血脈永續常傳，特選此經宣講之。每逢週二 18.50~20.50 開示，不限制聽講資格。會外人士需憑身分證件換證入內聽講（此是大樓管理處之安全規定，敬請見諒）。桃園、台中、台南、高雄等地講堂，亦於每週二晚上播放平實導師所講本經之 DVD，不必出示身分證件即可入內聽講，歡迎各地善信同霑法益。

第二講堂　台北市承德路三段 267 號十樓。

禪淨班：週一晚上班、週六下午班。

進階班：週三晚上班、週四晚上班、週五晚上班（禪淨班結業後轉入共修）。

佛藏經詳解：平實導師講解。每週二 18.50~20.50（影像音聲即時傳輸）。本會學員憑上課證進入聽講，會外學人請以身分證件換證進入聽講（此爲大樓管理處安全管理規定之要求，敬請諒解）。

第三講堂　台北市承德路三段 277 號五樓。

進階班：週一晚上班、週三晚上班、週四晚上班、週五晚上班。

佛藏經詳解：平實導師講解。每週二 18.50~20.50（影像音聲即時傳輸）。本會學員憑上課證進入聽講，會外學人請以身分證件換證進入聽講（此爲大樓管理處安全管理規定之要求，敬請諒解）。

第四講堂　台北市承德路三段 267 號二樓。

進階班：週一晚上班、週三晚上班、週四晚上班、週五晚上班（禪淨班結業後轉入共修）。

佛藏經詳解：平實導師講解。每週二 18.50~20.50（影像音聲即時傳輸）。本會學員憑上課證進入聽講，會外學人請以身分證件換證進入聽講（此爲大樓管理處安全管理規定之要求，敬請諒解）。

第五、第六講堂　爲**開放式講堂**，不需以身分證件換證即可進入聽講，台北市承德路三段 267 號地下一樓、地下二樓。已規劃整修完成，每逢週二晚上講經時段開放給會外人士自由聽經，請由大樓側面梯階逕行進入聽講。**聽講者請尊重講者的著作權及肖像權，請勿錄音錄影，以免違法；若有錄音錄影被查獲者，將依法處理。**

正覺祖師堂　大溪鎮美華里信義路 650 巷坑底 5 之 6 號（台 3 號省道 34 公里處 妙法寺對面斜坡道進入）電話 03-3886110　傳眞 03-3881692 本堂供奉 克勤圓悟大師，專供會員每年四月、十月各二次精進禪三共修，兼作本會出家菩薩掛單常住之用。除禪三時間以外，每逢單月第一週之週日 9:00~17:00 開放會內、外人士參訪，當天並提供午齋結緣。教內共修團體或道場，得另申請其餘時間作團體參訪，務請事先與常住確定日期，以便安排常住菩薩接引導覽，亦免妨礙常住菩薩之日常作息及修行。

桃園正覺講堂（第一、第二講堂）：桃園市介壽路 286、288 號 10 樓（陽明運動公園對面）電話：03-3749363（請於共修時聯繫，或與台北聯繫）

禪淨班：週一晚上班、週三晚上班、週四晚上班、週五晚上班。

進階班：週六上午班、週五晚上班。

佛藏經詳解：平實導師講解。每週二晚上，以台北正覺講堂所錄 DVD 放映；歡迎會外學人共同聽講，不需出示身分證件。

新竹正覺講堂 新竹市東光路 55 號二樓之一　電話 03-5724297（晚上）

第一講堂：

禪淨班：週一晚上班、週五晚上班、週六上午班。

進階班：週三晚上班、週四晚上班（由禪淨班結業後轉入共修）。

佛藏經詳解：平實導師講解。每週二晚上，以台北正覺講堂所錄 DVD 放映。歡迎會外學人共同聽講，不需出示身分證件。

第二講堂：

禪淨班：週三晚上班、週四晚上班。

佛藏經詳解：每週二晚上與第一講堂同時播放佛藏經詳解 DVD。

台中正覺講堂　04-23816090（晚上）

第一講堂　台中市南屯區五權西路二段 666 號 13 樓之四（國泰世華銀行樓上。鄰近縣市經第一高速公路前來者，由五權西路交流道可以快速到達，大樓旁有停車場，對面有素食館）。

禪淨班：週三晚上班、週四晚上班。

進階班：週一晚上班、週六上午班（由禪淨班結業後轉入共修）。

增上班：單週週末以台北增上班課程錄成 DVD 放映之，限已明心之會員參加。

佛藏經詳解：平實導師講解。每週二晚上，以台北正覺講堂所錄 DVD 放映。歡迎會外學人共同聽講，不需出示身分證件。

第二講堂　台中市南屯區五權西路二段 666 號 4 樓

禪淨班：週一晚上班、週三晚上班、週六上午班。

進階班：週五晚上班（由禪淨班結業後轉入共修）。

佛藏經詳解：每週二晚上與第一講堂同時播放佛藏經詳解 DVD。

第三講堂、第四講堂：台中市南屯區五權西路二段 666 號 4 樓。

嘉義正覺講堂 嘉義市友愛路 288 號八樓之一　電話：05-2318228

第一講堂：

禪淨班：週一晚上班、週四晚上班、週五晚上班。

進階班：週三晚上班（由禪淨班結業後轉入共修）。

佛藏經詳解：平實導師講解。每週二晚上，以台北正覺講堂所錄 DVD 放映。歡迎會外學人共同聽講，不需出示身分證件。

第二講堂　嘉義市友愛路 288 號八樓之二。

台南正覺講堂

第一講堂　台南市西門路四段 15 號 4 樓。06-2820541（晚上）

禪淨班：週一晚上班、週三晚上班、週四晚上班、週五晚上班、週六下午班。

增上班：單週週末下午，以台北增上班課程錄成 DVD 放映之，限已明心之會員參加。

佛藏經詳解：平實導師講解。每週二晚上，以台北正覺講堂所錄 DVD 放映。歡迎會外學人共同聽講，不需出示身分證件。

第二講堂　台南市西門路四段 15 號 3 樓。

佛藏經詳解：每週二晚上與第一講堂同時播放佛藏經詳解 DVD。

第三講堂　台南市西門路四段 15 號 3 樓。

進階班：週三晚上班、週四晚上班、週六上午班（由禪淨班結業後轉入共修）。

佛藏經詳解：每週二晚上與第一講堂同時播放佛藏經詳解 DVD。

高雄正覺講堂　高雄市新興區中正三路 45 號五樓 07-2234248（晚上）

第一講堂（五樓）：

禪淨班：週一晚上班、週三晚上班、週四晚上班、週五晚上班、週六上午班。

增上班：單週週末下午，以台北增上班課程錄成 DVD 放映之，限已明心之會員參加。

佛藏經詳解：平實導師講解。每週二晚上，以台北正覺講堂所錄 DVD 放映。歡迎會外學人共同聽講，不需出示身分證件。

第二講堂（四樓）：

進階班：週三晚上班、週四晚上班、週六上午班（由禪淨班結業後轉入共修）。

佛藏經詳解：每週二晚上與第一講堂同時播放佛藏經詳解 DVD。

第三講堂（三樓）：

進階班：週四晚上班（由禪淨班結業後轉入共修）。

香港正覺講堂　**☆已遷移新址☆**

九龍觀塘，成業街 10 號，電訊一代廣場 27 樓 E 室。

（觀塘地鐵站 B1 出口，步行約 4 分鐘）。電話：(852) 23262231

英文地址：Unit E, 27th Floor, TG Place, 10 Shing Yip Street, Kwun Tong, Kowloon

禪淨班：雙週六下午班 14:30-17:30，已經額滿。
雙週日下午班 14:30-17:30，2016 年 4 月底前尚可報名。

進階班：雙週五晚上班（由禪淨班結業後轉入共修）。

增上班：單週週末上午，以台北增上班課程錄成 DVD 放映之，限已明心之會員參加。

妙法蓮華經詳解：平實導師講解。雙週六 19:00-21:00，以台北正覺講堂所錄 DVD 放映；歡迎會外學人共同聽講，不需出示身分證件。

美國洛杉磯正覺講堂　☆已遷移新址☆

825 S. Lemon Ave Diamond Bar, CA 91798 U.S.A.

Tel. (909) 595-5222（請於週六 9:00~18:00 之間聯繫）

Cell. (626) 454-0607

禪淨班：每逢週末 15：30~17：30 上課。

進階班：每逢週末上午 10：00~12：00 上課。

佛藏經詳解：平實導師講解。每週六下午 13：00~15：00，以台北正覺講堂所錄 DVD 放映。歡迎各界人士共享第一義諦無上法益，不需報名。

二、招生公告　**本會台北講堂及全省各講堂，每逢四月、十月下旬開新班，每週共修一次**（每次二小時。開課日起三個月內仍可插班）；**但美國洛杉磯共修處之禪淨班得隨時插班共修。各班共修期間皆爲二年半，欲參加者請向本會函索報名表**（各共修處皆於共修時間方有人執事，非共修時間請勿電詢或前來洽詢、請書），**或直接從本會官方網站**(http://www.enlighten.org.tw/newsflash/class)**或成佛之道網站下載報名表**。共修期滿時，若經報名禪三審核通過者，可參加四天三夜之禪三精進共修，有機會明心、取證如來藏，發起般若實相智慧，成爲實義菩薩，脫離凡夫菩薩位。

三、新春禮佛祈福　農曆年假期間停止共修：自農曆新年前七天起停止共修與弘法，正月 8 日起回復共修、弘法事務。新春期間正月初一～初七 9.00～17.00 開放台北講堂、正月初一~初三開放新竹講堂、台中講堂、台南講堂、高雄講堂，以及大溪禪三道場（正覺祖師堂），方便會員供佛、祈福及會外人士請書。美國洛杉磯共修處之休假時間，請逕詢該共修處。

密宗四大派修雙身法，是外道性力派的邪法；又以生滅的識陰作為常住法，是常見外道，是假的藏傳佛教。

西藏覺囊巴以他空見弘揚第八識如來藏勝法，才是真藏傳佛教

佛教正覺同修會　弘法行事表　2017/03/31

1、**禪淨班**　以無相念佛及拜佛方式修習動中定力，實證一心不亂功夫。傳授解脫道正理及第一義諦佛法，以及參禪知見。共修期間：二年六個月。每逢四月、十月開新班，詳見招生公告表。

2、**《佛藏經》**詳解　平實導師主講。已於 2013/12/17 開講，歡迎已發成佛大願的菩薩種性學人，攜眷共同參與此殊勝法會聽講。詳解 釋迦世尊於《佛藏經》中所開示的眞實義理，更爲今時後世佛子四眾，闡述 佛陀演說此經的本懷。眞實尋求佛菩提道的有緣佛子，親承聽聞如是勝妙開示，當能如實理解經中義理，亦能了知於大乘法中：如何是諸法實相？善知識、惡知識要如何簡擇？如何才是清淨持戒？如何才能清淨說法？於此末法之世，眾生五濁益重，不知佛、不解法、不識僧，唯見表相，不信眞實，貪著五欲，諸方大師不淨說法，各各將導大量徒眾趣入三塗，如是師徒俱堪憐憫。是故，平實導師以大慈悲心，用淺白易懂之語句，佐以實例、譬喻而爲演說，普令聞者易解佛意，皆得契入佛法正道，如實了知佛法大藏。每逢週二 18.50~20.50 開示，不限制聽講資格。會外人士需憑身分證件換證入內聽講（此是大樓管理處之安全規定，敬請見諒）。桃園、新竹、台中、台南、高雄等地講堂，亦於每週二晚上播放平實導師講經之 DVD，不必出示身分證件即可入內聽講，歡迎各地善信同霑法益。

有某道場專弘淨土法門數十年，於教導信徒研讀《佛藏經》時，往往告誡信徒曰：「後半部不許閱讀。」由此緣故坐令信徒失去提升念佛層次之機緣，師徒只能低品位往生淨土，令人深覺愚癡無智。由有多人建議故，平實導師開始宣講《佛藏經》，藉以轉易如是邪見，並提升念佛人之知見與往生品位。此經中，對於實相念佛多所著墨，亦指出念佛要點：以實相爲依，念佛者應依止淨戒、依止清淨僧寶，捨離違犯重戒之師僧，應受學清淨之法，遠離邪見。本經是現代佛門大法師所厭惡之經典：一者由於大法師們已全都落入意識境界而無法親證實相，故於此經中所說實相全無所知，都不樂有人聞此經名，以免讀後提出問疑時無法回答；二者現代大乘佛法地區，已經普被藏密喇嘛教滲透，許多有名之大法師們大多已曾或繼續在修練雙身法，都已失去聲聞戒體及菩薩戒體，成爲地獄種姓人，已非眞正出家之人，本質上只是身著僧衣而住在寺院中的世俗人。這些人對於此經都是讀不懂的，也是極爲厭惡的；他們尚不樂見此經之印行，何況流通與講解？今爲救護廣大學佛人，兼欲護持佛教血脈永續常傳，特選此經宣講之，主講者平實導師。

3、**瑜伽師地論**詳解　詳解論中所言凡夫地至佛地等 17 師之修證境界與理論，從凡夫地、聲聞地……宣演到諸地所證一切種智之眞實正理。由平實導師開講，每逢一、三、五週之週末晚上開示，僅限已明心之會員參加。

4、**精進禪三**　主三和尚：平實導師。於四天三夜中，以克勤圓悟大師及大慧宗杲之禪風，施設機鋒與小參、公案密意之開示，幫助會員剋期取證，親證不生不滅之眞實心——人人本有之如來藏。每年四月、十月各舉辦二個梯次；平實導師主持。僅限本會會員參加禪淨班共修期滿，報名審核通過者，方可參加。並選擇會中定力、慧力、福德三條件皆已具足之已明心會員，給以指引，令得眼見自己無形無相之佛性遍佈山河大地，眞實而無障礙，得以肉眼現觀世界身心悉皆如幻，具足成就如幻觀，圓滿十住菩薩之證境。

5、**大法鼓經**詳解　詳解末法時代大乘佛法修行之道。佛教正法消毒妙藥塗於大鼓而以擊之，凡有眾生聞之者，一切邪見鉅毒悉皆消殞；此經即是大法鼓之正義，凡聞之者，所有邪見之毒悉皆滅除，見道不難；亦能發起菩薩無量功德，是故諸大菩薩遠從諸方佛土來此娑婆聞修此經。

本經破「有」而顯涅槃，以此名爲眞法；若墮在「有」中，皆名「非法」；若人如是宣揚佛法，名爲擊大法鼓；如是依「法」而捨「非法」，據以建立山門而爲眾說法，方可名爲法鼓山。此經中說，以「此經」爲菩薩道之本，以證得「此經」之正知見及法門作爲度人之「法」，方名眞實佛法，否則盡名「非法」。本經中對法與非法、有與涅槃，有深入之闡釋，歡迎教界一切善信（不論初機或久學菩薩），一同親沐 如來聖教，共沾法喜。由平實導師詳解。不限制聽講資格。

6、**不退轉法輪經**詳解　本經所說妙法極爲甚深難解，時至末法，已然無有知者；而其甚深絕妙之法，流傳至今依舊多人可證，顯示佛學眞是義學而非玄談，其中甚深極妙令人拍案稱絕之第一義諦妙義，平實導師將會加以解說。待《大法鼓經》宣講完畢時繼續宣講此經。

7、**阿含經**詳解　選擇重要之阿含部經典，依無餘涅槃之實際而加以詳解，令大眾得以現觀諸法緣起性空，亦復不墮斷滅見中，顯示經中所隱說之涅槃實際—如來藏—確實已於四阿含中隱說；令大眾得以聞後觀行，確實斷除我見乃至我執，證得**見到**眞現觀，乃至**身證**……等眞現觀；已得大乘或二乘見道者，亦可由此聞熏及聞後之觀行，除斷我所之貪著，成就慧解脫果。由平實導師詳解。不限制聽講資格。

8、**解深密經**詳解　重講本經之目的，在於令諸已悟之人明解大乘法道之成佛次第，以及悟後進修一切種智之內涵，確實證知三種自性性，並得據此證解七眞如、十眞如等正理。每逢週二 18.50~20.50 開示，由平實導師詳解。將於《大法鼓經》講畢後開講。不限制聽講資格。

9、**成唯識論**詳解　詳解一切種智眞實正理，詳細剖析一切種智之微細深妙廣大正理；並加以舉例說明，使已悟之會員深入體驗所證如來藏之微密行相；及證驗見分相分與所生一切法，皆由如來藏—阿賴耶識—直接或展轉而生，因此證知一切法無我，證知無餘涅槃之本際。將於增上班《瑜伽師地論》講畢後，由平實導師重講。僅限已明心之會員參加。

10、**精選如來藏系經典**詳解　精選如來藏系經典一部，詳細解說，以此完全印證會員所悟如來藏之眞實，得入不退轉住。另行擇期詳細解說之，由平實導師講解。僅限已明心之會員參加。

11、**禪門差別智**　藉禪宗公案之微細淆訛難知難解之處，加以宣說及剖析，以增進明心、見性之功德，啓發差別智，建立擇法眼。每月第一週日全天，由平實導師開示，僅限破參明心後，復又眼見佛性者參加（事冗暫停）。

12、**枯木禪**　先講智者大師的《小止觀》，後說《釋禪波羅蜜》，詳解四禪八定之修證理論與實修方法，細述一般學人修定之邪見與岔路，及對禪定證境之誤會，消除枉用功夫、浪費生命之現象。已悟般若者，可以藉此而實修初禪，進入大乘通教及聲聞教的三果心解脫境界，配合應有的大福德及後得無分別智、十無盡願，即可進入初地心中。親教師：平實導師。未來緣熟時將於大溪正覺寺開講。不限制聽講資格。

註：本會例行年假，自 2004 年起，改爲每年農曆新年前七天開始停息弘法事務及共修課程，農曆正月 8 日回復所有共修及弘法事務。新春期間（每日 9.00~17.00）開放台北講堂，方便會員禮佛祈福及會外人士請書。大溪區的正覺祖師堂，開放參訪時間，詳見〈正覺電子報〉或成佛之道網站。本表得因時節因緣需要而隨時修改之，不另作通知。

佛教正覺同修會　贈閱書籍 目錄

2015/09/29

1.**無相念佛**　平實導師著　回郵 10 元
2.**念佛三昧修學次第**　平實導師述著　回郵 25 元
3.**正法眼藏—護法集**　平實導師述著　回郵 35 元
4.**真假開悟簡易辨正法&佛子之省思**　平實導師著　回郵 3.5 元
5.**生命實相之辨正**　平實導師著　回郵 10 元
6.**如何契入念佛法門**（附：印順法師否定極樂世界）平實導師著　回郵 3.5 元
7.**平實書箋**—答元覽居士書　平實導師著　回郵 35 元
8.**三乘唯識**—如來藏系經律彙編　平實導師編　回郵 80 元
（精裝本　長 27 cm　寬 21 cm　高 7.5 cm　重 2.8 公斤）
9.**三時繫念全集**—修正本　回郵掛號 40 元（長 26.5 cm×寬 19 cm）
10.**明心與初地**　平實導師述　回郵 3.5 元
11.**邪見與佛法**　平實導師述著　回郵 20 元
12.**菩薩正道**—回應義雲高、釋性圓…等外道之邪見　正燦居士著　回郵 20 元
13.**甘露法雨**　平實導師述　回郵 20 元
14.**我與無我**　平實導師述　回郵 20 元
15.**學佛之心態**—修正錯誤之學佛心態始能與正法相應　孫正德老師著　回郵35元
附錄：平實導師著**《略說八、九識並存…等之過失》**
16.**大乘無我觀**—《悟前與悟後》別說　平實導師述著　回郵 20 元
17.**佛教之危機**—中國台灣地區現代佛教之真相（附錄：公案拈提六則）
平實導師著　回郵 25 元
18.**燈　影**—燈下黑（覆「求教後學」來函等）　平實導師著　回郵 35 元
19.**護法與毀法**—覆上平居士與徐恒志居士網站毀法二文
張正圜老師著　回郵 35 元
20.**淨土聖道**—兼評**選擇本願念佛**　正德老師著　**由正覺同修會購贈**　回郵 25 元
21.**辨唯識性相**—對「紫蓮心海《辯唯識性相》書中否定阿賴耶識」之回應
正覺同修會 台南共修處法義組 著　回郵 25 元
22.**假如來藏**—對法蓮法師《如來藏與阿賴耶識》書中否定阿賴耶識之回應
正覺同修會 台南共修處法義組 著　回郵 35 元
23.**入不二門**—公案拈提集錦 第一輯（於平實導師公案拈提諸書中選錄約二十則，
合輯為一冊流通之）平實導師著　回郵 20 元
24.**真假邪說**—西藏密宗索達吉喇嘛《破除邪說論》真是邪說
釋正安法師著　回郵 35 元
25.**真假開悟**—真如、如來藏、阿賴耶識間之關係　平實導師述著　回郵 35 元
26.**真假禪和**—辨正釋傳聖之謗法謬說　孫正德老師著　回郵 30 元

27.**眼見佛性**—駁慧廣法師眼見佛性的含義文中謬說
游正光老師著　回郵 25 元

28.**普門自在**—公案拈提集錦 第二輯（於平實導師公案拈提諸書中選錄約二十則，合輯爲一冊流通之）平實導師著　回郵 25 元

29.**印順法師的悲哀**—以現代禪的質疑為線索　恒毓博士著　回郵 25 元

30.**識蘊真義**—現觀識蘊內涵、取證初果、親斷三縛結之具體行門。
—依《成唯識論》及《唯識述記》正義，略顯安慧《大乘廣五蘊論》之邪謬
平實導師著　回郵 35 元

31.**正覺電子報** 各期紙版本　免附回郵　每次最多函索三期或三本。
（已無存書之較早各期，不另增印贈閱）

32.**現代人應有的宗教觀**　蔡正禮老師 著　回郵 3.5 元

33.**遠惑趣道**—正覺電子報般若信箱問答錄　第一輯　回郵 20 元

34.**遠惑趣道**—正覺電子報般若信箱問答錄　第二輯　回郵 20 元

35.**確保您的權益**—器官捐贈應注意自我保護　游正光老師 著　回郵 10 元

36.**正覺教團電視弘法三乘菩提 DVD 光碟（一）**
由正覺教團多位親教師共同講述錄製 DVD 8 片，MP3 一片，共 9 片。有二大講題：一爲「三乘菩提之意涵」，二爲「學佛的正知見」。內容精闢，深入淺出，精彩絕倫，幫助大眾快速建立三乘法道的正知見，免被外道邪見所誤導。有志修學三乘佛法之學人不可不看。（製作工本費 100 元，回郵 25 元）

37.**正覺教團電視弘法 DVD 專輯（二）**
總有二大講題：一爲「三乘菩提之念佛法門」，一爲「學佛正知見（第二篇）」，由正覺教團多位親教師輪番講述，內容詳細闡述如何修學念佛法門、實證念佛三昧，以及學佛應具有的正確知見，可以幫助發願往生西方極樂淨土之學人，得以把握往生，更可令學人快速建立三乘法道的正知見，免於被外道邪見所誤導。有志修學三乘佛法之學人不可不看。（一套 17 片，工本費 160 元。回郵 35 元）

38.**佛藏經** 燙金精裝本　每冊回郵 20 元。正修佛法之道場欲大量索取者，請正式發函並蓋用大印寄來索取（2008.04.30 起開始敬贈）

39.**喇嘛性世界**—揭開假藏傳佛教譚崔瑜伽的面紗　張善思 等人合著
由正覺同修會購贈　回郵 20 元

40.**假藏傳佛教的神話**—性、謊言、喇嘛教　張正玄教授編著　回郵 20 元
由正覺同修會購贈　回郵 20 元

41.**隨 緣**—理隨緣與事隨緣　平實導師述　回郵 20 元。

42.**學佛的覺醒**　正枝居士 著　回郵 25 元

43.**導師之真實義**　蔡正禮老師 著　回郵 10 元

44.**淺談達賴喇嘛之雙身法**—兼論解讀「密續」之達文西密碼
吳明芷居士 著　回郵 10 元

45.**魔界轉世**　張正玄居士 著　回郵 10 元

46.**一貫道與開悟**　蔡正禮老師 著　回郵 10 元

47.**博愛**—愛盡天下女人　正覺教育基金會 編印　回郵 10 元
48.**意識虛妄經教彙編**—實證解脫道的關鍵經文　正覺同修會編印　回郵 25 元
49.**邪箭囈語**—破斥藏密外道多識仁波切《破魔金剛箭雨論》之邪說
陸正元老師著　上、下冊回郵各 30 元
50.**真假沙門**—依 佛聖教闡釋佛教僧寶之定義
蔡正禮老師著　俟正覺電子報連載後結集出版
51.**真假禪宗**—藉評論釋性廣《印順導師對變質禪法之批判
及對禪宗之肯定》以顯示真假禪宗
附論一：凡夫知見 無助於佛法之信解行證
附論二：世間與出世間一切法皆從如來藏實際而生而顯
余正偉老師著　俟正覺電子報連載後結集出版　回郵未定
52.**假鋒虛焰金剛乘**—揭示顯密正理，兼破索達吉師徒《般若鋒兮金剛焰》。
釋正安 法師著　俟正覺電子報連載後結集出版

★ 上列贈書之郵資，係台灣本島地區郵資，大陸、港、澳地區及外國地區，請另計酌增（大陸、港、澳、國外地區之郵票不許通用）。尚未出版之書，請勿先寄來郵資，以免增加作業煩擾。

★ 本目錄若有變動，唯於後印之書籍及「成佛之道」網站上修正公佈之，不另行個別通知。

函索書籍請寄：佛教正覺同修會　103 台北市承德路 3 段 277 號 9 樓
台灣地區函索書籍者請附寄郵票，無時間購買郵票者可以等值現金抵用，但不接受郵政劃撥、支票、匯票。大陸地區得以人民幣計算，國外地區請以美元計算（請勿寄來當地郵票，在台灣地區不能使用）。欲以掛號寄遞者，請另附掛號郵資。

親自索閱：正覺同修會各共修處。　★請於共修時間前往取書，餘時無人在道場，請勿前往索取；共修時間與地點，詳見書末正覺同修會共修現況表（以近期之共修現況表爲準）。

註：正智出版社發售之局版書，請向各大書局購閱。若書局之書架上已經售出而無陳列者，請向書局櫃台指定洽購；若書局不便代購者，請於正覺同修會共修時間前往各共修處請購，正智出版社已派人於共修時間送書前往各共修處流通。 郵政劃撥購書及 大陸地區 購書，請詳別頁正智出版社發售書籍目錄最後頁之說明。

成佛之道 網站：http://www.a202.idv.tw　正覺同修會已出版之結緣書籍，多已登載於 成佛之道 網站，若住外國、或住處遙遠，不便取得正覺同修會贈閱書籍者，可以從本網站閱讀及下載。　書局版之《宗通與說通》亦已上網，台灣讀者可向書局洽購，售價 300 元。《狂密與眞密》第一輯~第四輯，亦於 2003.5.1.全部於本網站登載完畢；台灣地區讀者請向書局洽購，每輯約 400 頁，售價 300 元（網站下載紙張費用較貴，容易散失，難以保存，亦較不精美）。

＊＊假藏傳佛教修雙身法，非佛教＊＊

正智出版社 籌募弘法基金發售書籍目錄 2017/04/22

1.**宗門正眼**—公案拈提 第一輯 重拈 平實導師著 500 元

因重寫內容大幅度增加故，字體必須改小，並增為 576 頁 主文 546 頁。比初版更精彩、更有內容。初版《禪門摩尼寶聚》之讀者，可寄回本公司免費調換新版書。免附回郵，亦無截止期限。（2007 年起，每冊附贈本公司精製公案拈提〈超意境〉CD 一片。市售價格 280 元，多購多贈。）

2.**禪淨圓融** 平實導師著 200 元（第一版舊書可換新版書。）

3.**真實如來藏** 平實導師著 400 元

4.**禪—悟前與悟後** 平實導師著 上、下冊，每冊 250 元

5.**宗門法眼**—公案拈提 第二輯 平實導師著 500 元

（2007 年起，每冊附贈本公司精製公案拈提〈超意境〉CD 一片）

6.**楞伽經詳解** 平實導師著 全套共 10 輯 每輯 250 元

7.**宗門道眼**—公案拈提 第三輯 平實導師著 500 元

（2007 年起，每冊附贈本公司精製公案拈提〈超意境〉CD 一片）

8.**宗門血脈**—公案拈提 第四輯 平實導師著 500 元

（2007 年起，每冊附贈本公司精製公案拈提〈超意境〉CD 一片）

9.**宗通與說通**—成佛之道 平實導師著 主文 381 頁 全書 400 頁售價 300 元

10.**宗門正道**—公案拈提 第五輯 平實導師著 500 元

（2007 年起，每冊附贈本公司精製公案拈提〈超意境〉CD 一片）

11.**狂密與真密 一～四輯** 平實導師著 西藏密宗是人間最邪淫的宗教，本質不是佛教，只是披著佛教外衣的印度教性力派流毒的喇嘛教。此書中將西藏密宗密傳之男女雙身合修樂空雙運所有祕密與修法，毫無保留完全公開，並將全部喇嘛們所不知道的部分也一併公開。內容比大辣出版社喧騰一時的《西藏慾經》更詳細。並且函蓋藏密的所有祕密及其錯誤的中觀見、如來藏見……等，藏密的所有法義都在書中詳述、分析、辨正。每輯主文三百餘頁 每輯全書約 400 頁 售價每輯 300 元

12.**宗門正義**—公案拈提 第六輯 平實導師著 500 元

（2007 年起，每冊附贈本公司精製公案拈提〈超意境〉CD 一片）

13.**心經密意**—心經與解脫道、佛菩提道、祖師公案之關係與密意 平實導師述 300 元

14.**宗門密意**—公案拈提 第七輯 平實導師著 500 元

（2007 年起，每冊附贈本公司精製公案拈提〈超意境〉CD 一片）

15.**淨土聖道**—兼評「選擇本願念佛」 正德老師著 200 元

16.**起信論講記** 平實導師述著 共六輯 每輯三百餘頁 售價各 250 元

17.**優婆塞戒經講記** 平實導師述著 共八輯 每輯三百餘頁 售價各 250 元

18.**真假活佛**—略論附佛外道盧勝彥之邪說（對前岳靈犀網站主張「盧勝彥是證悟者」之修正） 正犀居士（岳靈犀）著 流通價 140 元

19.**阿含正義**—唯識學探源 平實導師著 共七輯 每輯 300 元

20.**超意境** CD 以平實導師公案拈提書中超越意境之頌詞，加上曲風優美的旋律，錄成令人嚮往的超意境歌曲，其中包括正覺發願文及平實導師親自譜成的黃梅調歌曲一首。詞曲雋永，殊堪翫味，可供學禪者吟詠，有助於見道。內附設計精美的彩色小冊，解說每一首詞的背景本事。每片 280 元。【每購買公案拈提書籍一冊，即贈送一片。】

21.**菩薩底憂鬱** CD 將菩薩情懷及禪宗公案寫成新詞，並製作成超越意境的優美歌曲。 1.主題曲〈菩薩底憂鬱〉，描述地後菩薩能離三界生死而迴向繼續生在人間，但因尚未斷盡習氣種子而有極深沈之憂鬱，非三賢位菩薩及二乘聖者所知，此憂鬱在七地滿心位方才斷盡；本曲之詞中所說義理極深，昔來所未曾見；此曲係以優美的情歌風格寫詞及作曲，聞者得以激發嚮往諸地菩薩境界之大心，詞、曲都非常優美，難得一見；其中勝妙義理之解說，已印在附贈之彩色小冊中。 2.以各輯公案拈提中直示禪門入處之頌文，作成各種不同曲風之超意境歌曲，值得玩味、參究；聆聽公案拈提之優美歌曲時，請同時閱讀內附之印刷精美說明小冊，可以領會超越三界的證悟境界；未悟者可以因此引發求悟之意向及疑情，眞發菩提心而邁向求悟之途，乃至因此眞實悟入般若，成眞菩薩。 3.正覺總持咒新曲，總持佛法大意；總持咒之義理，已加以解說並印在隨附之小冊中。本 CD 共有十首歌曲，長達 63 分鐘。每盒各附贈二張購書優惠券。每片 280 元。

22.**禪意無限** CD 平實導師以公案拈提書中偈頌寫成不同風格曲子，與他人所寫不同風格曲子共同錄製出版，幫助參禪人進入禪門超越意識之境界。盒中附贈彩色印製的精美解說小冊，以供聆聽時閱讀，令參禪人得以發起參禪之疑情，即有機會證悟本來面目而發起實相智慧，實證大乘菩提般若，能如實證知般若經中的眞實意。本 CD 共有十首歌曲，長達 69 分鐘，每盒各附贈二張購書優惠券。每片 280 元。

23.**我的菩提路**第一輯　釋悟圓、釋善藏等人合著　售價 300 元

24.**我的菩提路**第二輯　郭正益、張志成等人合著　售價 300 元

25.**我的菩提路**第三輯　王美伶等人合著　售價 300 元

26.**鈍鳥與靈龜**—考證後代凡夫對大慧宗杲禪師的無根誹謗。

平實導師著　共 458 頁　售價 350 元

27.**維摩詰經講記**　平實導師述　共六輯　每輯三百餘頁　售價各 250 元

28.**真假外道**—破劉東亮、杜大威、釋證嚴常見外道見　正光老師著　200 元

29.**勝鬘經講記**—兼論印順《勝鬘經講記》對於《勝鬘經》之誤解。

平實導師述　共六輯　每輯三百餘頁　售價 250 元

30.**楞嚴經講記**　平實導師述　共 **15** 輯，每輯三百餘頁　售價 300 元

31.**明心與眼見佛性**—駁慧廣〈蕭氏「眼見佛性」與「明心」之非〉文中謬說

正光老師著　共 448 頁　售價 300 元

32.**見性與看話頭**　黃正倖老師 著，本書是禪宗參禪的方法論。

內文 375 頁，全書 416 頁，售價 300 元。

33.**達賴真面目**—玩盡天下女人 白正偉老師 等著 中英對照彩色精裝大本 800 元
34.**喇嘛性世界**—揭開假藏傳佛教譚崔瑜伽的面紗　張善思 等人著　200 元
35.**假藏傳佛教的神話**—性、謊言、喇嘛教　正玄教授編著　200 元
36.**金剛經宗通**　平實導師述　共九輯　每輯售價 250 元。
37.**空行母**—性別、身分定位，以及藏傳佛教。
珍妮・坎貝爾著 呂艾倫 中譯 售價 250 元
38.**末代達賴**—性交教主的悲歌　張善思、呂艾倫、辛燕編著 售價 250 元
39.**霧峰無霧**—給哥哥的信　辨正釋印順對佛法的無量誤解
游宗明 老師著　售價 250 元
40.**第七意識與第八意識？**—穿越時空「超意識」
平實導師述　每冊 300 元
41.**黯淡的達賴**—失去光彩的諾貝爾和平獎
正覺教育基金會編著　每冊 250 元
42.**童女迦葉考**—論呂凱文〈佛教輪迴思想的論述分析〉之謬。
平實導師 著 定價 180 元
43.**人間佛教**—實證者必定不悖三乘菩提
平實導師 述，定價 400 元
44.**實相經宗通**　平實導師述　共八輯　每輯 250 元
45.**真心告訴您(一)**—達賴喇嘛在幹什麼？
正覺教育基金會編著　售價 250 元
46.**中觀金鑑**—詳述應成派中觀的起源與其破法本質
孫正德老師著　分為上、中、下三冊，每冊 250 元
47.**佛法入門**—迅速進入三乘佛法大門，消除久學佛法漫無方向之窘境。
○○居士著　將於正覺電子報連載後出版。售價 250 元
48.**藏傳佛教要義**—《狂密與真密》之簡體字版　平實導師 著 上、下冊
僅在大陸流通　每冊 300 元
49.**法華經講義**　平實導師述　共二十五輯　每輯 300 元
已於 2015/05/31 起開始出版，每二個月出版一輯
50.**西藏「活佛轉世」制度**—附佛、造神、世俗法
許正豐、張正玄老師合著　定價 150 元
51.**廣論三部曲**　郭正益老師著　定價 150 元
52.**真心告訴您(二)**—達賴喇嘛是佛教僧侶嗎？
—補祝達賴喇嘛八十大壽
正覺教育基金會編著　售價 300 元
53.**廣論之平議**—宗喀巴《菩提道次第廣論》之平議　正雄居士著
約二或三輯　俟正覺電子報連載後結集出版　書價未定
54.**末法導護**—對印順法師中心思想之綜合判攝　正慶老師著　書價未定
55.**菩薩學處**—菩薩四攝六度之要義　陸正元老師著　出版日期未定。
56.**八識規矩頌**詳解　○○居士 註解　出版日期另訂　書價未定。

57.**印度佛教史**—法義與考證。依法義史實評論印順《印度佛教思想史、佛教史地考論》之謬說　正偉老師著　出版日期未定　書價未定
58.**中國佛教史**—依中國佛教正法史實而論。○○老師 著　書價未定。
59.**中論正義**—釋龍樹菩薩《中論》頌正理。
孫正德老師著　出版日期未定　書價未定
60.**中觀正義**—註解平實導師《中論正義頌》。
○○法師（居士）著　出版日期未定　書價未定
61.**佛藏經講記**　平實導師述　出版日期未定　書價未定
62.**阿含經講記**—將選錄四阿含中數部重要經典全經講解之，講後整理出版。
平實導師述　約二輯　每輯 300 元　出版日期未定
63.**寶積經講記**　平實導師述　每輯三百餘頁 優惠價 300 元 出版日期未定
64.**解深密經講記**　平實導師述 約四輯　將於重講後整理出版
65.**成唯識論略解**　平實導師著　五～六輯　每輯300 元　出版日期未定
66.**修習止觀坐禪法要講記**　平實導師述　每輯三百餘頁
將於正覺寺建成後重講、以講記逐輯出版　出版日期未定
67.**無門關**—《無門關》公案拈提　平實導師著　出版日期未定
68.**中觀再論**—兼述印順《中觀今論》謬誤之平議。正光老師著 出版日期未定
69.**輪迴與超度**—佛教超度法會之真義。
○○法師（居士）著　出版日期未定　書價未定
70.**《釋摩訶衍論》平議**—對偽稱龍樹所造《釋摩訶衍論》之平議
○○法師（居士）著　出版日期未定　書價未定
71.**正覺發願文**註解—以真實大願為因 得證菩提
正德老師著　出版日期未定　書價未定
72.**正覺總持咒**—佛法之總持　正圜老師著　出版日期未定　書價未定
73.**涅槃**—論四種涅槃　平實導師著　出版日期未定　書價未定
74.**三自性**—依四食、五蘊、十二因緣、十八界法，說三性三無性。
作者未定　出版日期未定
75.**道品**—從三自性說大小乘三十七道品　作者未定　出版日期未定
76.**大乘緣起觀**—依四聖諦七真如現觀十二緣起 作者未定　出版日期未定
77.**三德**—論解脫德、法身德、般若德。　作者未定　出版日期未定
78.**真假如來藏**—對印順《如來藏之研究》謬說之平議　作者未定 出版日期未定
79.**大乘道次第**　作者未定　出版日期未定　書價未定
80.**四緣**—依如來藏故有四緣。　作者未定　出版日期未定
81.**空之探究**—印順《空之探究》謬誤之平議　作者未定 出版日期未定
82.**十法義**—論阿含經中十法之正義　作者未定　出版日期未定
83.**外道見**—論述外道六十二見　作者未定　出版日期未定

正智出版社有限公司　書籍介紹

禪淨圓融：言淨土諸祖所未曾言，示諸宗祖師所未曾示；禪淨圓融，另闢成佛捷徑，兼顧自力他力，闡釋淨土門之速行易行道，亦同時揭櫫聖教門之速行易行道；令廣大淨土行者得免緩行難證之苦，亦令聖道門行者得以藉著淨土速行道而加快成佛之時劫。乃前無古人之超勝見地，非一般弘揚禪淨法門典籍也，先讀為快。平實導師著 200元。

宗門正眼—公案拈提第一輯：繼承克勤圜悟大師碧巖錄宗旨之禪門鉅作。先則舉示當代大法師之邪說，消弭當代禪門大師鄉愿之心態，摧破當今禪門「世俗禪」之妄談；次則旁通教法，表顯宗門正理；繼以道之次第，消弭古今狂禪；後藉言語及文字機鋒，直示宗門入處。悲智雙運，禪味十足，數百年來難得一睹之禪門鉅著也。平實導師著　500元（原初版書《禪門摩尼寶聚》，改版後補充為五百餘頁新書，總計多達二十四萬字，內容更精彩，並改名為《宗門正眼》，讀者原購初版《禪門摩尼寶聚》皆可寄回本公司免費換新，免附回郵，亦無截止期限）（2007年起，凡購買公案拈提第一輯至第七輯，每購一輯皆贈送本公司精製公案拈提〈超意境〉CD一片，市售價格280元，多購多贈）。

禪—悟前與悟後：本書能建立學人悟道之信心與正確知見，圓滿具足而有次第地詳述禪悟之功夫與禪悟之內容，指陳參禪中細微淆訛之處，能使學人明自真心、見自本性。若未能悟入，亦能以正確知見辨別古今中外一切大師究係真悟？或屬錯悟？便有能力揀擇，捨名師而選明師，後時必有悟道之緣。一旦悟道，遲者七次人天往返，便出三界，速者一生取辦。學人欲求開悟者，不可不讀。　平實導師著。上、下冊共500元，單冊250元。

真實如來藏：如來藏眞實存在，乃宇宙萬有之本體，並非印順法師、達賴喇嘛等人所說之「唯有名相、無此心體」。如來藏是涅槃之本際，是一切有智之人竭盡心智、不斷探索而不能得之生命實相；是古今中外許多大師自以爲悟而當面錯過之生命實相。如來藏即是阿賴耶識，乃是一切有情本自具足、不生不滅之眞實心。當代中外大師於此書出版之前所未能言者，作者於本書中盡情流露、詳細闡釋。眞悟者讀之，必能增益悟境、智慧增上；錯悟者讀之，必能檢討自己之錯誤，免犯大妄語業；未悟者讀之，能知參禪之理路，亦能以之檢查一切名師是否眞悟。此書是一切哲學家、宗教家、學佛者及欲昇華心智之人必讀之鉅著。　平實導師著　售價400元。

宗門法眼—公案拈提第二輯：列舉實例，闡釋土城廣欽老和尚之悟處；並直示這位不識字的老和尚妙智橫生之根由，繼而剖析禪宗歷代大德之開悟公案，解析當代密宗高僧卡盧仁波切之錯悟證據，並例舉當代顯宗高僧、大居士之錯悟證據（凡健在者，爲免影響其名聞利養，皆隱其名）。藉辨正當代名師之邪見，向廣大佛子指陳禪悟之正道，彰顯宗門法眼。悲勇兼出，強捋虎鬚；慈智雙運，巧探驪龍；摩尼寶珠在手，直示宗門入處，禪味十足；若非大悟徹底，不能爲之。禪門精奇人物，允宜人手一冊，供作參究及悟後印證之圭臬。本書於2008年4月改版，增寫爲大約500頁篇幅，以利學人研讀參究時更易悟入宗門正法，以前所購初版首刷及初版二刷舊書，皆可免費換取新書。平實導師著　500元（2007年起，凡購買公案拈提第一輯至第七輯，每購一輯皆贈送本公司精製公案拈提〈超意境〉CD一片，市售價格280元，多購多贈）。

宗門道眼—公案拈提第三輯：繼宗門法眼之後，再以金剛之作略、慈悲之胸懷、犀利之筆觸，舉示寒山、拾得、布袋三大士之悟處，消弭當代錯悟者對於寒山大士……等之誤會及誹謗。　亦舉出民初以來與虛雲和尙齊名之蜀郡鹽亭袁煥仙夫子——南懷瑾老師之師，其「悟處」何在？並蒐羅許多眞悟祖師之證悟公案，顯示禪宗歷代祖師之睿智，指陳部分祖師、奧修及當代顯密大師之謬悟，作爲殷鑑，幫助禪子建立及修正參禪之方向及知見。假使讀者閱此書已，一時尙未能悟，亦可一面加功用行，一面以此宗門道眼辨別眞假善知識，避開錯誤之印證及歧路，可免大妄語業之長劫慘痛果報。欲修禪宗之禪者，務請細讀。平實導師著　售價500元（2007年起，凡購買公案拈提第一輯至第七輯，每購一輯皆贈送本公司精製公案拈提〈超意境〉CD一片，市售價格280元，多購多贈）。

楞伽經詳解：本經是禪宗見道者印證所悟眞僞之根本經典，亦是禪宗見道者悟後起修之依據經典；故達摩祖師於印證二祖慧可大師之後，將此經典連同佛鉢祖衣一併交付二祖，令其依此經典佛示金言、進入修道位，修學一切種智。由此可知此經對於眞悟之人修學佛道，是非常重要之一部經典。此經能破外道邪說，亦破佛門中錯悟名師之謬說，亦破禪宗部分祖師之狂禪：不讀經典、一向主張「一悟即成究竟佛」之謬執。並開示愚夫所行禪、觀察義禪、攀緣如禪、如來禪等差別，令行者對於三乘禪法差異有所分辨；亦糾正禪宗祖師古來對於如來禪之誤解，嗣後可免以訛傳訛之弊。此經亦是法相唯識宗之根本經典，禪者悟後欲修一切種智而入初地者，必須詳讀。　平實導師著，全套共十輯，已全部出版完畢，每輯主文約320頁，每冊約352頁，定價250元。

宗門血脈—公案拈提第四輯：末法怪象—許多修行人自以爲悟，每將無念靈知認作眞實；崇尚二乘法諸師及其徒衆，則將外於如來藏之緣起性空—無因論之無常空、斷滅空、一切法空—錯認爲 佛所說之般若空性。這兩種現象已於當今海峽兩岸及美加地區顯密大師之中普遍存在；人人自以爲悟，心高氣壯，便敢寫書解釋祖師證悟之公案，大多出於意識思惟所得，言不及義，錯誤百出，因此誤導廣大佛子同陷大妄語之地獄業中而不能自知。彼等書中所說之悟處，其實處處違背第一義經典之聖言量。彼等諸人不論是否身披袈裟，都非佛法宗門血脈，或雖有禪宗法脈之傳承，亦只徒具形式；猶如螟蛉，非眞血脈，未悟得根本眞實故。禪子欲知 佛、祖之眞血脈者，請讀此書，便知分曉。平實導師著，主文452頁，全書464頁，定價500元（2007年起，凡購買公案拈提第一輯至第七輯，每購一輯皆贈送本公司精製公案拈提〈超意境〉CD一片，市售價格280元，多購多贈）。

宗通與說通：古今中外，錯誤之人如麻似粟，每以常見外道所說之靈知心，認作眞心；或妄想虛空之勝性能量爲眞如，或錯認物質四大元素藉冥性（靈知心本體）能成就吾人色身及知覺，或認初禪至四禪中之了知心爲不生不滅之涅槃心。此等皆非通宗者之見地。復有錯悟之人一向主張「宗門與教門不相干」，此即尚未通達宗門之人也。其實宗門與教門互通不二，宗門所證者乃是眞如與佛性，故教門與宗門不二。本書作者以宗教二門互通之見地，細說「宗通與說通」，從初見道至悟後起修之道、細說分明；並將諸宗諸派在整體佛教中之地位與次第，加以明確之教判，學人讀之即可了知佛法之梗概也。欲擇明師學法之前，允宜先讀。平實導師著，主文共381頁，全書392頁，只售成本價300元。

宗門正道—公案拈提第五輯：修學大乘佛法有二果須證—解脫果及大菩提果。二乘人不證大菩提果，唯證解脫果；此果之智慧，名爲聲聞菩提、緣覺菩提。大乘佛子所證二果之菩提果爲佛菩提，故名大菩提果，其慧名爲一切種智—函蓋二乘解脫果。然此大乘二果修證，須經由禪宗之宗門證悟方能相應。而宗門證悟極難，自古已然；其所以難者，咎在古今佛教界普遍存在三種邪見：1.以修定認作佛法，2.以無因論之緣起性空—否定涅槃本際如來藏以後之一切法空作爲佛法，3.以常見外道邪見（離語言妄念之靈知性）作爲佛法。如是邪見，或因自身正見未立所致，或因邪師之邪教導所致，或因無始劫來虛妄熏習所致。若不破除此三種邪見，永劫不悟宗門眞義、不入大乘正道，唯能外門廣修菩薩行。平實導師於此書中，有極爲詳細之說明，有志佛子欲摧邪見、入於內門修菩薩行者，當閱此書。主文共496頁，全書512頁。售價500元（2007年起，凡購買公案拈提第一輯至第七輯，每購一輯皆贈送本公司精製公案拈提〈超意境〉CD一片，市售價格280元，多購多贈）。

狂密與真密：密教之修學，皆由有相之觀行法門而入，其最終目標仍不離顯教經典所說第一義諦之修證；若離顯教第一義經典、或違背顯教第一義經典，即非佛教。西藏密教之觀行法，如灌頂、觀想、遷識法、寶瓶氣、大聖歡喜雙身修法、喜金剛、無上瑜伽、大樂光明、樂空雙運等，皆是印度教兩性生生不息思想之轉化，自始至終皆以如何能運用交合淫樂之法達到全身受樂爲其中心思想，純屬欲界五欲的貪愛，不能令人超出欲界輪迴，更不能令人斷除我見；何況大乘之明心與見性，更無論矣！故密宗之法絕非佛法也。而其明光大手印、大圓滿法教，又皆同以常見外道所說離語言妄念之無念靈知心錯認爲佛地之眞如，不能直指不生不滅之眞如。西藏密宗所有法王與徒眾，都尚未開頂門眼，不能辨別眞僞，以依人不依法、依密續不依經典故，不肯將其上師喇嘛所說對照第一義經典，純依密續之藏密祖師所說爲準，因此而誇大其證德與證量，動輒謂彼祖師上師爲究竟佛、爲地上菩薩；如今台海兩岸亦有自謂其師證量高於 釋迦文佛者，然觀其師所述，猶未見道，仍在觀行即佛階段，尚未到禪宗相似即佛、分證即佛階位，竟敢標榜爲究竟佛及地上法王，誑惑初機學人。凡此怪象皆是狂密，不同於眞密之修行者。近年狂密盛行，密宗行者被誤導者極眾，動輒自謂已證佛地眞如，自視爲究竟佛，陷於大妄語業中而不知自省，反謗顯宗眞修實證者之證量粗淺；或如義雲高與釋性圓…等人，於報紙上公然誹謗眞實證道者爲「騙子、無道人、人妖、癩蛤蟆…」等，造下誹謗大乘勝義僧之大惡業；或以外道法中有爲有作之甘露、魔術……等法，誑騙初機學人，狂言彼外道法爲眞佛法。如是怪象，在西藏密宗及附藏密之外道中，不一而足，舉之不盡，學人宜應愼思明辨，以免上當後又犯毀破菩薩戒之重罪。密宗學人若欲遠離邪知邪見者，請閱此書，即能了知密宗之邪謬，從此遠離邪見與邪修，轉入眞正之佛道。平實導師著 共四輯 每輯約400頁（主文約340頁）每輯售價300元。

宗門正義—公案拈提第六輯：佛教有六大危機，乃是藏密化、世俗化、膚淺化、學術化、宗門密意失傳、悟後進修諸地之次第混淆；其中尤以宗門密意之失傳，爲當代佛教最大之危機。由宗門密意失傳故，易令　世尊本懷普被錯解，易令世尊正法被轉易爲外道法，以及加以淺化、世俗化，是故宗門密意之廣泛弘傳與具緣佛弟子，極爲重要。然而欲令宗門密意之廣泛弘傳予具緣之佛弟子者，必須同時配合錯誤知見之解析、普令佛弟子知之，然後輔以公案解析之直示入處，方能令具緣之佛弟子悟入。而此二者，皆須以公案拈提之方式爲之，方易成其功、竟其業，是故平實導師續作宗門正義一書，以利學人。　全書500餘頁，售價500元（2007年起，凡購買公案拈提第一輯至第七輯，每購一輯皆贈送本公司精製公案拈提〈超意境〉CD一片，市售價格280元，多購多贈）。

心經密意—心經與解脫道、佛菩提道、祖師公案之關係與密意。　二乘菩提所證之解脫道，實依第八識心之斷除煩惱障現行而立解脫之名；大乘菩提所證之佛菩提道，實依親證第八識如來藏之涅槃性、清淨自性、及其中道性而立般若之名；禪宗祖師公案所證之眞心，即是此第八識如來藏；是故三乘佛法所修所證之三乘菩提，皆依此如來藏心而立名也。此第八識心，即是《心經》所說之心也。證得此如來藏已，即能漸入大乘佛菩提道，亦可因證知此心而了知二乘無學所不能知之無餘涅槃本際，是故《心經》之密意，與三乘佛菩提之關係極爲密切、不可分割，三乘佛法皆依此心而立名故。今者平實導師以其所證解脫道之無生智及佛菩提之般若種智，將《心經》與解脫道、佛菩提道、祖師公案之關係與密意，以演講之方式，用淺顯之語句和盤托出，發前人所未言，呈三乘菩提之眞義，令人藉此《心經密意》一舉而窺三乘菩提之堂奧，迥異諸方言不及義之說；欲求眞實佛智者、不可不讀！主文317頁，連同跋文及序文…等共384頁，售價300元。

宗門密意—公案拈提第七輯：佛教之世俗化，將導致學人以信仰作爲學佛，則將以感應及世間法之庇祐，作爲學佛之主要目標，不能了知學佛之主要目標爲親證三乘菩提。大乘菩提則以般若實相智慧爲主要修習目標，以二乘菩提解脫道爲附帶修習之標的；是故學習大乘法者，應以禪宗之證悟爲要務，能親入大乘菩提之實相般若智慧中故，般若實相智慧非二乘聖人所能知故。此書則以台灣世俗化佛教之三大法師，說法似是而非之實例，配合眞悟祖師之公案解析，提示證悟般若之關節，令學人易得悟入。平實導師著，全書五百餘頁，售價500元（2007年起，凡購買公案拈提第一輯至第七輯，每購一輯皆贈送本公司精製公案拈提〈超意境〉CD一片，市售價格280元，多購多贈）。

淨土聖道—兼評選擇本願念佛：佛法甚深極廣，般若玄微，非諸二乘聖僧所能知之，一切凡夫更無論矣！所謂一切證量皆歸淨土是也！是故大乘法中「聖道之淨土、淨土之聖道」，其義甚深，難可了知；乃至眞悟之人，初心亦難知也。今有正德老師眞實證悟後，復能深探淨土與聖道之緊密關係，憐憫衆生之誤會淨土實義，亦欲利益廣大淨土行人同入聖道，同獲淨土中之聖道門要義，乃振奮心神、書以成文，今得刊行天下。主文279頁，連同序文等共301頁，總有十一萬六千餘字，正德老師著，成本價200元。

起信論講記：詳解大乘起信論心生滅門與心眞如門之眞實意旨，消除以往大師與學人對起信論所說心生滅門之誤解，由是而得了知眞心如來藏之非常非斷中道正理；亦因此一講解，令此論以往隱晦而被誤解之眞實義，得以如實顯示，令大乘佛菩提道之正理得以顯揚光大；初機學者亦可藉此正論所顯示之法義，對大乘法理生起正信，從此得以眞發菩提心，眞入大乘法中修學，世世常修菩薩正行。平實導師演述，共六輯，都已出版，每輯三百餘頁，售價各250元。

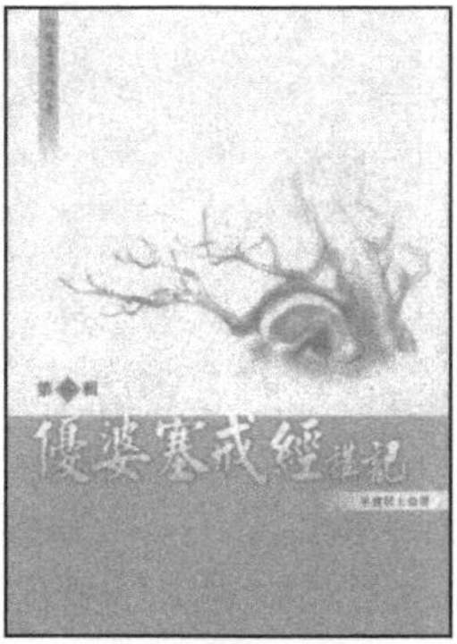

優婆塞戒經講記：本經詳述在家菩薩修學大乘佛法，應如何受持菩薩戒？對人間善行應如何看待？對三寶應如何護持？應如何正確地修集此世後世證法之福德？應如何修集後世「行菩薩道之資糧」？並詳述第一義諦之正義：五蘊非我非異我、自作自受、異作異受、不作不受……等深妙法義，乃是修學大乘佛法、行菩薩行之在家菩薩所應當了知者。出家菩薩今世或未來世登地已，捨報之後多數將如華嚴經中諸大菩薩，以在家菩薩身而修行菩薩行，故亦應以此經所述正理而修之，配合《楞伽經、解深密經、楞嚴經、華嚴經》等道次第正理，方得漸次成就佛道；故此經是一切大乘行者皆應證知之正法。平實導師講述，每輯三百餘頁，售價各250元；共八輯，已全部出版。

真假活佛—略論附佛外道盧勝彥之邪說：人人身中都有眞活佛，永生不滅而有大神用，但衆生都不了知，所以常被身外的西藏密宗假活佛籠罩欺瞞。本來就眞實存在的眞活佛，才是眞正的密宗無上密！諾那活佛因此而說禪宗是大密宗，但藏密的所有活佛都不知道、也不曾實證自身中的眞活佛。本書詳實宣示眞活佛的道理，舉證盧勝彥的「佛法」不是眞佛法，也顯示盧勝彥是假活佛，直接的闡釋第一義佛法見道的眞實正理。眞佛宗的所有上師與學人們，都應該詳細閱讀，包括盧勝彥個人在內。正犀居士著，優惠價140元。

阿含正義—唯識學探源：廣說四大部《阿含經》諸經中隱說之眞正義理，一一舉示佛陀本懷，令阿含時期初轉法輪根本經典之眞義，如實顯現於佛子眼前。並提示末法大師對於阿含眞義誤解之實例，一一比對之，證實唯識增上慧學確於原始佛法之阿含諸經中已隱覆密意而略說之，證實 世尊確於原始佛法中已曾密意而說第八識如來藏之總相；亦證實 世尊在四阿含中已說此藏識是名色十八界之因、之本—證明如來藏是能生萬法之根本心。佛子可據此修正以往受諸大師（譬如西藏密宗應成派中觀師：印順、昭慧、性廣、大願、達賴、宗喀巴、寂天、月稱、……等人）誤導之邪見，建立正見，轉入正道乃至親證初果而無困難；書中並詳說三果所證的心解脫，以及四果慧解脫的親證，都是如實可行的具體知見與行門。全書共七輯，已出版完畢。平實導師著，每輯三百餘頁，售價300元。

超意境CD：以平實導師公案拈提書中超越意境之頌詞，加上曲風優美的旋律，錄成令人嚮往的超意境歌曲，其中包括正覺發願文及平實導師親自譜成的黃梅調歌曲一首。詞曲雋永，殊堪翫味，可供學禪者吟詠，有助於見道。內附設計精美的彩色小冊，解說每一首詞的背景本事。每片280元。【每購買公案拈提書籍一冊，即贈送一片。】

我的菩提路第一輯：凡夫及二乘聖人不能實證的佛菩提證悟，末法時代的今天仍然有人能得實證，由正覺同修會釋悟圓、釋善藏法師等二十餘位實證如來藏者所寫的見道報告，已為當代學人見證宗門正法之絲縷不絕，證明大乘義學的法脈仍然存在，為末法時代求悟般若之學人照耀出光明的坦途。由二十餘位大乘見道者所繕，敘述各種不同的學法、見道因緣與過程，參禪求悟者必讀。全書三百餘頁，售價300元。

我的菩提路第二輯：由郭正益老師等人合著，書中詳述彼等諸人歷經各處道場學法，一一修學而加以檢擇之不同過程以後，因閱讀正覺同修會、正智出版社書籍而發起抉擇分，轉入正覺同修會中修學；乃至學法及見道之過程，都一一詳述之。其中張志成等人係由前現代禪轉進正覺同修會，張志成原為現代禪副宗長，以前未閱本會書籍時，曾被人藉其名義著文評論 平實導師（詳見《宗通與說通》辨正及《眼見佛性》書末附錄…等）；後因偶然接觸正覺同修會書籍，深覺以前聽人評論平實導師之語不實，於是投入極多時間閱讀本會書籍、深入思辨，詳細探索中觀與唯識之關聯與異同，認為正覺之法義方是正法，深覺相應；亦解開多年來對佛法的迷雲，確定應依八識論正理修學方是正法。乃不顧面子，毅然前往正覺同修會面見平實導師懺悔，並正式學法求悟。今已與其同修王美伶（亦為前現代禪傳法老師），同樣證悟如來藏而證得法界實相，生起實相般若真智。此書中尚有七年來本會第一位眼見佛性者之見性報告一篇，一同供養大乘佛弟子。全書四百頁，售價300元。

我的菩提路第三輯：由王美伶老師等人合著。自從正覺同修會成立以來，每年夏初、冬初都舉辦精進禪三共修，藉以助益會中同修們得以證悟明心發起般若實相智慧；凡已實證而被平實導師印證者，皆書具見道報告用以證明佛法之真實可證而非玄學，證明佛法並非純屬思想、理論而無實質，是故每年都能有人證明正覺同修會的「實證佛教」主張並非虛語。特別是眼見佛性一法，自古以來中國禪宗祖師實證者極寡，較之明心開悟的證境更難令人信受；至2017年初，正覺同修會中的證悟明心者已近五百人，然而其中眼見佛性者至今唯十餘人爾，可謂難能可貴，是故明心後欲冀眼見佛性者實屬不易。黃正倖老師是懸絕七年無人見性後的第一人，她於2009年的見性報告刊於本書的第二輯中，為大眾證明佛性確實可以眼見；其後七年之中求見性者都屬解悟佛性而無人眼見，幸而又經七年後的2016冬初，以及2017夏初的禪三，復有三人眼見佛性，希冀鼓舞四眾佛子求見佛性之大心，今則具載一則於書末，顯示求見佛性之事實經歷，供養現代佛教界欲得見性之四眾弟子。全書四百頁，售價300元。

鈍鳥與靈龜：鈍鳥及靈龜二物，被宗門證悟者說爲二種人：前者是精修禪定而無智慧者，也是以定爲禪的愚癡禪人；後者是或有禪定、或無禪定的宗門證悟者，凡已證悟者皆是靈龜。但後來被人虛造事實，用以嘲笑大慧宗杲禪師，說他雖是靈龜，卻不免被天童禪師預記「患背」痛苦而亡：「鈍鳥離巢易，靈龜脫殼難。」藉以貶低大慧宗杲的證量。同時將天童禪師實證如來藏的證量，曲解爲意識境界的離念靈知。自從大慧禪師入滅以後，錯悟凡夫對他的不實毀謗就一直存在著，不曾止息，並且捏造的假事實也隨著年月的增加而越來越多，終至編成「鈍鳥與靈龜」的假公案、假故事。本書是考證大慧與天童之間的不朽情誼，顯現這件假公案的虛妄不實；更見大慧宗杲面對惡勢力時的正直不阿，亦顯示大慧對天童禪師的至情深義，將使後人對大慧宗杲的誣謗至此而止，不再有人誤犯毀謗賢聖的惡業。書中亦舉證宗門的所悟確以第八識如來藏爲標的，詳讀之後必可改正以前被錯悟大師誤導的參禪知見，日後必定有助於實證禪宗的開悟境界，得階大乘眞見道位中，即是實證般若之賢聖。全書459頁，售價350元。

維摩詰經講記：本經係　世尊在世時，由等覺菩薩維摩詰居士藉疾病而演說之大乘菩提無上妙義，所說函蓋甚廣，然極簡略，是故今時諸方大師與學人讀之悉皆錯解，何況能知其中隱含之深妙正義，是故普遍無法爲人解說；若強爲人說，則成依文解義而有諸多過失。今由平實導師公開宣講之後，詳實解釋其中密意，令維摩詰菩薩所說大乘不可思議解脫之深妙正法得以正確宣流於人間，利益當代學人及與諸方大師。書中詳實演述大乘佛法深妙不共二乘之智慧境界，顯示諸法之中絕待之實相境界，建立大乘菩薩妙道於永遠不敗不壞之地，以此成就護法偉功，欲冀永利娑婆人天。已經宣講圓滿整理成書流通，以利諸方大師及諸學人。全書共六輯，每輯三百餘頁，售價各250元。

真假外道：本書具體舉證佛門中的常見外道知見實例，並加以教證及理證上的辨正，幫助讀者輕鬆而快速的了知常見外道的錯誤知見，進而遠離佛門內外的常見外道知見，因此即能改正修學方向而快速實證佛法。　游正光老師著　。成本價200元。

勝鬘經講記：如來藏爲三乘菩提之所依，若離如來藏心體及其含藏之一切種子，即無三界有情及一切世間法，亦無二乘菩提緣起性空之出世間法；本經詳說無始無明、一念無明皆依如來藏而有之正理，藉著詳解煩惱障與所知障間之關係，令學人深入了知二乘菩提與佛菩提相異之妙理；聞後即可了知佛菩提之特勝處及三乘修道之方向與原理，邁向攝受正法而速成佛道的境界中。平實導師講述，共六輯，每輯三百餘頁，售價各250元。

楞嚴經講記：楞嚴經係密教部之重要經典，亦是顯教中普受重視之經典；經中宣說明心與見性之內涵極爲詳細，將一切法都會歸如來藏及佛性—妙眞如性；亦闡釋佛菩提道修學過程中之種種魔境，以及外道誤會涅槃之狀況，旁及三界世間之起源。然因言句深澀難解，法義亦復深妙寬廣，學人讀之普難通達，是故讀者大多誤會，不能如實理解佛所說之明心與見性內涵，亦因是故多有悟錯之人引爲開悟之證言，成就大妄語罪。今由平實導師詳細講解之後，整理成文，以易讀易懂之語體文刊行天下，以利學人。全書十五輯，全部出版完畢。每輯三百餘頁，售價每輯300元。

明心與眼見佛性：本書細述明心與眼見佛性之異同，同時顯示了中國禪宗破初參明心與重關眼見佛性二關之間的關聯；書中又藉法義辨正而旁述其他許多勝妙法義，讀後必能遠離佛門長久以來積非成是的錯誤知見，令讀者在佛法的實證上有極大助益。也藉慧廣法師的謬論來教導佛門學人回歸正知正見，遠離古今禪門錯悟者所墮的意識境界，非唯有助於斷我見，也對未來的開悟明心實證第八識如來藏有所助益，是故學禪者都應細讀之。游正光老師著　共448頁　售價300元。

菩薩底憂鬱CD：將菩薩情懷及禪宗公案寫成新詞，並製作成超越意境的優美歌曲。 1.主題曲〈菩薩底憂鬱〉，描述地後菩薩能離三界生死而迴向繼續生在人間，但因尚未斷盡習氣種子而有極深沈之憂鬱，非三賢位菩薩及二乘聖者所知，此憂鬱在七地滿心位方才斷盡；本曲之詞中所說義理極深，昔來所未曾見；此曲係以優美的情歌風格寫詞及作曲，聞者得以激發嚮往諸地菩薩境界之大心，詞、曲都非常優美，難得一見；其中勝妙義理之解說，已印在附贈之彩色小冊中。 2.以各輯公案拈提中直示禪門入處之頌文，作成各種不同曲風之超意境歌曲，值得玩味、參究；聆聽公案拈提之優美歌曲時，請同時閱讀內附之印刷精美說明小冊，可以領會超越三界的證悟境界；未悟者可以因此引發求悟之意向及疑情，眞發菩提心而邁向求悟之途，乃至因此眞實悟入般若，成眞菩薩。 3.正覺總持咒新曲，總持佛法大意；總持咒之義理，已加以解說並印在隨附之小冊中。本CD共有十首歌曲，長達63分鐘，附贈二張購書優惠券。每片280元。

禪意無限CD：平實導師以公案拈提書中偈頌寫成不同風格曲子，與他人所寫不同風格曲子共同錄製出版，幫助參禪人進入禪門超越意識之境界。盒中附贈彩色印製的精美解說小冊，以供聆聽時閱讀，令參禪人得以發起參禪之疑情，即有機會證悟本來面目，實證大乘菩提般若。本CD共有十首歌曲，長達69分鐘，每盒各附贈二張購書優惠券。每片280元。

金剛經宗通：三界唯心，萬法唯識，是成佛之修證內容，是諸地菩薩之所修；般若則是成佛之道（實證三界唯心、萬法唯識）的入門，若未證悟實相般若，即無成佛之可能，必將永在外門廣行菩薩六度，永在凡夫位中。然而實相般若的發起，全賴實證萬法的實相；若欲證知萬法的眞相，則必須探究萬法之所從來，則須實證自心如來—金剛心如來藏，然後現觀這個金剛心的金剛性、眞實性、如如性、清淨性、涅槃性、能生萬法的自性性、本住性，名爲證眞如；進而現觀三界六道唯是此金剛心所成，人間萬法須藉八識心王和合運作方能現起。如是實證

《華嚴經》的「三界唯心、萬法唯識」以後，由此等現觀而發起實相般若智慧，繼續進修第十住位的如幻觀、第十行位的陽焰觀、第十迴向位的如夢觀，再生起增上意樂而勇發十無盡願，方能滿足三賢位的實證，轉入初地；自知成佛之道而無偏倚，從此按部就班、次第進修乃至成佛。第八識自心如來是般若智慧之所依，般若智慧的修證則要從實證金剛心自心如來開始；《金剛經》則是解說自心如來之經典，是一切三賢位菩薩所應進修之實相般若經典。這一套書，是將平實導師宣講的《金剛經宗通》內容，整理成文字而流通之；書中所說義理，迥異古今諸家依文解義之說，指出大乘見道方向與理路，有益於禪宗學人求開悟見道，及轉入內門廣修六度萬行。講述完畢後結集出版，總共9輯，每輯約三百餘頁，售價各250元。

空行母——性別、身分定位，以及藏傳佛教：本書作者爲蘇格蘭哲學家，因爲嚮往佛教深妙的哲學內涵，於是進入當年盛行於歐美的假藏傳佛教密宗，擔任卡盧仁波切的翻譯工作多年以後，被邀請成爲卡盧的空行母（又名佛母、明妃），開始了她在密宗裡的實修過程；後來發覺在密宗雙身法中的修行，其實無法使自己成佛，也發覺密宗對女性岐視而處處貶抑，並剝奪女性在雙身法中擔任一半角色時應有的身分定位。當她發覺自己只是雙身法中被喇嘛利用的工具，沒有獲得絲毫應有的尊重與基本定位時，發現了密宗的父權社會控制女性的本質；於是作者傷心地離開了卡盧仁波切與密宗，但是卻被恐嚇不許講出她在密宗裡的經歷，也不許她說出自己對密宗的教義與教制下對女性剝削的本質，否則將被咒殺死亡。後來她去加拿大定居，十餘年後方才擺脫這個恐嚇陰影，下定決心將親身經歷的實情及觀察到的事實寫下來並且出版，公諸於世。出版之後，她被流亡的達賴集團人士大力攻訐，誣指她爲精神狀態失常、說謊……等。但有智之士並未被達賴集團的政治操作及各國政府政治運作吹捧達賴的表相所欺，使她的書銷售無阻而又再版。正智出版社鑑於作者此書是親身經歷的事實，所說具有針對「藏傳佛教」而作學術研究的價值，也有使人認清假藏傳佛教剝削佛母、明妃的男性本位實質，因此洽請作者同意中譯而出版於華人地區。珍妮·坎貝爾女士著，呂艾倫 中譯，每冊250元。

霧峰無霧—給哥哥的信　本書作者藉兄弟之間信件往來論義，略述佛法大義；並以多篇短文辨義，舉出釋印順對佛法的無量誤解證據，並一一給予簡單而清晰的辨正，令人一讀即知。久讀、多讀之後即能認清楚釋印順的六識論見解，與眞實佛法之牴觸是多麼嚴重；於是在久讀、多讀之後，於不知不覺之間提升了對佛法的極深入理解，正知正見就在不知不覺間建立起來了。當三乘佛法的正知見建立起來之後，對於三乘菩提的見道條件便將隨之具足，於是聲聞解脫道的見道也就水到渠成；接著大乘見道的因緣也將次第成熟，未來自然也會有親見大乘菩提之道的因緣，悟入大乘實相般若也將自然成功，自能通達般若系列諸經而成實義菩薩。作者居住於南投縣霧峰鄉，自喻見道之後不復再見霧峰之霧，故鄉原野美景一一明見，於是立此書名爲《霧峰無霧》；讀者若欲撥霧見月，可以此書爲緣。游宗明　老師著　售價250元。

假藏傳佛教的神話—性、謊言、喇嘛教：本書編著者是由一首名叫「阿姊鼓」的歌曲爲緣起，展開了序幕，揭開假藏傳佛教—喇嘛教—的神秘面紗。其重點是蒐集、摘錄網路上質疑「喇嘛教」的帖子，以揭穿「假藏傳佛教的神話」爲主題，串聯成書，並附加彩色插圖以及說明，讓讀者們瞭解西藏密宗及相關人事如何被操作爲「神話」的過程，以及神話背後的眞相。作者：張正玄教授。售價200元。

達賴真面目—玩盡天下女人：假使您不想戴綠帽子，請記得詳細閱讀此書；假使您不想讓好朋友戴綠帽子，請您將此書介紹給您的好朋友。假使您想保護家中的女性，也想要保護好朋友的女眷，請記得將此書送給家中的女性和好友的女眷都來閱讀。本書爲印刷精美的大本彩色中英對照精裝本，爲您揭開達賴喇嘛的眞面目，內容精彩不容錯過，爲利益社會大眾，特別以優惠價格嘉惠所有讀者。編著者：白志偉等。大開版雪銅紙彩色精裝本。售價800元。

童女迦葉考—論呂凱文〈佛教輪迴思想的論述分析〉之謬：童女迦葉是佛世率領五百大比丘遊行於人間的歷史事實，是以童貞行而依止菩薩戒弘化於人間的大菩薩，不依別解脫戒（聲聞戒）來弘化於人間。這是大乘佛教與聲聞佛教同時存在於佛世的歷史明證，證明大乘佛教不是從聲聞法中分裂出來的部派佛教的產物，卻是聲聞佛教分裂出來的部派佛教聲聞凡夫僧所不樂見的史實；於是古今聲聞法中的凡夫都欲加以扭曲而作詭說，更是末法時代高聲大呼「大乘非佛說」的六識論聲聞凡夫極力想要扭曲的佛教史實之一，於是想方設法扭曲迦葉菩薩爲聲聞僧，以及扭曲迦葉童女爲比丘僧等荒謬不實之論著便陸續出現，古時聲聞僧寫作的《分別功德論》是最具體之事例，現代之代表作則是呂凱文先生的〈佛教輪迴思想的論述分析〉論文。鑑於如是假藉學術考證以籠罩大衆之不實謬論，未來仍將繼續造作及流竄於佛教界，繼續扼殺大乘佛教學人法身慧命，必須舉證辨正之，遂成此書。平實導師 著，每冊180元。

末代達賴—性交教主的悲歌：簡介從藏傳僞佛教（喇嘛教）的修行核心—性力派男女雙修，探討達賴喇嘛及藏傳僞佛教的修行內涵。書中引用外國知名學者著作、世界各地新聞報導，包含：歷代達賴喇嘛的祕史、達賴六世修雙身法的事蹟，以及《時輪續》中的性交灌頂儀式……等；達賴喇嘛書中開示的雙修法、達賴喇嘛的黑暗政治手段；達賴喇嘛所領導的寺院爆發喇嘛性侵兒童；新聞報導《西藏生死書》作者索甲仁波切性侵女信徒、澳洲喇嘛秋達公開道歉、美國最大假藏傳佛教組織領導人邱陽創巴仁波切的性氾濫，等等事件背後眞相的揭露。作者：張善思、呂艾倫、辛燕。售價250元。

黯淡的達賴—失去光彩的諾貝爾和平獎：本書舉出很多證據與論述，詳述達賴喇嘛不爲世人所知的一面，顯示達賴喇嘛並不是眞正的和平使者，而是假借諾貝爾和平獎的光環來欺騙世人；透過本書的說明與舉證，讀者可以更清楚的瞭解，達賴喇嘛是結合暴力、黑暗、淫欲於喇嘛教裡的集團首領，其政治行爲與宗教主張，早已讓諾貝爾和平獎的光環染污了。　本書由財團法人正覺教育基金會寫作、編輯，由正覺出版社印行，每冊250元。

第七意識與第八意識？—穿越時空「超意識」：「三界唯心，萬法唯識」是佛教中應該實證的聖教，也是《華嚴經》中明載而可以實證的法界實相。唯心者，三界一切境界、一切諸法唯是一心所成就，即是每一個有情的第八識如來藏，不是意識心。唯識者，即是人類各各都具足的八識心王——眼識、耳鼻舌身意識、意根、阿賴耶識，第八阿賴耶識又名如來藏，人類五陰相應的萬法，莫不由八識心王共同運作而成就，故說萬法唯識。依聖教量及現量、比量，都可以證明意識是二法因緣生，是由第八識藉意根與法塵二法為因緣而出生，又是夜夜斷滅不存之生滅心，即無可能反過來出生第七識意根、第八識如來藏，當知不可能從生滅性的意識心中，細分出恆審思量的第七識意根，更無可能細分出恆而不審的第八識如來藏。本書是將演講內容整理成文字，細說如是內容，並已在《正覺電子報》連載完畢，今彙集成書以廣流通，欲幫助佛門有緣人斷除意識我見，跳脫於識陰之外而取證聲聞初果；嗣後修學禪宗時即得不墮外道神我之中，得以求證第八識金剛心而發起般若實智。平實導師 述，每冊300元。

中觀金鑑—詳述應成派中觀的起源與其破法本質：學佛人往往迷於中觀學派之不同學說，被應成派與自續派所迷惑；修學般若中觀二十年後自以為實證般若中觀了，卻仍不曾入門，甫聞實證般若中觀者之所說，則茫無所知，迷惑不解；隨後信心盡失，不知如何實證佛法；凡此，皆因惑於這二派中觀學說所致。自續派中觀所說同於常見，以意識境界立為第八識如來藏之境界，應成派所說則同於斷見，但又同立意識為常住法，故亦具足斷常二見。今者孫正德老師有鑑於此，乃將起源於密宗的應成派中觀學說，追本溯源，詳考其來源之外，亦一一舉證其立論內容，詳加辨正，令密宗雙身法祖師以識陰境界而造之應成派中觀學說本質，詳細呈現於學人眼前，令其維護雙身法之目的無所遁形。若欲遠離密宗此二大派中觀謬說，欲於三乘菩提有所進道者，允宜具足閱讀並細加思惟，反覆讀之以後將可捨棄邪道返歸正道，則於般若之實證即有可能，證後自能現觀如來藏之中道境界而成就中觀。本書分上、中、下三冊，每冊250元，全部出版完畢。

人間佛教—實證者必定不悖三乘菩提：「大乘非佛說」的講法似乎流傳已久，卻只是日本人企圖擺脫中國正統佛教的影響，而在明治維新時期才開始提出來的說法；台灣佛教、大陸佛教的淺學無智之人，由於未曾實證佛法而迷信日本人錯誤的學術考證，錯認爲這些別有用心的日本佛學考證的講法爲天竺佛教的眞實歷史；甚至還有更激進的反對佛教者提出「釋迦牟尼佛並非眞實存在，只是後人捏造的假歷史人物」，竟然也有少數人願意跟著「學術」的假光環而信受不疑，於是開始有一些佛教界人士造作了反對中國佛教而推崇南洋小乘佛教的行爲，使佛教的信仰者難以檢擇，導致一般大陸人士開始轉入基督教的盲目迷信中。在這些佛教及外教人士之中，也就有一分人根據此邪說而大聲主張「大乘非佛說」的謬論，這些人以「人間佛教」的名義來抵制中國正統佛教，公然宣稱中國的大乘佛教是由聲聞部派佛教的凡夫僧所創造出來的。這樣的說法流傳於台灣及大陸佛教界凡夫僧之中已久，卻非眞正的佛教歷史中曾經發生過的事，只是繼承六識論的聲聞法中凡夫僧依自己的意識境界立場，純憑臆想而編造出來的妄想說法，卻已經影響許多無智之凡夫僧俗信受不移。本書則是從佛教的經藏法義實質及實證的現量內涵本質立論，證明大乘佛法本是佛說，是從《阿含正義》尚未說過的不同面向來討論「人間佛教」的議題，證明「大乘眞佛說」。閱讀本書可以斷除六識論邪見，迴入三乘菩提正道發起實證的因緣；也能斷除禪宗學人學禪時普遍存在之錯誤知見，對於建立參禪時的正知見有很深的著墨。　平實導師　述，內文488頁，全書528頁，定價400元。

喇嘛性世界—揭開假藏傳佛教譚崔瑜伽的面紗：這個世界中的喇嘛，號稱來自世外桃源的香格里拉，穿著或紅或黃的喇嘛長袍，散布於我們的身邊傳教灌頂，吸引了無數的人嚮往學習；這些喇嘛虔誠地爲大眾祈福，手中拿著寶杵（金剛）與寶鈴（蓮花），口中唸著咒語：「嗡．嘛呢．叭咪．吽……」，咒語的意思是說：「我至誠歸命金剛杵上的寶珠伸向蓮花寶穴之中」！　「喇嘛性世界」是什麼樣的「世界」呢？　本書將爲您呈現喇嘛世界的面貌。　當您發現眞相以後，您將會唸：「噢！喇嘛．性．世界，譚崔性交嘛！」　作者：張善思、呂艾倫。售價200元。

見性與看話頭：黃正倖老師的《見性與看話頭》於《正覺電子報》連載完畢，今結集出版。書中詳說禪宗看話頭的詳細方法，並細說看話頭與眼見佛性的關係，以及眼見佛性者求見佛性前必須具備的條件。本書是禪宗實修者追求明心開悟時參禪的方法書，也是求見佛性者作功夫時必讀的方法書，內容兼顧眼見佛性的理論與實修之方法，是依實修之體驗配合理論而詳述，條理分明而且極為詳實、周全、深入。本書內文375頁，全書416頁，售價300元。

實相經宗通：學佛之目的在於實證一切法界背後之實相，禪宗稱之爲本來面目或本地風光，佛菩提道中稱之爲實相法界；此實相法界即是金剛藏，又名佛法之祕密藏，即是能生有情五陰、十八界及宇宙萬有（山河大地、諸天、三惡道世間）的第八識如來藏，又名阿賴耶識心，即是禪宗祖師所說的眞如心，此心即是三界萬有背後的實相。證得此第八識心時，自能瞭解般若諸經中隱說的種種密意，即得發起實相般若——實相智慧。每見學佛人修學佛法二十年後仍對實相般若茫然無知，亦不知如何入門，茫無所趣；更因不知三乘菩提的互異互同，是故越是久學者對佛法越覺茫然，都肇因於尚未瞭解佛法的全貌，亦未瞭解佛法的修證內容即是第八識心所致。本書對於修學佛法者所應實證的實相境界提出明確解析，並提示趣入佛菩提道的入手處，有心親證實相般若的佛法實修者，宜詳讀之，於佛菩提道之實證即有下手處。平實導師述著，共八輯，已全部出版完畢，每輯成本價250元。

真心告訴您（一）—達賴喇嘛在幹什麼？這是一本報導篇章的選集，更是「破邪顯正」的暮鼓晨鐘。「破邪」是戳破假象，說明達賴喇嘛及其所率領的密宗四大派法王、喇嘛們，弘傳的佛法是仿冒的佛法；他們是假藏傳佛教，是坦特羅(譚崔性交)外道法和藏地崇奉鬼神的苯教混合成的「喇嘛教」，推廣的是以所謂「無上瑜伽」的男女雙身法冒充佛法的假佛教，詐財騙色誤導眾生，常常造成信徒家庭破碎、家中兒少失怙的嚴重後果。「顯正」是揭櫫眞相，指出眞正的藏傳佛教只有一個，就是覺囊巴，傳的是 釋迦牟尼佛演繹的第八識如來藏妙法，稱爲他空見大中觀。正覺教育基金會即以此古今輝映的如來藏正法正知見，在眞心新聞網中逐次報導出來，將箇中原委「眞心告訴您」，如今結集成書，與想要知道密宗眞相的您分享。售價250元。

法華經講義：此書爲平實導師始從2009/7/21演述至2014/1/14之講經錄音整理所成。世尊一代時教，總分五時三教，即是華嚴時、聲聞緣覺教、般若教、種智唯識教、法華時；依此五時三教區分爲藏、通、別、圓四教。本經是最後一時的圓教經典，圓滿收攝一切法教於本經中，是故最後的圓教聖訓中，特地指出無有三乘菩提，其實唯有一佛乘；皆因衆生愚迷故，方便區分爲三乘菩提以助衆生證道。世尊於此經中特地說明如來示現於人間的唯一大事因緣，便是爲有緣衆生「開、示、悟、入」諸佛的所知所見——第八識如來藏妙眞如心，並於諸品中隱說「妙法蓮花」如來藏心的密意。然因此經所說甚深難解，眞義隱晦，古來難得有人能窺堂奧；平實導師以知如是密意故，特爲末法佛門四衆演述《妙法蓮華經》中各品蘊含之密意，使古來未曾被古德註解出來的「此經」密意，如實顯示於當代學人眼前。乃至〈藥王菩薩本事品〉、〈妙音菩薩品〉、〈觀世音菩薩普門品〉、〈普賢菩薩勸發品〉中的微細密意，亦皆一併詳述之，開前人所未曾言之密意，示前人所未見之妙法。最後乃至以〈法華大意〉而總其成，全經妙旨貫通始終，而依佛旨圓攝於一心如來藏妙心，厥爲曠古未有之大說也。平實導師述　已於2015/5/31起開始出版，每二個月出版一輯，共25輯。每輯300元。

西藏「活佛轉世」制度—附佛、造神、世俗法：歷來關於喇嘛教活佛轉世的研究，多針對歷史及文化兩部分，於其所以成立的理論基礎，較少系統化的探討。尤其是此制度是否依據「佛法」而施設？是否合乎佛法眞實義？現有的文獻大多含糊其詞，或人云亦云，不曾有明確的闡釋與如實的見解。因此本文先從活佛轉世的由來，探索此制度的起源、背景與功能，並進而從活佛的尋訪與認證之過程，發掘活佛轉世的特徵，以確認「活佛轉世」在佛法中應具足何種果德。定價150元。

真心告訴您（二）—達賴喇嘛是佛教僧侶嗎？補祝達賴喇嘛八十大壽：這是一本針對當今達賴喇嘛所領導的喇嘛教，冒用佛教名相、於師徒間或師兄姊間，實修男女邪淫，而從佛法三乘菩提的現量與聖教量，揭發其謊言與邪術，證明達賴及其喇嘛教是仿冒佛教的外道，是「假藏傳佛教」。藏密四大派教義雖有「八識論」與「六識論」的表面差異，然其實修之內容，皆共許「無上瑜伽」四部灌頂爲究竟「成佛」之法門，也就是共以男女雙修之邪淫法爲「即身成佛」之密要，雖美其名曰「欲貪爲道」之「金剛乘」，並誇稱其成就超越於（應身佛）釋迦牟尼佛所傳之顯教般若乘之上；然詳考其理論，則或以意識離念時之粗細心爲第八識如來藏，或以中脈裡的明點爲第八識如來藏，或如宗喀巴與達賴堅決主張第六意識爲常恆不變之眞心者，分別墮於外道之常見與斷見中；全然違背 佛說能生五蘊之如來藏的實質。售價300元。

佛法入門：學佛人往往修學二十年後仍不知如何入門，茫無所入漫無方向，不知如何實證佛法；更因不知三乘菩提的互異互同之處，導致越是久學者越覺茫然，都是肇因於尚未瞭解佛法的全貌所致。本書對於佛法的全貌提出明確的輪廓，並說明三乘菩提的異同處，讀後即可輕易瞭解佛法全貌，數日內即可明瞭三乘菩提入門方向與下手處。○○菩薩著 出版日期未定。

修習止觀坐禪法要講記：修學四禪八定之人，往往錯會禪定之修學知見，欲以無止盡之坐禪而證禪定境界，卻不知修除性障之行門才是修證四禪八定不可或缺之要素，故智者大師云「性障初禪」；性障不除，初禪永不現前，云何修證二禪等？又：行者學定，若唯知數息，而不解六妙門之方便善巧者，欲求一心入定，未到地定極難可得，智者大師名之爲「事障未來」：障礙未到地定之修證。又禪定之修證，不可違背二乘菩提及第一義法，否則縱使具足四禪八定，亦不能實證涅槃而出三界。此諸知見，智者大師於《修習止觀坐禪法要》中皆有闡釋。作者平實導師以其第一義之見地及禪定之實證證量，曾加以詳細解析。將俟正覺寺竣工啓用後重講，不限制聽講者資格；講後將以語體文整理出版。欲修習世間定及增上定之學者，宜細讀之。平實導師述著。

解深密經講記：本經係　世尊晚年第三轉法輪，宣說地上菩薩所應熏修之唯識正義經典，經中所說義理乃是大乘一切種智增上慧學，以阿陀那識—如來藏—阿賴耶識爲主體。禪宗之證悟者，若欲修證初地無生法忍乃至八地無生法忍者，必須修學《楞伽經、解深密經》所說之八識心王一切種智；此二經所說正法，方是眞正成佛之道：印順法師否定第八識如來藏之後所說萬法緣起性空之法，是以誤會後之二乘解脫道取代大乘眞正成佛之道，尚且不符二乘解脫道正理，亦已墮於斷滅見中，不可謂爲成佛之道也。平實導師曾於本會郭故理事長往生時，於喪宅中從首七開始宣講，於每一七各宣講三小時，至第十七而快速略講圓滿，作爲郭老之往生佛事功德，迴向郭老早證八地、速返娑婆住持正法。茲爲今時後世學人故，將擇期重講《解深密經》，以淺顯之語句講畢後，將會整理成文，用供證悟者進道；亦令諸方未悟者，據此經中佛語正義，修正邪見，依之速能入道。平實導師述著，全書輯數未定，每輯三百餘頁，將於未來重講完畢後逐輯出版。

阿含經講記—小乘解脫道之修證：數百年來，南傳佛法所說證果之不實，所說解脫道之虛妄，所弘解脫道法義之世俗化，皆已少人知之；從南洋傳入台灣與大陸之後，所說法義虛謬之事，亦復少人知之；今時台灣全島印順系統之法師居士，多不知南傳佛法數百年來所說解脫道之義理已然偏斜、已然世俗化、已非眞正之二乘解脫正道，猶極力推崇與弘揚。彼等南傳佛法近代所謂之證果者多非眞實證果者，譬如阿迦曼、葛印卡、帕奧禪師、一行禪師……等人，悉皆未斷我見故。近年更有台灣南部大願法師，高抬南傳佛法之二乘修證行門爲「捷徑究竟解脫之道」者，然而南傳佛法縱使眞修實證，得成阿羅漢，至高唯是二乘菩提解脫之道，絕非究竟解脫，無餘涅槃中之實際尚未得證故，法界之實相尚未了知故，習氣種子待除故，一切種智未實證故，焉得謂爲「究竟解脫」？即使南傳佛法近代眞有實證之阿羅漢，尚且不及三賢位中之七住明心菩薩本來自性清淨涅槃智慧境界，則不能知此賢位菩薩所證之無餘涅槃實際，仍非大乘佛法中之見道者，何況普未實證聲聞果乃至未斷我見之人？謬充證果已屬逾越，更何況是誤會二乘菩提之後，以未斷我見之凡夫知見所說之二乘菩提解脫偏斜法道，焉可高抬為「究竟解脫」？而且自稱「捷徑之道」？又妄言解脫之道即是成佛之道，完全否定般若實智、否定三乘菩提所依之如來藏心體，此理大大不通也！平實導師為令修學二乘菩提欲證解脫果者，普得迴入二乘菩提正見、正道中，是故選錄四阿含諸經中，對於二乘解脫道法義有具足圓滿說明之經典，預定未來十年內將會加以詳細講解，令學佛人得以了知二乘解脫道之修證理路與行門，庶免被人誤導之後，未證言證，干犯道禁，成大妄語，欲升反墮。本書首重斷除我見，以助行者斷除我見而實證初果為著眼之目標，若能根據此書內容，配合平實導師所著《識蘊眞義》《阿含正義》內涵而作實地觀行，實證初果非為難事，行者可以藉此三書自行確認聲聞初果為實際可得現觀成就之事。此書中除依二乘經典所說加以宣示外，亦依斷除我見等之證量，及大乘法中道種智之證量，對於意識心之體性加以細述，令諸二乘學人必定得斷我見、常見，免除三縛結之繫縛。次則宣示斷除我執之理，欲令升進而得薄貪瞋痴，乃至斷五下分結……等。平實導師述，共二冊，每冊三百餘頁。每輯300元。

＊喇嘛教修外道雙身法，墮識陰境界，非佛教＊

＊弘揚如來藏他空見的覺囊派才是眞正藏傳佛教＊

總經銷： 飛鴻 國際行銷股份有限公司
231 新北市新店市中正路 501 之 9 號 2 樓
Tel.02－82186688（五線代表號） Fax.02-82186458、82186459

零售：1.**全台連鎖經銷書局：**
三民書局、誠品書局、何嘉仁書店
敦煌書店、紀伊國屋、金石堂書局、建宏書局

2.**台北市：**佛化人生 羅斯福路 3 段 325 號 6 樓之 4　台電大樓對面

3.**新北市：**春大地書店 **蘆洲**中正路 117 號

4.**桃園市縣：**誠品書局 **桃園市**中正路 20 號遠東百貨地下室一樓
金石堂 **桃園市**大同路 24 號　金石堂 **桃園**八德市介壽路 1 段 987 號
諾貝爾圖書城 **桃園市**中正路 56 號地下室　御書堂 **龍潭**中正路 123 號
墊腳石文化書店 **中壢市**中正路 89 號

5.**新竹市縣：**大學書局 **新竹**建功路 10 號　誠品書局 **新竹**東區信義街 68 號
誠品書局　新竹東區中央路 229 號 5 樓　誠品書局 **新竹**東區力行二路 3 號
墊腳石文化書店 **新竹**中正路 38 號

6.**台中市：** **瑞成**書局、各大連鎖書店。
詠春書局 **台中市**永春東路 884 號　文春書局 **霧峰**中正路 1087 號

7.**彰化市縣：**心泉佛教流通處 **彰化市**南瑤路 286 號
員林鎮：墊腳石圖書文化廣場 中山路 2 段 49 號（04-8338485）

8.**台南市：**博大書局　**新營**三民路 128 號
藝美書局 **善化**中山路 436 號　宏欣書局 **佳里**光復路 214 號

9.**高雄市：**各大連鎖書店、**瑞成**書局
政大書城 **三民區**明仁路 161 號　政大書城 **苓雅區**光華路 148-83 號
明儀書局 **三民區**明福街 2 號　明儀書局 三多四路 63 號
青年書局 青年一路 141 號

10.**宜蘭縣市：**金隆書局　宜蘭市中山路 3 段 43 號
宋太太梅鋪　羅東鎮中正北路 101 號（039-534909）

11.**台東市：**東普佛教文物流通處 台東市博愛路 282 號

12.**其餘鄉鎮市經銷書局：**請電詢總經銷**飛鴻**公司。

13.**大陸地區請洽：**

香港：樂文書店
旺角店 :香港九龍旺角西洋菜街 62 號 3 樓
電話 : (852) 2390 3723　email: luckwinbooks@gmail.com
銅鑼灣店 :香港銅鑼灣駱克道 506 號 2 樓
電話 : (852) 2881 1150　email: luckwinbs@gmail.com

廈門：廈門外圖臺灣書店有限公司
地址：廈門市思明區湖濱南路809 號 廈門外圖書城3 樓 郵編：361004
電話：0592-5061658（臺灣地區請撥打 86-592-5061658）
E-mail：JKB118@188.COM

14.**美國：世界日報圖書部：**紐約圖書部　電話 7187468889#6262
洛杉磯圖書部　電話 3232616972#202

15.**國內外地區網路購書：**

正智出版社 書香園地　http://books.enlighten.org.tw/
（書籍簡介、直接聯結下列網路書局購書）

三民 網路書局　http://www.Sanmin.com.tw

誠品 網路書局　http://www.eslitebooks.com

博客來 網路書局　http://www.books.com.tw

金石堂 網路書局　http://www.kingstone.com.tw

飛鴻 網路書局　http://fh6688.com.tw

附註：1.請儘量向各經銷書局購買：郵政劃撥需要十天才能寄到（本公司在您劃撥後第四天才能接到劃撥單，次日寄出後第四天您才能收到書籍，此八天中一定會遇到週休二日，是故共需十天才能收到書籍）若想要早日收到書籍者，請劃撥完畢後，將劃撥收據貼在紙上，旁邊寫上您的姓名、住址、郵區、電話、買書詳細內容，直接傳真到本公司 02-28344822，並來電 02-28316727、28327495 確認是否已收到您的傳真，即可提前收到書籍。 2.因台灣每月皆有五十餘種宗教類書籍上架，書局書架空間有限，故唯有新書方有機會上架，通常每次只能有一本新書上架；本公司出版新書，大多上架不久便已售出，若書局未再叫貨補充者，書架上即無新書陳列，則請直接向書局櫃台訂購。 3.若書局不便代購時，可於晚上共修時間向正覺同修會各共修處請購（共修時間及地點，詳閱**共修現況表**。每年例行年假期間請勿前往請書，年假期間請見共修現況表）。 4.郵購：郵政劃撥帳號 19068241。 5.正覺同修會會員購書都以八折計價（戶籍台北市者為一般會員，外縣市為護持會員）都可獲得優待，欲一次購買全部書籍者，可以考慮入會，節省書費。入會費一千元（第一年初加入時才需要繳），年費二千元。**6.尚未出版之書籍，請勿預先郵寄書款與本公司，謝謝您！** 7.若欲一次購齊本公司書籍，或同時取得正覺同修會贈閱之全部書籍者，請於正覺同修會共修時間，親到各共修處請購及索取；**台北市讀者**請洽：103 台北市承德路三段 267 號 10 樓（捷運淡水線 圓山站旁）請書時間：週一至週五為 18.00~21.00，第一、三、五週週六為 10.00~21.00，雙週之週六為 10.00~18.00 請購處專線電話：25957295-分機 14（於請書時間方有人接聽）。

敬告大陸讀者：

大陸讀者購書、索書捷徑（尚未在大陸出版的書籍，以下二個途徑都可以購得，電子書另包括結緣書籍）：

1.廈門外國圖書公司：廈門市思明區湖濱南路 809 號 廈門外圖書城 3F
郵編：361004　電話：0592-5061658　網址：JKB118@188.COM

2.電子書：正智出版社有限公司及正覺同修會在台灣印行的各種局版書、結緣書，已有『**正覺電子書**』陸續上線中，提供讀者於手機、平板電腦上購書、下載、閱讀正智出版社、正覺同修會及正覺教育基金會所出版之電子書，詳細訊息敬請參閱『正覺電子書』專頁：http://books.enlighten.org.tw/ebook

關於平實導師的書訊，請上網查閱：
成佛之道　http://www.a202.idv.tw
正智出版社 書香園地　http://books.enlighten.org.tw/

中國網採訪佛教正覺同修會、正覺教育基金會訊息：

http://big5.china.com.cn/gate/big5/fangtan.china.com.cn/2014-06/19/content_32714638.htm

http://pinpai.china.com.cn/

★ 正智出版社有限公司售書之稅後盈餘，全部捐助財團法人正覺寺籌備處、佛教正覺同修會、正覺教育基金會，供作弘法及購建道場之用；懇請諸方大德支持，功德無量。

★ 聲　明 ★

本社於 2015/01/01 開始調整本目錄中部分書籍之售價，以因應各項成本的持續增加。

＊ 喇嘛教修外道雙身法、墮識陰境界，非佛教 ＊

＊ 弘揚如來藏他空見的覺囊派才是真正藏傳佛教 ＊

國家圖書館出版品預行編目(CIP)資料

法華經講義 / 平實導師述. -- 初版. -- 臺北市 : 正智, 2015.05
面 ; 公分
ISBN 978-986-5655-30-3（第一輯：平裝）
ISBN 978-986-5655-46-4（第二輯：平裝）
ISBN 978-986-5655-56-3（第三輯：平裝）
ISBN 978-986-5655-61-7（第四輯：平裝）
ISBN 978-986-5655-69-3（第五輯：平裝）
ISBN 978-986-5655-79-2（第六輯：平裝）
ISBN 978-986-5655-82-2（第七輯：平裝）
ISBN 978-986-5655-89-1（第八輯：平裝）
ISBN 978-986-5655-98-3（第九輯：平裝）
ISBN 978-986-9372-52-7（第十輯：平裝）
ISBN 978-986-9372-54-1（第十一輯：平裝）
ISBN 978-986-9372-56-5（第十二輯：平裝）
ISBN 978-986-9372-57-2（第十三輯：平裝）
ISBN 978-986-9497-03-9（第十四輯：平裝）
1. 法華部
221.5　　104004638

法華經講義——第四輯

著述者：平實導師
音文轉換：章乃鈞 高惠齡 劉惠莉 蔡正利 黃昇金
校對：章乃鈞 陳介源 孫淑貞 傅素嫻 王美伶
出版者：正智出版社有限公司
電話：○二 28327495 28316727（白天）
傳眞：○二 28344822
111 台北郵政 73-151 號信箱
郵政劃撥帳號：一九○六八二四一
正覺講堂：總機○二 25957295（夜間）
總經銷：飛鴻國際行銷股份有限公司
231 新北市新店區中正路 501-9 號 2 樓
電話：○二 82186688（五線代表號）
傳眞：○二 82186458 82186459
初版首刷：二○一五年十一月三十日 二千冊
初版五刷：二○一七年八月 二千冊
定價：三○○元